Die Haftpflichtfrage.

Schriften

des

Vereins für Socialpolitik.

XIX.

Die Haftpflichtfrage.

Leipzig,
Verlag von Duncker & Humblot.
1880.

Die Haftpflichtfrage.

Gutachten und Berichte

veröffentlicht

vom

Verein für Socialpolitik.

Leipzig,
Verlag von Duncker & Humblot.
1880.

Vorrede.

Die Herausgabe des vorliegenden Bandes der Schriften des Vereins für Socialpolitik ist im Auftrage des Vereinsausschusses noch größtentheils durch den verstorbenen Schriftführer, Herrn Professor Held, besorgt worden. Der Band sollte enthalten einmal Darstellungen der Gesetzgebung verschiedener außerdeutscher Länder über die Pflicht der Unternehmer zum Schadenersatz für die bei ihrem Gewerbebetrieb vorkommenden Tödtungen und Beschädigungen der Arbeiter, sodann aber auch Gutachten über die betreffende deutsche Gesetzgebung von verschiedenen Standpunkten aus. Bei der kurzen Zeit, welche zwischen dem Beschluß des Ausschusses und dem Zeitpunkte lag, bis zu welchem der Band fertig gestellt werden mußte, wenn er noch in diesem Jahre den Mitgliedern des Vereins zukommen sollte, war es nur möglich den ersten Theil der Aufgabe in einigermaßen erschöpfender Weise zu erfüllen, dagegen ist es trotz vieler Mühe leider nicht gelungen mehrere, von verschiedenen Standpunkten ausgehende Besprechungen der deutschen Gesetzgebung für die rechtzeitige Veröffentlichung zu gewinnen.

Die ganz hervorragenden Verdienste des Professor Held um unseren Verein haben den Ausschuß veranlaßt diesem Bande einen Nekrolog des Hingeschiedenen beizufügen.

Bonn, 17. Oktober 1880.

Erwin Nasse.

Inhalt.

Anhang.

Adolf Held.

Von Prof. Dr. Erwin Nasse in Bonn.

Adolf Held wurde geboren zu Würzburg am 10. Mai 1844. Er war der Sohn des ausgezeichneten Publizisten, Jos. v. Held, der an der dortigen Universität die Professur des Staatsrechts bekleidet. Bis zum vollendeten siebenten Lebensjahre schwebten die Eltern in beständiger Sorge um Gesundheit und Leben des Kindes. Die Aerzte hegten Furcht vor Gehirnleiden und nur der sorgfältigsten Pflege, der ängstlichsten körperlichen und geistigen Schonung gelang es dieser Gefahr vorzubeugen. Aber um so rascher und kräftiger entwickelte sich der Knabe und Jüngling nach Geist und Körper.

In ganz außerordentlicher Weise trat seine Begabung und seine Pflichttreue während der Schulzeit hervor. Seine Fortschritte übertrafen weit in allen Klassen und in allen Fächern die seiner Mitschüler, so daß ihm die goldene Medaille verliehen wurde, durch welche in Bayern ausnahmsweise glänzende Leistungen von Gymnasiasten ausgezeichnet werden können. Jahrzehnte hindurch war im Königreich keinem Schüler diese Belohnung zuerkannt worden. Die Medaille mußte für diesen Fall erst wieder geprägt werden. Indeß that weder der jugendlichen Frische, der Freude namentlich an körperlichen Uebungen, noch dem kameradschaftlichen Sinne und den geselligen Freuden mit den Schulkameraden die Schularbeit Eintrag. Nach vollendetem Gymnasialkursus wurde Held in Folge seiner ausgezeichneten Leistungen auf der Schule in das Maximilianeum aufgenommen, die Anstalt, welche König Max in München für eine kleine Zahl von Studirenden gegründet hat, deren Anlagen und Fleiß zu besondern Hoffnungen für ihre Zukunft berechtigt. Die Einrichtung gewährt bei voller akademischer Freiheit einen nach allen Seiten hin angenehmen Aufenthalt und reichlichen Unterhalt für das akademische Quadriennium der bayrischen Juristen. Dort hat Held mit Ausnahme von ein paar Semestern, während deren er unter unmittelbarer Leitung seines Vaters sich in Würzburg vorzugsweise dem Studium des öffentlichen Rechts widmete, seine Studienzeit zugebracht. Der Einfluß des Vaters, mit dem er in dem engsten geistigen Verkehr während seines ganzen Lebens blieb, hat gewiß mit dazu beigetragen den politischen Sinn zu wecken, durch den Held sich auszeichnete, das Interesse für Nationalökonomie aber wurde in ihm in München durch die Vorträge von Hermann zuerst angeregt. Er hob selbst bei Gelegenheit hervor, wie viel er Hermann zu verdanken habe, wie die Hermann'schen Lehren das Bedeutendste seien, was die ältere abstrakte Schule der Nationalökonomie hervorgebracht, wie Hermann in seinen, vor Allem durch Klarheit in den Begriffsbestimmungen und den mehr abstrakten Deduktionen sich auszeichnenden Vorlesungen doch auch schon die schwierigern und größern Probleme der Sozialwissenschaft angedeutet habe, die in seinen staatswirthschaftlichen Untersuchungen zurücktreten. In den spätern wissenschaftlichen Arbeiten Held's ist freilich von einem Einflusse, den Hermann auf ihn geübt, nur wenig zu erkennen.

Nach Vollendung der akademischen Studien bestand Held das Staatsexamen und trat auf kurze Zeit in den praktischen Vorbereitungsdienst der bayrischen Juristen als Rechtspraktikant ein. Aber schon im Jahr 1866 entschloß er sich die gewöhnliche Beamtenlaufbahn zu verlassen. Er promovirte bei der Würzburger staatswissenschaftlichen Fakultät zum Doktor auf Grund einer Dissertation „Carey's Sozialwissenschaft und das Merkantilsystem" betitelt. Die Schrift ragt ohne allen Zweifel weit über das gewöhnliche Maß von dergleichen Erstlingsschriften hervor. Die nüchterne und klare Prüfung der großen Worte und Phrasen von Carey, die so manchen deutschen Kopf verwirrt haben, verdient alle Anerkennung. Von der größten Bedeutung aber wurde für Held's innere Entwicklung und äußere Lebensschicksale das Jahr 1866 dadurch, daß er in dem deutschen Kriege, obwohl in bayrischer Luft und auf bayrischem Boden erzogen, doch richtig erkannte, von wo allein für Deutschland Heil kommen konnte. Die Gründung und Befestigung des nationalen deutschen Staats durch Preußen, das erschien ihm als die höchste und dringendste Aufgabe der Zeit und bei allen seinem politischen und sozialen Streben während seines ganzen Lebens ist ihm das damals erkannte Ziel das erste und wichtigste geblieben. Schon diese politische Richtung legte ihm den Gedanken nahe Berlin kennen zu lernen. Es kam hinzu die Anziehungskraft des von Engel geschaffenen und unter seiner Leitung gerade damals kräftig aufgeblühten statistischen Seminars, welche eine Reihe sich sozialwissenschaftlichen Studien widmender jüngerer Männer nach Berlin führte. Auch Held trat in dies Institut ein und ist in seinen wissenschaftlichen Bestrebungen dadurch mächtig gefördert, ja in seiner ganzen wissenschaftlichen Richtung einigermaßen bestimmt worden. Er konnte nicht genug die aufopfernde und freundliche Hingabe rühmen, mit welcher der berühmte Statistiker sich den Mitgliedern des Seminars widmete, und erwähnte gern den anregenden Verkehr, der zwischen allen Theilnehmern der Anstalt stattfand. Von Engel wurde Held im Frühling 1867 dem landwirthschaftlichen Ministerium für die Stelle eines Docenten der Nationalökonomie an der Poppelsdorfer landwirthschaftlichen Lehranstalt empfohlen und da die dortige Lehrthätigkeit seine Kraft nur in sehr beschränktem Maß in Anspruch nahm und das landwirthschaftliche Ministerium überdieß seine Habilitation an der Universität wünschte, so habilitirte er sich im Sommer 1867 an der Bonner Universität für Nationalökonomie. Seine Habilitationsschrift war die Abhandlung „Zur Lehre von der Ueberwälzung der Steuern" (Zeitschr. f. d. ges. Staatswissenschaft Bd. 24 S. 421 ff.). Während in der Doktordissertation noch der Werth der Methode, welche unter der Voraussetzung, daß jeder Wirthschaftende sein Interesse richtig erkennt und nach Kräften wahrt, gewisse Regeln des wirthschaftlichen Handelns deduzirt, ausdrücklich anerkannt wird, ist diese Arbeit durchdrungen von dem Bestreben die Werthlosigkeit solcher Deduktionen darzuthun. Das Resultat ist in Bezug auf die Ueberwälzung der Steuern, die sich durch Beobachtung in der Regel nicht mit Sicherheit konstatiren läßt, denn auch ein fast ganz negatives. Offenbar hatte der Berliner Aufenthalt diese seitdem unter deutschen Nationalökonomen verbreitete Skepsis in ihm angeregt. Sie ist ihm auch später eigenthümlich geblieben; und wenn er auch die Uebertreibung vermied, von welcher diese erste Schrift wohl nicht ganz frei zu sprechen ist, für die Methode und die Lehre eines Ricardo, v. Thünen u. A. hatte er wenig Sinn. Seiner praktischen und ethischen Natur widerstrebte durchaus, wenn auch nicht die deduktive Methode schlechthin, so doch die Zerreißung des Menschen, und die Loslösung seiner wirthschaftlichen Funktionen von den übrigen Seiten des menschlichen Lebens, wie sie die abstrakten Theoretiker der Nationalökonomie versucht haben. Es wurde ihm offenbar nicht leicht sich auch nur in den Gedankengang eines Schriftstellers, wie Ricardo, zu versetzen.

Auf's rascheste gelang es Held in Bonn festen Boden zu gewinnen und nach verschiedenen Richtungen hin entfaltete er eine energische, erfolgreiche Thätigkeit.

Zunächst als akademischer Lehrer. Es gelang ihm auf dem nicht gerade günstigen Bonner Boden bald eine bedeutende Lehrthätigkeit zu entfalten. Er las mit langsam, aber kontinuirlich steigender Zuhörerzahl allgem. Nationalökonomie und Finanzen abwechselnd mit dem Verfasser dieser Skizze. Außerdem hat er, als wir beide den Turnus zu erweitern versuchten, auch einmal spezielle Nationalökonomie und Geschichte der sozialen Bewegungen im letzten Jahrhundert vorgetragen. Daran reihten sich kleinere öffentliche Vorlesungen, Geschichte der Nationalökonomie, soziale Frage u. s. w., die oft ein sehr großes Publikum versammelten. Seine Lehrbegabung war ohne Zweifel ungewöhnlicher Art. Die leichte, ja oft glänzende Diktion, die übersichtliche Disposition des vorzutragenden Stoffes, die Klarheit und Bestimmtheit in der Fassung einzelner Lehren, vor Allem aber die sittliche Wärme, welche bei vielen Partieen den Lehrer erhob und empfängliche Zuhörer durchdrang, gaben seinen Vorlesungen eine große Anziehungskraft. Besonders trat sein Lehrtalent hervor in den nationalökonomischen Uebungen, die er bald seinen Vorlesungen anreihte. Mit seiner Lebendigkeit und Alle gewinnenden Freundlichkeit, seinem Geschicke in Beurtheilung und Behandlung der Menschen wurde es ihm leicht, einen Kreis von Studirenden, wie sie sich zu solchen Uebungen zufällig zusammenfinden, zu beleben und anzuregen. Er verstand es den Theilnehmern persönlich nahe zu treten, auch den Schwächern Muth zu machen, und trotz der geringen Zeit und Kraft, welche besonders die preußischen Juristen für nationalökonomische Studien übrig haben, doch Manche zu eigener Thätigkeit anzuregen. Vielen seiner Schüler wurde er ein naher persönlicher Freund, dessen Theilnahme an allen ihren Lebensschicksalen, dessen opferwillige Unterstützung und Förderung sie auch über die Zeit der akademischen Studien hinaus oft genug dankbar empfunden haben.

Dabei begann er sofort eine vielseitige und bedeutende literarische Thätigkeit. Es ist erstaunlich, wie viel er in dem ersten Jahrzehnt seiner akademischen Laufbahn, in der jeden Docenten doch die Vorlesungen noch mehr als später in Anspruch nehmen, geschrieben hat. Die Leichtigkeit, mit der er ebenso wie beim mündlichen Vortrag auch beim Niederschreiben der Gedanken die sprachliche Form beherrschte, kam ihm da sehr zu Statten. Arbeiten wie z. B. den im letzten Jahre seines Bonner Aufenthalts geschriebenen Aufsatz über Schutzzoll und Freihandel konnte er in wenigen Tagen zu Papier bringen und fast ohne Korrektur zum Druck befördern.

Um von seinen literarischen Arbeiten nur das Wichtigste hervorzuheben — ein möglichst vollständiges Verzeichniß von Held's Schriften theilen wir zum Schluß mit — so war die erste, schon 1869 in Hildebrand's Jahrbüchern veröffentlichte Arbeit die über die Raiffeisen'schen Darlehnskassen. Sie kann das Verdienst in Anspruch nehmen zuerst die Aufmerksamkeit weiterer Kreise auf diesen eigenthümlichen Versuch, den Kreditbedürfnissen kleinerer Landwirthe entgegenzukommen und dem schlimmsten Wucher einigermaßen zu steuern, gelenkt zu haben. In einer längern Einleitung entwickelt er den Gegensatz, in dem die neuere Nationalökonomie gegen die ältere sich dadurch befinde, daß nachdem die nothwendige Befreiung von der alten wirthschaftlichen Gebundenheit durchgeführt, jetzt die soziale Frage in den Vordergrund getreten sei. Es handle sich gegenwärtig darum, nicht bloß Schranken individueller Freiheit wegzuräumen, sondern die positiven Mittel aufzufinden um die Zukunft besser zu gestalten. Insbesondere sei in der Industrie die Schöpfung eines neuen Mittelstandes, in der deutschen Landwirthschaft die Erhaltung des bestehenden anzustreben. Zu dem letzteren Ziele seien nun die Raiffeisen'schen Darlehnskassen von Werth, deren Organisation er dann schildert und im Ganzen billigt. — Held hat auch ferner die Entwicklung der Raiffeisen'schen Vereine mit Theilnahme verfolgt. Als dieselben 1872 und 73 von dem Regierungsrath Nöll in Coblenz angegriffen wurden, vertheidigte er sie in einem im Arbeiterfreund 1873 veröffentlichten Artikel und im Jahr 1876 veranlaßte er, daß bei Gelegenheit der Brüsseler Ausstellung für Gesundheitspflege und Rettungswesen die landwirthschaftliche Akademie zu Poppelsdorf eine Unterstützung von Staatswegen erhielt um eine gründliche Untersuchung und Beschreibung des damaligen Zustands der Vereine vornehmen zu lassen. Der damit beauftragte Dr. Th. Kraus hat die Resultate mit einem Vorworte von Held in zwei Heften publizirt. (Bonn 1876.)

Die Hauptthätigkeit Held's aber war in den ersten Jahren des Bonner Aufenthalts der Abfassung des größten von ihm veröffentlichten Werkes gewidmet, der Schrift über die „Einkommensteuer" (Bonn 1872). Es ist hier nicht der Ort, dies Buch eingehend zu besprechen und zu würdigen. Vielleicht dürfte sein größter Werth in den einleitenden Abschnitten liegen, die nicht von der Einkommensteuer speziell, sondern von der allgemeinen Steuerlehre handeln. Die alte Auffassung der Steuerentrichtung als eines Tausches und die Forderung, daß die Steuern entsprechend den vom Staate den Steuerzahlern gewährten Vortheilen zu vertheilen seien, haben wohl kaum anderswo eine so erschöpfende und überzeugende Widerlegung gefunden, wie hier. Daß die Einkommen der Einzelnen als Antheile am Gesammteinkommen aufzufassen, die den Einkommenempfängern nicht von Natur, sondern auf Grund der positiven Rechtsordnung des Staats zustehn, wurde in diesem Buch schärfer ausgeführt, als es bis dahin geschehen war. Im ganzen Werk aber zeigte sich eine Eigenthümlichkeit von Held, die wie alle solche Eigenschaften zugleich seine Stärke und seine Schwäche war, nämlich die Neigung vorzugsweise praktische Ziele für das gegenwärtige Handeln auf sozialpolitischem Gebiete zu finden und Kontroversen von ausschließlich „akademischem" Werth oder gelehrtem Charakter mehr bei Seite zu schieben. In Folge dieses Umstandes und der angenehm lesbaren Form, hat das Buch, wenn ich nicht sehr irre, in weitern Kreisen einen viel größern Eindruck gemacht, als das gewöhnlich auch mit ausgezeichneten nationalökonomischen Monographieen der Fall zu sein pflegt.

Held ist während der folgenden Jahre in literarischen Arbeiten noch mehrfach auf die Lehre von den Steuern zurückgekommen. Die Schriften unseres Vereins enthalten zwei sehr hübsche Arbeiten über den Gegenstand, nämlich das Gutachten über die Personalbesteuerung (Vereinsschriften Nr. III.) und das Referat in den Verhandlungen von 1875. Er hat seine Ansichten dabei, wie mir scheint, meistens mit Geschick und Glück vertheidigt, in manchen Punkten aber auch in Folge der umfangreichen Streitverhandlungen, welche über den Gegenstand im letzten Jahrzehnt stattfanden, modifizirt und vervollkommnet.

In wachsendem Maße aber wandte sich Held's Aufmerksamkeit der sozialen Frage im engern Sinn zu.

Als im Jahr 1870 in Bonn auf Anregung des Centralausschusses für innere Mission eine Zusammenkunft von größeren Unternehmern stattfand um zu berathen, was sie für ihre Lohnarbeiter thun könnten, nahm er nicht nur an den Verhandlungen regen Antheil, sondern wurde auch einer der eifrigsten Mitarbeiter des von jener Versammlung gegründeten Journals Concordia. Eine Reihe von Artikeln sozialpolitischen Inhalts hat er darin in den Jahren 1871—76 veröffentlicht. Anfangs knüpften sie mehr an seine Arbeiten über Steuerwesen an, bald aber trat in denselben deutlich hervor, wie in Held bei Erörterung dieser Dinge das Bedürfniß rege wurde vor Allem mehr von den sozialen Zuständen zu wissen um besser über sie urtheilen zu können. Es trieb ihn zu erforschen, wie denn der sozialdemokratische Arbeiterstand wirklich denkt und fühlt. Zunächst bot die sozialdemokratische Presse dazu einige Anhaltspunkte. Er vertiefte sich in das fleißigste Studium derselben und legte die Resultate desselben in einer eigenen Schrift über die deutsche Arbeiterpresse nieder (Leipzig 1873). Aber offenbar ist die Presse kein untrügliches Organ für die unter den Arbeitern selbst verbreiteten Gedanken und Lebensanschauungen. Held versuchte zu den sozialdemokratischen Arbeitern selbst vorzudringen und unternahm zu diesem Zweck im Herbst 1873 mit einem nahebefreundeten Fachgenossen eine Reise durch die von der Sozialdemokratie besonders infizirten industriellen Bezirke des Königreichs Sachsen Er hat über die Reise in mehreren sehr interessanten Artikeln der Concordia (4. Jahrgang) berichtet. Wie so mancher Anderer erkannte Held indeß bald, daß für Forschungen auf dem Gebiete der modernen wirthschaftlichen Entwicklung England einen lohnenderen Boden biete, als unser Vaterland. Er entschloß sich die soziale Bewegung in England während des letzten Jahrhunderts zum Gegenstand seines Studiums zu machen. Einen großen Theil des Sommers 1875 brachte er deshalb in England zu und kehrte auch später zur Fortsetzung der Arbeiten dorthin wieder zurück. So entstand allmählich der Plan eines großen Werks von mehren Bänden, zu dem Held die umfassendsten Vorarbeiten während der letzten 6 Jahre gemacht hat. Einzelne kleine Früchte dieser Studien hat er in der ersten Zeit, als er sie begann, in der Concordia und in den Preußischen Jahrbüchern veröffentlicht. Wir heben die

Artikel über die englischen Chartisten und die Sozialdemokratie, über Robert Owen und über die christlichen Sozialisten in England in der Concordia und den unseres Erachtens ganz besonders gelungenen Vortrag über Cobden in den preußischen Jahrbüchern hervor. Später sah er von solchen kleineren Publikationen ab und widmete sich ganz der Arbeit für das Hauptwerk. Es ist erfreulich, daß es Held's angestrengtem Fleiße während des vorigen Sommers gelungen ist den ersten Band soweit zu vollenden, daß seine Herausgabe wird erfolgen können. Held beabsichtigte ihn in diesem Winter noch zu überarbeiten und nächsten Frühling zu publiziren.

So sehr nun Held seine Kräfte in den letzten Jahren auf diese große Aufgabe zu konzentriren bemüht war, die Vorarbeiten dafür mußten von Zeit zu Zeit eine Unterbrechung erfahren, weil das Material für dieselben in Bonn nicht vorhanden war. In diesen Zwischenräumen sind noch mehrere kleinere literarische Arbeiten entstanden, unter denen der Grundriß zu Vorlesungen über Nationalökonomie die größte Bedeutung beanspruchen dürfte und auch gewiß am meisten Erfolg gehabt hat. Ursprünglich war es nur das Bedürfniß seiner Zuhörer, welches Held zur Abfassung dieser Schrift trieb. Sie sollte denselben „das Verständniß der Vorlesung erleichtern, Diktiren und allzu langsames Sprechen entbehrlich machen", aber freilich doch auch schon „den Kennern des Fachs ein Bild davon geben, auf welche Weise ein Docent der Nationalökonomie an einer Preußischen Universität versucht, den Examensvorschriften d. h. den gewöhnlichen Bedürfnissen der Studenten und den heutigen Anforderungen der Wissenschaft gleichzeitig gerecht zu werden". Held ließ im Jahr 1876 die erste Auflage als Manuscript drucken, gab aber doch eine Anzahl von Exemplaren einem Buchhändler in Kommission. Die vielfache Beachtung und anerkennende Besprechung, welche der Grundriß schon in dieser Ausgabe fand, veranlaßten ihn die zweite vervollkommnete Ausgabe in gewöhnlicher Weise, durch den Buchhandel erscheinen zu lassen. Das Hauptverdienst dieses Buchs dürfte einerseits in der ungemein taktvollen Hervorhebung des Wichtigsten unter Weglassung überflüssiger Definitionen und Distinktionen bestehen, andererseits in der Durchführung scharfer Unterscheidung der wirthschaftlichen Güter selbst von den Rechten auf diese Güter. Jedenfalls hat das Buch einem verbreiteten Bedürfniß entsprochen und eine willkommene Aufnahme auch in weiten Kreisen gefunden.

Die letzte literarische Arbeit, welche Held in Bonn vollendete, — von seiner Thätigkeit in dem und für den Verein für Sozialpolitik soll sogleich noch besonders die Rede sein — war ein Artikel Schutzzoll und Freihandel im dritten Bande des Jahrbuchs von v. Holtzendorff und Brentano. Held hielt, wie so viele andere Fachgenossen, Schutzzölle für ein berechtigtes Erziehungsmittel der Industrie in zurückgebliebenen oder jungen Ländern, die sich aus dem Zustande von überwiegender Agrikultur herausarbeiten wollen, aber für Länder, wie Deutschland, mit entwickeltem Handelsgeiste und mit ausgedehnten Handelsbeziehungen, meinte er, seien Schutzzölle „eine unmittelbar absterbende Institution, weil sie mehr Leidenschaft als Kraft erzeugen und sich in ihrem Erfolge nicht berechnen lassen". Es war daher auch nicht die Besorgniß, es möge zu einer dauernden Herrschaft steigender Schutzzölle kommen, die ihn veranlaßte die Feder zu ergreifen, sondern „das unerquickliche Bild erregter Leidenschaft, wobei es oft scheint, als wollte jeder Einzelne bei den allgemein schlechten Verhältnissen sich wenigstens auf Kosten seiner nächsten Nachbarn schadlos erhalten". Die Wirkungen, welche die Schutzzollagitation auf die ethische Seite unseres Volkslebens hatte, bedauerte er viel mehr, als die auf die eigentliche Volkswirthschaft.

Schon aus der Richtung der literarischen Arbeiten Held's ist leicht erkennbar, wie mächtig ihn das augenblickliche politische Leben unseres Volkes ergriff und wie er mit ganzer Seele an allen wichtigen Vorgängen desselben theilnahm. Es war natürlich, daß er nicht bloß durch schriftstellerische Thätigkeit darauf einzuwirken versuchte. War er doch durch seine Redegewandtheit, seine Fähigkeit mit Menschen zu verkehren, seine gewinnende Erscheinung recht eigentlich für eine parlamentarische Thätigkeit geschaffen.

Kaum irgend Jemand, der für öffentliche Angelegenheiten Sinn hat, kann am Rheine in dem Streite zwischen der ultramontanen und den nationalen Parteien ganz bei Seite stehn, Held mit seinem warmen Patriotismus, seiner entschieden nationalen Gesinnung, stürzte sich mit Eifer in diesen Kampf hinein. Er hat in Bonn regen Antheil an allen den Vereinen genommen, welche man dem ausgebildeten und mächtigen Vereinsnetze der Ultramontanen gegenüber zu stellen versucht hat. Er hat insbesondere mehre Jahre mit großen Opfern das Schriftführeramt im deutschen Verein geführt. Es würde ihm nicht schwer gewesen sein in jenen Jahren, als dieser Gegensatz die politische Situation beherrschte, auch ein Mandat zum Reichstage oder zum Abgeordnetenhause zu erlangen. Aber nur einmal gab er sich dazu her als Kandidat aufzutreten und zwar auf einem durchaus aussichtslosen Posten, in Bonn selbst, nur weil man glaubte, daß auf seinen Namen sich noch die größte Minorität vereinen werde. Ernste Kandidaturen, die ihm angetragen wurden, lehnte er ab. Er hielt mit Entschiedenheit daran fest, daß die akademische und wissenschaftliche Arbeit seine Hauptlebensaufgabe bilden sollte. Davon, fürchtete er, würde ihn die parlamentarische Thätigkeit zu sehr abziehn. Gern hob er auch hervor, wie die dem deutschen Verein gewidmete Zeit für seine wissenschaftliche Arbeit nicht verloren gewesen sei. Er habe dadurch ein besseres Verständniß für Parteikämpfe und Parteiagitation unter den Volksmassen gewonnen, das ihm bei seinem Hauptwerke, dem Studium der sozialen Bewegungen in England, zu Gute komme. In den letzten Jahren seines Bonner Aufenthalts zog sich Held aber von dieser politischen Thätigkeit fast ganz zurück.

Gewissermaßen mitten inne zwischen der wissenschaftlichen Arbeit und der Betheiligung am politischen Parteikampfe steht nun Held's rege Theilnahme an den Arbeiten des Vereins für Sozialpolitik. Sie berührt sich einerseits mit seinem wissenschaftlichen Studium der modernen sozialen Entwicklung, andererseits mit dem Bestreben in das politische Leben des Volkes thätig einzugreifen. Er war auch nach seiner doppelten Beanlagung, seinem wissenschaftlichen Streben und seinem Geschick für den Verkehr mit Menschen für eine Thätigkeit, wie diejenige, welche er in unserm Verein entwickelt, wie geschaffen. Vor Allem aber waren die Gedanken, welche seiner Zeit die Gründer des Vereins in Eisenach zusammenführten, auch diejenigen, die Held's Lebensrichtung vorzugsweise bestimmt haben, von denen sein ganzes Wirken durchdrungen war. Niemand konnte den Staat höher stellen, als er. Ihm war der Staat die höchste sittliche Gemeinschaft unter den Menschen, und fast nach antiker Weise verlangte er in seiner Schrift Sozialismus und Sozialdemokratie die Hingabe des Individuums an ihn. Die Liebe zum Vaterlande sollte nach seiner Meinung die unsere Gesellschaft rettende sittliche Kraft sein. Ebenso aber war Held davon überzeugt, daß es für uns in Deutschland nächst der Gründung und Befestigung des Deutschen Reichs keine größere und dringendere Aufgabe gebe, als die Ueberbrückung der Kluft, welche die untern Klassen von den obern trennt, die Abhülfe der wirthschaftlichen und sittlichen Nothstände unter den Besitzlosen, die allmählich vermehrte Heranziehung derselben zu den Gütern unserer Kultur. Endlich hat es auch schwerlich einen entschiedeneren Gegner der rein deduktiven Methode mancher älterer Nationalökonomen gegeben, als Held. Das Alles ließ ihn die Eisenacher Versammlung und die Gründung des Vereins für Sozialpolitik mit der größten Freude begrüßen. Noch ehe die Eisenacher Versammlung im Oktober 1872 tagte, trat er für die neue Richtung seiner Fachgenossen ein in einem Artikel der preußischen Jahrbücher, welcher den Titel trägt: „Ueber den gegenwärtigen Prinzipienstreit in der Nationalökonomie". Im Verein für Sozialpolitik selbst war im ersten Jahre die Theilnahme Held's nicht so bemerkbar, aber bald kam seine eminente Befähigung für eine solche Vereinsthätigkeit zur Geltung und seit er im Jahr 1874 das Sekretariat des Ausschusses übernahm, hat kein Anderer mehr für den Verein gethan und wohl auch kaum ein Anderer größeren Einfluß in demselben ausgeübt, als Held. Er hat zweimal ein Hauptreferat auf der Vereinsversammlung erstattet, und zweimal vorbereitende Gutachten geliefert, die letzte Arbeit, welche Held zu vollenden vergönnt war, galt unserm Verein und erscheint in demselben Bande, welcher diese Lebensskizze bringt. Aber nicht minder zeitraubend und jedenfalls viel unerfreulicher war die Mühe der äußern Geschäftsführung, insbesondere das Zusammenbringen der Gutachten, Referate u. s. w.

Held ist daher auch von denen, welche mit der spätern Entwicklung des Vereins unzufrieden waren, vorzugsweise für dieselbe verantwortlich gemacht worden. Namentlich hat ihn Ad. Wagner bei Gelegenheit der Publikation seines auf der Berliner Vereinsversammlung erstatteten Referats in einem Nachwort heftig angegriffen und Held darauf in seiner Schrift „Sozialismus, Sozialdemokratie und Sozialpolitik" geantwortet. Der Streit ging hauptsächlich hervor aus einer ganz verschiedenen Auffassung der Aufgaben des Vereins. Wagner hielt dafür, daß der Verein vorzugsweise Prinzipien aufstellen und prinzipielle Diskussionen anregen sollte. Er verlangte insbesondere, daß „das ökonomische System des wissenschaftlichen Sozialismus", wie es Rodbertus, Marx, Lassalle aufgestellt, nicht todtgeschwiegen, sondern einer unbefangenen Prüfung unterworfen werde. Er tadelt an Held „die wissenschaftliche Halbheit und das sorgfältige Vermeiden der prinzipiellen Behandlung der Probleme unserer Wissenschaft". Held dagegen hielt dafür, daß die wissenschaftliche Arbeit Sache des Einzelnen sei und bleiben müsse, daß der Verein für Sozialpolitik nur praktische Reformen, wie sie zur Zeit nützlich und durchführbar sind, anregen könne und solle. Er glaubte, daß eine politische Vereinsthätigkeit nach thatsächlichen Erfolgen streben müsse und war klar darüber, daß man dieselben im politischen Leben nur erreichen kann, wenn man möglichst weite Kreise für die zu erstrebenden Ziele gewinnt. Deshalb lag ihm daran, daß die trennenden Fragen, welche für diese praktischen Zwecke ohne unmittelbare Bedeutung waren, daß die noch nicht lösbaren Probleme, deren Diskussion nur eine wissenschaftliche Bedeutung haben konnte, bei den Debatten und den Abstimmungen des Vereins möglichst zurücktraten. Dadurch sollte vermieden werden, daß unnöthiger Weise außerhalb des Vereins weite Kreise des gebildeten und besitzenden Bürgerthums, den Bestrebungen des Vereins entfremdet, und innerhalb desselben das Zusammenwirken für erreichbare Ziele gefährdet werde. Es ist ihm besonders die letztere Aufgabe, die in einer Gesellschaft, der so viele Gelehrte angehörten, nicht immer leicht war, doch nicht selten gelungen und der Verein für Sozialpolitik wird bei längerem Bestehen, glaube ich, noch oft die mit so vieler Liebenswürdigkeit und vielem Geschick geübte, vermittelnde, ausgleichende Thätigkeit seines Sekretärs vermissen. Viele die mit seinen „Vermittlungsneigungen" nicht immer einverstanden waren, werden einsehn, wie richtig das bescheidene Wort von Held war, das er am Schlusse jener Schrift zuruft: „Es muß auch solche Käuze geben, die lieber Mitarbeiter als Gegner suchen, die ihre individuellen Ideale treu bewahrend, doch ihre Kraft am liebsten erproben, wenn sie in geschlossener Reihe nächste erreichbare Ziele anstreben". Indem endlich Held zwischen wissenschaftlicher Forschung oder Lehre und einer Vereinsthätigkeit, die unmittelbare Wirkung auf das Volk anstrebt, einen scharfen Unterschied machte, war er sich bewußt, daß diese sich gewisse Beschränkungen auflegen muß, die jener fremd bleiben können. Bei seinem politischen Sinne war es ihm unmöglich, praktische Fragen der Sozialpolitik in öffentlichen Versammlungen und Vereinen ohne Rücksicht auf die gesammte politische Lage und auf die Wirkungen des gesprochenen Worts und der gefaßten Beschlüsse nach allen Seiten hin zu behandeln. Ich glaube behaupten zu dürfen, daß Held auch zum Theil von diesem Gesichtspunkte aus zu einer gewissen Annäherung an den volkswirthschaftlichen Kongreß die Hand geboten hat. Für die Befestigung des Deutschen Reichs und für unser ganzes politisches Leben schien ihm ein Zusammenhalten des gebildeten, nationalgesinnten Bürgerstandes nothwendig. Seine Erfahrungen in den rheinischen Kämpfen hatten diese Erkenntniß in ihm gereift. Er war ein Anhänger der nationalliberalen Partei und mit Männern, die auf andern wichtigen Gebieten ihm treue Kampfgenossen waren, wollte er öffentliche Diskussionen auch über Fragen, in Betreff deren prinzipielle Differenzen bestanden, nicht ablehnen.

Die Vertheidigungsschrift Held's gegen Wagner enthält aber außer der Abwehr auch eine positive Darlegung von Held's sozialpolitischen Ansichten. Wie überall in seinen Schriften, so zeigt sich auch hier Held als der entschiedenste Gegner des überspannten, einseitigen Individualismus, der bei den meisten der ältern Nationalökonomen vorherrschte. Aber er läugnet darum nicht die relative Berechtigung des Prinzips, sondern verlangt nur seine Korrektur durch das Prinzip des Sozialismus d. h. „der Unterordnung des individuellen Interesses unter die idealen Ziele der Gesammtheit". Es giebt Zeiten, meint er, in denen die stärkere Betonung des individuellen Prinzips berechtigt ist, wie die zu Ende des vorigen Jahrhunderts, als es sich darum handelte veraltete Schranken individueller Freiheit zu beseitigen, zur Zeit aber bedürfen wir einer stärkern Geltendmachung des sozialistischen Prinzips. Insbesondere handelt es sich darum, daß die obern Klassen der Gesellschaft von dem Gefühl ihrer Pflichten gegen die Gesammtheit mehr durchdrungen werden. Sie müssen diese Pflichten in doppelter Weise erfüllen, einmal durch freiwillige gesellschaftliche Thaten, (Sorge der Arbeitgeber für Wohnung und Nahrung der Arbeiter, Anregung zu Spar- und

Hülfskassen, wohlwollende Behandlung der Arbeiter im persönlichen Verkehr) und dann durch eine die Schwachen schützende und fördernde Gesetzgebung. Die letztere verlangt er nach drei Richtungen. Erstens müsse da, wo es sich zeige, daß das Privateigenthum und die Vertragsfreiheit eine Tendenz zur Ausbeutung und inhumaner Benachtheiligung der Besitzlosen und Schwachen entwickele, der Umfang der Befugnisse des Privateigenthümers und der Inhalt erlaubter Verträge eingeschränkt werden (Fabrikgesetzgebung, öffentliche Gesundheitspflege, Baupolizei, Haftpflichtgesetzgebung). Zweitens könnten da, wo die privatwirthschaftliche Thätigkeit gemeinsame Bedürfnisse des ganzen Volkes schlecht befriedige, auch einzelne Zweige wirthschaftlicher Thätigkeit der Privatwirthschaft ganz entzogen und in die Hände des Staats gelegt werden (Eisenbahnen, Forstwirthschaft). Es müsse aber in dieser Beziehung eine gewisse Vorsicht walten, damit nicht der Besitz- und Wirthschaftsbetrieb der todten Hand überhand nehme. Die dritte und wichtigste Richtung aber, in der sich die soziale Gesetzgebung bewegen müsse, sei die der Organisation der gewerblichen Stände. Held legte gewiß mit Recht das größte Gewicht auf das genossenschaftliche oder korporative Zusammenfassen der atomistischen Elemente, aus denen die untern Klassen unseres Volkes bestehn, er wünschte, daß die Gesetzgebung die Bildung solcher Verbände fördern und leiten solle, er war aber nicht der Meinung, daß von Staatswegen lebensfähige Bildungen durch Gesetze beliebig geschaffen werden können. Das ungefähr sind die wesentlichsten Punkte des von Held entwickelten sozialpolitischen Programms. Er wies dagegen den Gedanken zurück, daß man nach größerer Gerechtigkeit oder Gleichmäßigkeit in der Vertheilung des Einkommens oder Vermögens zu streben habe. Es sei eine Unvollkommenheit der menschlichen Dinge, daß der Zufall nicht ausgeschlossen werden könne — aber wir könnten ihn nur abschaffen um unerträglichere Unvollkommenheit an die Stelle zu setzen. Das worauf es ankomme sei nicht, daß jedem Erfolg die entsprechende Leistung vorangegangen sein müsse, sondern daß jeder Erfolg als Verpflichtung zu einer eigenthümlichen Leistung betrachtet werde. Einen großen Theil seines Buchs endlich widmete Held der Widerlegung eines der Grundgedanken des modernen Sozialismus, der Zurückführung alles Werths auf Arbeitsleistungen, eine Lehre, die er bis zu ihren Ursprüngen bei Adam Smith und Ricardo verfolgte. —

So ist es gewiß das Bild einer ganz außerordentlichen Thätigkeit, welches die ersten zwölf Jahre von Held's akademischer Laufbahn darbieten. Die der Universität vorgesetzten Behörden wußten auch sehr wohl die jugendliche Kraft zu schätzen und waren bemüht sie der Bonner Hochschule zu erhalten. Im Jahr 1868 schon, als Engel den jungen Privatdocenten an das statistische Bureau ziehn wollte, wurde er zum außerordentlichen, 1872 auf Veranlassung eines Rufs an die Wiener Universität zum ordentlichen Professor ernannt.

In Bonn hatte sich Held die schönste Häuslichkeit gegründet. Es war ihm gelungen dort schon bald nach seiner Niederlassung seine durch so viele und reiche Gaben ausgezeichnete Gattin zu finden, mit der er sich Ende August 1869 vermählte. Wer das Glück hatte in Held's Hause zu verkehren, wird sich mit Dank der Stunden erinnern, welche die geistige Frische und die ebenso natürliche und schlichte, wie warme und herzliche Freundlichkeit der beiden Wirthe ihren Gästen so sehr zu verschönern wußten.

So durften wir in Bonn einige Hoffnung hegen, daß Held längere Zeit der unsere bleiben werde. Aber die Aussichten auf erweiterte Wirksamkeit, welche ihm der im Sommer 1879 an ihn gelangende Ruf zugleich an die neugegründete landwirthschaftliche Lehranstalt und an die Universität zu Berlin gewährte, waren zu verlockend. Nicht nur die ungefähr fünffache Zahl der juristischen Studenten, sondern auch der Umstand, daß ein geringerer Theil derselben sich in den ersten Semestern befindet und durch die Reize des Studentenlebens von ernsterm Studium abgezogen wird, erregten in ihm die Hoffnung, daß er vollere Collegien und auch reifere, auf selbständige, wissenschaftliche Thätigkeit sich vorbereitende Theilnehmer an seinen Uebungen finden werde. Der große Erfolg, den Held als Lehrer im letzten Sommersemester in Berlin gehabt, zeigt, daß er sich darin nicht getäuscht. Er machte bei unsern letzten Begegnungen so recht den Eindruck eines Mannes, der im vollen Gefühle der eigenen Kraft und mit freudiger Hoffnung auf ein ihm sich bietendes großes Feld der Wirksamkeit hinschaut und der durchdrungen ist von dem Gefühl der Pflicht, das in ihn gesetzte Vertrauen durch energische Thätigkeit zu rechtfertigen.

Nach angestrengter Arbeit im vergangenen Sommer, sowohl für seine Vorlesungen, wie für seine soziale Geschichte Englands, schloß er am 2. August seine Vorlesungen. Nur flüchtig berührte er Bonn, wo seine Frau seit einigen Wochen weilte, um mit ihr vereint der Schweiz zuzueilen. In der heitersten Stimmung und in dem frohen Gefühl steigender Erfrischung brachte er die letzten Wochen im Hôtel de Bellevue bei Thun zu. Am Abend des 25. August d. J. folgten Held und seine Frau der Aufforderung einiger mit ihnen im Gasthof weilender Gäste zu einer Kahnfahrt im Thuner See. Die Gesellschaft vertheilte sich in zwei Boote. In dem erstern, größern, nahm mit mehrern andern Personen Frau Held Platz, in dem zweiten Held selbst mit einem Herrn Dustmann aus Wien und zwei jungen Damen, von denen die eine die Tochter des das Hotel dirigirenden Herrn Schmidlin war. Der Gasthof liegt etwa 10 Minuten unterhalb des Ausflusses der Aar aus dem See, man hatte also zuerst gegen den Strom anzufahren. Die ohnehin reißende Strömung war an dem Tage durch das Aufziehen der Schleußen in Thun besonders verstärkt — ein Umstand, der leider den Fahrenden unbekannt geblieben zu sein scheint. Das erstere Boot wurde von einer Frau gesteuert, während ein Knabe am Ufer hingehend das Boot am Seile heraufzog. In dem zweiten Boot saß Herr Dustmann am Steuer, anfangs ruderte Fräulein Schmidlin, später Held. Das Boot kenterte, als es in die heftige Stromschnelle gelangte, da wo die Aar dem See entströmt gegenüber der Schadau, der bekannten Villa der Familie Rougemont. Das vorangehende Boot war bedeutend rascher vorangekommen, und wurde schon außerhalb des Stromes am Seeufer weiter gezogen. Ein von dem nahen Scherzlingen zu Hülfe kommender Kahn, der von zwei Schifferinnen geführt wurde, konnte nur noch Herrn Dustmann und Fräulein Schmidlin und zwar die letztere schon bewußtlos retten, Held und die andere junge Dame wurden vom Strom weiter hinuntergerissen, tauchten noch zweimal zusammen auf, ehe sie dauernd im Strome versanken. Erst nach mehreren Tagen gelang es die Leiche aufzufinden. Sie ist nach Bonn gebracht worden und dort hat am 8. September das Begräbniß unter großer Betheiligung aus allen Klassen der Bevölkerung, sowie zahlreicher aus der Ferne herbeigeeilter Freunde und Verwandten stattgefunden.

Nur selten hat wohl ein Todesfall in weiten Kreisen eine solche Theilnahme erregt, wie dieser. So plötzlich hinweggerissen zu werden in voller Kraft und Lebensfrische, mitten aus einem reichen und glücklichen Leben, aus der erfreulichsten Thätigkeit, aus großen Hoffnungen und das ohne rechte Veranlassung, nicht auf gefährlicher Gletscherwanderung oder auf stürmischer See, sondern auf ruhiger Kahnfahrt, wie sie unzählige Male gemacht wird ohne den Gedanken an irgend eine Gefahr — ein solches Unglück, ein solcher Verlust waren wohl geeignet, Trauer in vielen Gemüthern hervorzurufen. Aber es zeigte sich auch, wie enge Bande der Liebe und Freundschaft Held mit allen denen verbanden, zu denen er in persönlichen Beziehungen gestanden. Seine über die Schwächen der Eitelkeit, Empfindlichkeit und alle kleinliche Selbstsucht erhabene Gesinnung, seine aufrichtige und herzliche Freundlichkeit, seine treue und warme Liebe sie bereiteten das höchste Lebensglück den Eltern und der Gattin, sie gewährten dem Freunde das seltene und unschätzbare Gut treuer, ungetrübter Freundschaft und sie überwanden auch die feindlichen Elemente im Kampf des Lebens.

So ist er von uns geschieden in seinem sonnigen Lebenswege ein Zeugniß, daß Unbefangenheit, Aufrichtigkeit und Treue noch immer die Verheißung des Gelingens haben, in seiner allgemeinen Beliebtheit ein Beispiel, wie ein von echter Liebe durchdrungenes Gemüth sich die Herzen gewinnt und in seinem politischen und wissenschaftlichen Streben ein Vorbild voller, ungetheilter Hingabe an Vaterland und Wissenschaft.

Verzeichniß der Schriften, welche Dr. Adolf Held veröffentlicht hat.

I. Selbstständige Publikationen.

Carey's Sozialwissenschaft und das Merkantilsystem. Eine literargeschichtliche Parallele Würzburg 1866.

Die Einkommensteuer. Finanzwissenschaftliche Studien zur Reform der direkten Steuern in Deutschland. Bonn 1872.

Die deutsche Arbeiterpresse der Gegenwart. Leipzig 1873.

Grundriß für Vorlesungen über Nationalökonomie. Zum Gebrauch seiner Zuhörer verfaßt. Bonn 1876.

Zweite Auflage. Bonn 1878.

Sozialismus, Sozialdemokratie und Sozialpolitik. Leipzig 1878.

II. In Zeit- und Sammelschriften veröffentlichte Arbeiten.

Gemeinnützige Wochenschrift h. v. dem polytechnischen Verein in Würzburg (15. Jahrgang).

1865 (Februar) Nr. 5 u. 6: Ueber Lebensversicherungsbanken.

1865 (April) Nr. 16, 17, 18: Zur Reform des deutschen Postwesens.

Jahrbücher für Nationalökonomie und Statistik von Hildebrand und Conrad.

Bd. 9 (1867) S. 249 ff. Adam Smith und Quetelet.

Bd. 13 (1869) S. 1 ff. Die ländlichen Darlehnskassenvereine der Rheinprovinz und ihre Beziehungen zur Arbeiterfrage.

Bd. 14 (1869) S. 81 ff. Besprechung von Quetelet, Physique sociale.

Bd. 16 (1871) S. 315 ff. Noch einmal über den Preis des Geldes.

Bd. 19 (1872) S. 106 ff. Besprechung von Rau, Finanzwissenschaft, 6. Aufl., besorgt von A. Wagner, von Stein, Finanzwissenschaft, 2. Aufl., und von Bergius, Grundsätze der Finanzwissenschaft.

Bd. 20 (1873) S. 369 ff. Die neuen preußischen Steuergesetze.

Bd. 22 (1874). Der Entwurf der Novelle zur preußischen Gewerbeordnung.

Bd. 24 (1875) S. 62 ff. Besprechung von Neumann, die progressive Einkommensteuer.

Bd. 27 (1876) S. 145 ff. Ueber einige neuere Versuche zur Revision der Grundbegriffe der Nationalökonomie.

Bd. 32 (1879) S. 99 ff. Besprechung von H. v. Scheel, Unsere sozialpolitischen Parteien.

Zeitschrift für die gesammte Staatswissenschaft.

Bd. 24 (1868) S. 421 ff. Zur Lehre von der Ueberwälzung der Steuern.

Festschrift der landwirthschaftlichen Akademie zu Poppelsdorf zur 50jährigen Jubelfeier der Universität Bonn. 1868.

Die Mahl- und Schlachtsteuer und die Landwirthschaft. S. 99 ff.

Preußische Jahrbücher.

1871 (Februar und März) Bd. 27: Freiwillige Krankenpflege im Krieg von 1870.
1872 (August) Bd. 30: Ueber den gegenwärtigen Prinzipienstreit in der Nationalökonomie.
1876 (August) Bd. 38: Richard Cobden, der Vater des Freihandels.

Concordia, Zeitschrift für die Arbeiterfrage.

1871 (I.) Nr. 2, 4 u. 6: Steuerreform und soziale Frage.
1872 (II.) Nr. 2: Besprechung von Scheel, Theorie der sozialen Frage.
1872 (II.) Nr. 8, 11, 12, 16, 18: Der Sozialismus in der Wissenschaft.
1872 (II.) Nr. 24 u. 25: Arbeitseinstellungen und Geldentwerthung.
1872 (II.) Nr. 29: Besprechung von Brentano, Arbeitergilden.
1872 (II.) Nr. 40—42: Staat und Gesellschaft (in Anknüpfung an Gneist, Rechtsstaat).
1872 (II.) Nr. 46: Die Chemnitzer Handelskammer über das Aktienwesen.
1872 (II.) Nr. 47: Der Gewinn bei den Aktiengesellschaften.
1873 (III.) Nr. 5: Betrachtungen über die Eisenbahndebatte.
1873 (III.) Nr. 11: Die direkte Besteuerung der arbeitenden Klassen.
1873 (III.) Nr. 16: Die öffentliche Gesundheitspflege als Aufgabe der sozialen Reform.
1873 (III.) Nr. 23: Das neue Fabrikstatut bei König & Bauer in Oberzell.
1873 (III.) Nr. 49: Ueber die soziale Bedeutung von Handelskrisen.
1873 (III.) Nr. 50: Ueber die soziale Bedeutung der letzten Wahlen.
1874 (IV.) Nr. 1 u. 2: Der badische Einkommensteuergesetzentwurf vom 30. Oktober 1873.
1874 (IV.) Nr. 4, 6 u. 7: Ueber Volksbildung und Volkssittlichkeit.
1874 (IV.) Nr. 15, 16, 19, 20, 23, 24, 26, 27: Zur Beurtheilung der Sozialdemokratie in Sachsen.
1874 (IV.) Nr. 48, 49, 50: Sozialdemokratie und Ultramontanismus.
1875 (V.) Nr. 7 u. 8: Besprechung von Oettingen, Moralstatistik. Zweite Auflage.
1875 (V.) Nr. 12, 13, 15, 16: Der englische Chartismus und die deutsche Sozialdemokratie.
1875 (V.) Nr. 18: Besprechung von Samter, Soziallehre.
1875 (V.) Nr. 23: Besprechung von Laveleye, De la propriété.
1875 (V.) Nr. 31, 32, 33, 34, 35 u. 37: Die christlichen Sozialisten in England.
1875 (V.) Nr. 36: Eine Delegirtenversammlung einer englischen Friendly Society.
1875 (V.) Nr. 42 u. 43: Aus der Generalversammlung des Vereins für Sozialpolitik.
1876 (VI.) Nr. 5—10: Robert Owen, der Vater des englischen Sozialismus.
1876 (VI.) Nr. 18—20: Der Liberalismus und die soziale Frage.
1876 (VI.) Nr. 21: Besprechung von Pierstorff, Unternehmergewinn.
1876 (VI.) Nr. 23—26: Eine englische Arbeiter-Biographie.

Schriften des Bonner Bildungsvereins.

Die Arbeiterfrage. Vortrag gehalten am 25. Februar 1872.
Lassalle und seine Nachfolger. Vortrag gehalten am 9. März 1873.

Der Arbeiterfreund. Zeitschrift des Centralvereins für das Wohl der arbeitenden Klassen.

1873: Die ländlichen Darlehnskassenvereine in der Rheinprovinz.
1874: Jahresversammlung des Vereins für Sozialpolitik am 11. u. 12. Oktober 1874.
1875: Die Versammlung des Vereins für Sozialpolitik am 10. 11. u. 12. Oktober.
1879: Verhandlungen und Schriften des Vereins für Sozialpolitik.

Schriften des Vereins für Sozialpolitik.

III. (1873) S. 23 ff. Gutachten über die Steuerfrage.
IX. (1874) S. 5 ff. Referat über die Bestrafung des Kontraktbruches.
XI. (1875) S. 27 ff. Korreferat über die Einkommensteuer.
XIX. (1880) S. 139 ff. Gutachten über die Haftpflichtfrage.

Landwirthschaftliche Jahrbücher, herausgegeben von Dr. Nathusius und Dr. Thiel.

1874. 3. Bd. S. 307 ff. Landwirthschaft und Industrie.
1876. 5. Bd. S. 1095 ff. Der Uebergang der deutschen Bahnen an das Reich.

Sybel's historische Zeitschrift.

1875, Heft 2 Bd. 33 S. 417 ff. Besprechung von Roscher, Geschichte der Nationalökonomik in Deutschland.

Jahrbuch für Gesetzgebung, Verwaltung und Volkswirthschaft im deutschen Reich, N. F. herausg. von Fr. v. Holtzendorff u. L. Brentano.

1. Jahrgang 1877 S. 159 ff. Der volkswirthschaftliche Kongreß und der Verein für Sozialpolitik.
1. Jahrgang 1877 S. 191 ff. Die fünfte Generalversammlung des Vereins für Sozialpolitik.
3. Jahrgang 1879 S. 229 ff. Die Quintessenz des Kathedersozialismus von Dr. M. Block.
3. Jahrgang 1879 S. 437 ff. Schutzzoll und Freihandel.

Jenaer Literaturzeitung.

1874, 1. Jahrgang, Nr. 23. Besprechung von Soetbeer, Die fünf Milliarden.
1877, 4. Jahrgang, Nr. 31. Besprechung von Neumann, Ertragssteuern.
1877, 4. Jahrgang, Nr. 32. Besprechung von Glattstern, Steuer vom Einkommen.
1877, 4. Jahrgang, Nr. 35. Besprechung von Friedberg, Besteuerung der Gemeinden.
1877, 4. Jahrgang, Nr. 36. Besprechung von Baer, Oeffentliche Besteuerung.
1877, 4. Jahrgang, Nr. 38. Besprechung von H. Schmidt, Steuerfreiheit des Existenzminimums.
1877, 4. Jahrgang, Nr. 39. Besprechung von v. Bilinski, Luxussteuer.
1878, 5. Jahrgang, Nr. 2. Besprechung von v. Bilinski, Gemeindebesteuerung.
1878, 5. Jahrgang, Nr. 45. Erklärung gegen das Plagiat von Alois Bischof.

Forstliche Blätter, Zeitschrift für Forst- und Jagdwesen, herausgegeben von Grunert und Borggreve.

16. Jahrgang, 1879, S. 79 ff. Offenes Schreiben an den Verfasser der Forstreinertragslehre (Borggreve).

Außerdem hat Held volkswirthschaftliche Artikel für die kleine Ausgabe von Bluntschli's Staatswörterbuch bearbeitet, resp. umgearbeitet und in die Jahrgänge 1868, 1869, 1871, 1872, 1873 und 1875 des Literarischen Centralblattes einige Referate geliefert, welche ich genau zu bezeichnen außer Stande bin.

I.

Gutachten über die Haftpflichtfrage beim Betriebe gewerblicher Unternehmungen nach österreichischem Rechte.

Von Professor Dr. Randa und Dozent Dr. A. Braf in Prag.

Bei der Beantwortung der Frage über die Haftpflicht gewerblicher Unternehmer beschränken wir uns der gestellten Aufgabe gemäß auf die Darstellung jener Bestimmungen des österreichischen Rechtes, welche die civilrechtliche Verantwortung der Unternehmer gewerblicher Etablissements in Ansehung der durch den Betrieb derselben veranlaßten körperlichen Beschädigungen und Tödtungen regeln. In dieser Beziehung erscheint es zweckmäßig, die Beantwortung der Frage 1 und 4 zu combiniren.

Die Fragestellung lautet:

1. Wen trifft bei körperlichen Beschädigungen, die innerhalb eines gewerblichen Betriebes eintreten, eine Entschädigungspflicht?
2. Ist diese Verpflichtung in verschiedenen Gewerben in verschiedener Weise normirt? Wie insbesondere werden Industrie, Transportgewerbe (Eisenbahnen) und Landwirthschaft, Fabrik und Handwerk verschieden behandelt?
3. Welchen Unterschied macht es, ob der Beschädigte ein Arbeiter resp. ein Angestellter des Etablissements ist oder nicht?
4. Inwieweit ist für die Frage das allgemeine Civilrecht maßgebend und inwieweit sind Specialgesetze bestimmend? Welches ist die historische Entwicklung der letzteren?
5. Wen trifft in verschiedenen Fällen die Beweislast?
6. Besteht ein Zusammenhang mit der Gesetzgebung über Unfallversicherungsgesellschaften?
7. Besteht eine Pflicht der Inhaber von Etablissements, die darin vorgekommenen Unglücksfälle anzumelden?
8. Welche speciellen hygienischen und Schutzvorschriften sind vorhanden und ist die Entschädigungspflicht bei Verletzung solcher Vorschriften anders geregelt als in anderen Fällen?

Zur Frage 1 und 4:

Im Allgemeinen ist die Haftpflicht beim Betrieb gewerblicher Unternehmungen nach den allgemeinen Bestimmungen des bürgerlichen Gesetzbuchs (§§ 1295 ff.) zu beurtheilen; durch Specialgesetze ist eine von den Regeln des bürgerlichen Rechts wesentlich abweichende Normirung bisher nur in Ansehung des Eisenbahnbetriebes eingeführt.

Nach dem allgemeinen bürgerlichen Rechte haftet in allen (obligatorischen und nichtobligatorischen) Verhältnissen der Gewerbsunternehmer in der Regel nur für sein eigenes Verschulden, nicht aber für das Verschulden seiner Gehilfen, Bediensteten, Beamten und überhaupt jener Personen, deren er sich beim Betrieb bedient — es wäre denn, daß ihm bei der Wahl, Bestellung oder Beibehaltung dieser Personen ein Verschulden zur Last fiele, §§ 1161, 1315, dazu § 1010 G.B. (Haftung für sog. culpa in eligendo). Strenger ist nur die uns hier nicht interessirende Haftung der Wirthe, Schiffer und Fuhrleute für das Receptum (§§ 970, 1316), sowie die Haftung des Arbeitsunternehmers, der sich bei der Ausführung eines übernommenen Werkes oder einer zugesagten Arbeit oder Leistung ohne Noth, beziehentlich gegen den ausdrücklichen oder muthmaßlichen Willen der Contrahenten, eines Stellvertreters bedient (§§ 965, 979, 1010, 1161 G.B.), — strenger nämlich insofern, als der Geschäftsherr (Uebernehmer der Arbeit) in diesen Fällen unbedingt für das Verschulden seiner Leute oder Stellvertreter einzustehen hat. Daß diese Ausnahmen, soweit es sich um die durch den Gewerbebetrieb verursachten körperlichen Beschädigungen handelt, von ganz untergeordneter Bedeutung sind, liegt auf der Hand. Am strengsten normirt ist die für unsere Frage allerdings hochwichtige Haftung der Eisenbahnunternehmungen durch das Gesetz vom 5. März 1869; diese haften unbedingt nicht nur für das Verschulden ihrer Leute, sondern sogar für zufällige, beim Bahnbetrieb erfolgte körperliche Beschädigungen, sofern das schädigende Ereigniß nicht durch höhere Gewalt (vis major) oder eigene Schuld des Beschädigten verursacht worden ist.

In allen bisher genannten Fällen kommt Nichts darauf an, ob der Beschädigte ein Arbeiter oder Bediensteter der Unternehmung ist oder nicht.

Der allgemeine, auch den Gewerbebetrieb beherrschende Grundsatz des Civilrechts ist somit, wenn wir von dem letzterwähnten Falle (Haftung der Eisenbahnen) absehen, folgender:

Der Unternehmer ist für die durch den Betrieb einer gewerblichen Unternehmung verursachten körperlichen Beschädigungen Dritter (gleichviel ob der eigenen Arbeiter oder anderer Personen) nur dann haftbar, wenn ihn direct oder indirect ein Verschulden trifft — indirect insofern, als er schuldbarer (nachlässiger) Weise eine zum Betriebe des Gewerbes ungeeignete (unfähige, untaugliche, gefährliche) Person bestellt (verwendet) hat. Auf den Grad des Verschuldens kommt in Ansehung der Frage, ob die Haftung eintritt, Nichts an; der Unternehmer hat nicht blos Dolus und grobes Verschulden, sondern jedes Versehen (Unterlassung der Aufmerksamkeit, die von Jedermann [dem Durchschnittsmenschen] gefordert werden kann) zu vertreten. Der schuldbaren Bestellung steht selbstverständlich gleich die Beibehaltung einer Person, welche sich im Laufe der Zeit als eine zu dem bezüglichen Geschäfte untaugliche erwiesen hat. Ein indirectes Verschulden des Geschäftsherrn liegt natürlich auch in der unterlassenen pflichtmäßigen Ueberwachung oder Beaufsichtigung des Betriebspersonals. Uebrigens beschränkt sich hierbei die Verantwortlichkeit nur auf jenen Schaden, welcher durch die Untüchtigkeit bezieh. Fahrlässigkeit des Gehilfen oder Stellvertreters veranlaßt worden ist (§§ 1161, 1314, 1315 G.B.). Unter allen Umständen erscheint also die Schadenersatzpflicht des Gewerbsunternehmers für die durch den Gewerbebetrieb verursachten körperlichen (und sonstigen) Beschädigungen durch ein wenn auch entfernteres Verschulden (Nachlässigkeit, Versehen) desselben bedingt. Daß auch der Causalnexus zwischen der rechtswidrigen Handlung (Unterlassung) und dem eingetretenen Schaden vorhanden sein muß, bedarf nicht der Hervorhebung. Was den Umfang des Schadenersatzes bei körperlichen Beschädigungen betrifft, so ist derselbe im österreichischen bürgerlichen Rechte (§§ 1325—1327) sachgemäß folgendermaßen festgesetzt:

Es sind dem Verunglückten bei Verletzungen nicht nur die Heilungs- und Genesungskosten, sondern auch der entgangene, und wenn er zum Erwerbe unfähig wird, auch der künftig entgehende Gewinn zu ersetzen und auf Verlangen ein angemessenes Schmerzensgeld zu bezahlen. Der Ersatz des entgangenen Erwerbes wird in Gestalt von terminweise zu leistenden Alimenten zu leisten sein, sofern die Parteien nicht etwa die Entschädigung durch eine Aversionalsumme übereinstimmend vorziehen.

Bei absichtlicher oder muthwilliger Beschädigung muß auch auf Verunstaltungen insofern Rücksicht genommen werden, als das Fortkommen des Verletzten, zumal wenn derselbe weiblichen Geschlechtes ist, dadurch verhindert werden kann.

Bei Tödtungen müssen nicht nur alle Kosten, insbesondere Kranken- und Begräbnißkosten, ersetzt, sondern auch denjenigen Personen, welche der Getödtete zu alimentiren verpflichtet war, insbesondere dessen Wittwe und Kindern, Alles ersetzt werden, was ihnen durch den Todesfall entgangen ist (§§ 1325—1327). Ob die Alimentationsberechtigten eigenes Vermögen haben oder nicht, kommt nicht in Betracht, da unter allen Umständen ein Vermögensentgang stattfindet. Die Verpflichtung dauert so lange, als der Getödtete verpflichtet gewesen wäre, diesen Personen den Unterhalt zu geben. Sie hört auf, wenn Umstände eintreten, die auch den Getödteten von der Alimentationspflicht befreit hätten. Ueber die Dauer der Lebenszeit, welche der Getödtete wahrscheinlicher Weise erlebt haben würde, erstreckt sich die Ersatzverbindlichkeit keinesfalls.

Zur Frage 2 und 3:

Die Haftpflicht des Unternehmers gilt in gleicher Weise für alle gewerblichen Unternehmungen (mit Ausnahme der sofort näher zu betrachtenden Eisenbahnunternehmungen), somit für Handwerke, Fabriken und Transportgewerbe [1]) ebenso wie für die Landwirthschaft, und zwar ohne Unterschied, ob der Beschädigte ein Arbeiter oder Angestellter des bezüglichen Etablissements ist oder nicht.

Es liegt nun auf der Hand, daß die so geregelte Haftpflicht der Unternehmer gewerblicher Anstalten den heutigen Verkehrsbedürfnissen und den Ansprüchen der Billigkeit und Humanität nicht entspricht, soweit es sich um solche Unternehmungen handelt, welche mit ungewöhnlicher Gefahr für das Leben oder die Gesundheit von Personen — insbesondere der beim Betrieb beschäftigten Arbeiter und Gehilfen (im weitesten Sinne des Wortes) verbunden sind. Wir zählen dahin — abgesehen von den Eisenbahnen — die Unternehmungen von Berg-

[1]) Zwar haftet auch der Bergwerksunternehmer unbedingt für den Schaden, der bei Ausübung einer bergrechtlichen Servitut durch das Verschulden seiner Leute verursacht worden ist (§ 196 des Berggesetzes von 1854); allein diese über die Regel hinausgehende Haftung des Unternehmers ist für die sub 1 gestellte Frage von praktisch geringer Bedeutung.

werken, Steinbrüchen und der meisten Fabriken und überhaupt jeden Gewerbebetrieb, bei dem Dampfkraft in Anwendung gebracht wird. Wir glauben, daß eine strengere Haftung der Unternehmer (insbesondere jene, welche in dem deutschen Gesetze vom 7. Juni 1871 ausgesprochen ist) den Anforderungen der Gerechtigkeit entspricht; sie ist nur, wie neuestens besonders Löning, Haftung des Staats rc., S. 90 richtig hervorhebt, ein Aequivalent für die vom Staate gewährte Concession, Unternehmungen zu betreiben, welche an sich Gefahren für die körperliche Sicherheit der Angestellten und des Publikums mit sich bringen und deren Betrieb eben darum — namentlich was die Leitung und Beaufsichtigung betrifft — eine außergewöhnliche Vorsicht, vollkommene Fachkenntniß und besondere Diligenz fordert — ein Aequivalent endlich für den relativ großen pecuniären Gewinn, welchen der Großbetrieb namentlich bei combinirter Ausnützung der Menschenkräfte und der Dampfkraft gewöhnlich mit sich bringt. Kurz: Gerechtigkeit und Billigkeit verlangen, daß in dieser Frage mehr der Gesichtspunkt der Causalität als der des Verschuldens (der Illegalität) betont würde! Je strenger das Recht, je rigoroser die Spruchpraxis in diesem Punkte, desto sicherer und gefahrloser — so darf man erwarten — wird der Gewerbe- und Fabriksbetrieb sein.

Man fürchte nicht, daß durch beantragte strengere Haftung der Unternehmer der gewerbliche Betrieb überhaupt in wirthschaftlicher Richtung gefährdet werden würde! Nicht nur zeigt die Erfahrung in den Ländern des englisch-französischen Rechtes, wo eine strenge Spruchpraxis nachlässige Unternehmer hart anfaßt, und neuestens seit dem Haftpflichtgesetze von 1871 auch die Erfahrung in Deutschland, daß dergleichen Befürchtungen grundlos sind; vielmehr haben es die Unternehmer selbst in der Hand, durch Versicherung ihrer Arbeiter die Gefahren der strengen Haft von sich abzuwälzen. (Auf diesen wichtigen Punkt einzugehen, ist hier nicht der Ort.)

Zur Frage 5:

Was die Beweislast betrifft, so richtet sich dieselbe (abgesehen von dem noch zu erörternden Specialfall der Beschädigungen durch Bahnunfälle) nach den allgemeinen Regeln des Civilrechtes und der Civilproceßordnung. In Delictsobligationen (und um solche handelt es sich hier) hat Derjenige, welcher von einem Dritten, insbesondere vom Gewerbsunternehmer den Ersatz eines widerrechtlich verursachten Schadens verlangt, das gesammte Klagfundament, daher insbesondere das Verschulden (Versehen) desselben zu beweisen; im Zweifel gilt die Vermuthung, daß der Schaden ohne Verschulden eines Andern entstanden sei (§ 1296). Daß der Beweis des Verschuldens des Gewerbsunternehmers gerade bei größeren Unglücksfällen, wie solche in Gruben, Fabriken rc. nicht sehr selten eintreten, ein äußerst schwieriger ist, liegt auf der Hand. Man erwäge nur, wie rasch die Spuren der Ursachen von Katastrophen, insbesondere bei Explosionen rc., zu verschwinden pflegen!

Leider giebt ferner die österreichische Gesetzgebung keine Handhabe, welche die gerichtliche Verfolgung des Rechtes des Beschädigten auch durch Erleichterung des Beweises in Ansehung der Frage, ob und welchen Schaden derselbe erlitten, in sachentsprechender Weise fördern könnte.

Es ist nämlich bekannt, wie schwierig es ist, bei Schädensprocessen den Beweis des Schadens in jener unzweifelhaften Weise herzustellen, wie dies nach heutigem österreichischen Rechte in Ansehung von Thatsachen durch die gesetzlichen Beweisvorschriften gefordert wird. Die strengen gesetzlichen Beweisregeln über die Feststellung des Thatbestandes kommen nun auch im Entschädigungsprocesse zur Anwendung. Existenz und Höhe des Schadens muß mit mathematischer Genauigkeit auf Kreuzer und Heller durch Sachverständige, Zeugen, Urkunden, Eide rc. nachgewiesen werden, ohne Rücksicht darauf, ob denn nach der Besonderheit des Falles ein solcher Beweis überhaupt füglich möglich ist, beziehungsweise ob die Geringfügigkeit des geforderten Ersatzes mit der Beschwerlichkeit, der Kostspieligkeit und dem Zeitaufwande der Beweisführung im Verhältnisse steht oder nicht. Die Nachtheile dieses ängstlichen Verfahrens beim Zuspruch des Ersatzes werden noch dadurch gesteigert, daß der österreichische Richter geneigt ist, sich in der Frage über den Causalnexus zwischen beschädigendem Ereigniß und erfolgtem Schaden sowie in der Frage über Existenz und Umfang des entgangenen Interesses scrupulöser Auffassung hinzugeben. Daß unter solchen Umständen auf Zuspruch des vollen erlittenen Schadens in der Praxis nicht zu rechnen ist, bedarf für Eingeweihte keiner näheren Auseinandersetzung. Kurz, durch die Festhaltung der strengen Beweistheorie im Schadensprocesse wird das materielle Recht des Verletzten auf Ersatz schwer verkümmert und der durch das Gesetz theoretisch gebotene Rechtsschutz praktisch zum guten Theil wieder illusorisch.

Mit Recht sagt in dieser Beziehung Ihering, Vermischte Schriften I. S. 240, die gegenwärtige Schadloshaltungsklage sei nur dem Kläger, nicht dem Geklagten gefährlich, solange nicht der Richter angewiesen ist, den Schaden so reichlich zu bemessen, daß er die Function eines Strafmittels ausübt.

Will man eben nicht auf halbem Wege stehen bleiben, will man dem Beschädigten den Schutz des Gesetzes in vollem Maße angedeihen lassen, so bleibt nichts übrig, als die Feststellung der Höhe der Entschädigungssumme dem freien richterlichen Ermessen anheimzugeben. So ist dies in England, so ist dies in den Ländern des französischen Rechtes, so neuestens auch in Deutschland (§ 260 der R. Civ. Prc. O.).

Es erübrigt noch, die österreichische Speciallegislation, betreffend die Haftpflicht der Eisenbahnunternehmungen, darzulegen. Zwar hatte schon die Eisenbahnbetriebsordnung vom 16. November 1851 (§ 19) bestimmt, daß Eisenbahnunternehmungen nicht nur für die durch ihr eigenes Verschulden, sondern auch für die durch das Verschulden ihrer Beamten und Diener an Personen und Sachen entstandenen Beschädigungen haften; im übrigen aber bezüglich der Art der Haftung sonderbarer Weise auf die für Bahnunfälle gezeigter Maßen höchst unzureichenden Bestimmungen des a. b. G. B. verwiesen. Es durfte daher nicht Wunder nehmen, daß aus Anlaß mehrerer Unglücksfälle der Ruf nach ausgiebiger Rechtshilfe in ebenso dringender als allgemeiner Weise erscholl.

Die Legislation kam dem gerechten Wunsche der Bevölkerung entgegen mit dem Gesetze vom 5. März 1869 Z. 27 R. G. Bl., welches trotz seiner großen Mängel als ein entschiedener Fortschritt auf dem Gebiete des Rechts und der Humanität anerkannt zu werden verdient.

Die Grundsätze desselben lassen sich kurz dahin fassen:

I. Die Unternehmung einer mit Dampfkraft betriebenen Eisenbahn haftet nach Maßgabe der §§ 1325—1327 a. b. G. B. für allen Schaden, welcher durch die bei Bahnunfällen (Ereignungen im Verkehre der Eisenbahn) erfolgte

Tödtung oder körperliche Verletzung eines Menschen herbeigeführt worden ist, und zwar ohne Rücksicht darauf, ob der Verunglückte der Classe der Reisenden oder der Classe des Betriebspersonals angehört oder ein ganz unbetheiligter Dritter ist. Die Unternehmung kann sich von der Ersatzleistung nur dann und nur in dem Maße befreien, als sie beweist, daß die Ereignung durch einen unabwendbaren Zufall (höhere Gewalt — vis major) oder durch eigenes Verschulden des Beschädigten verursacht worden ist (§§ 1, 2).

Durch die Einschaltung der Worte „höhere Gewalt — vis major" will das Gesetz offenbar zu erkennen geben, daß es unter dem „unabwendbaren Zufalle" dasselbe verstanden wissen wolle, was das Allgem. Handelsgesetzbuch im Art. 395 unter den gleichlautenden oben eingeschalteten Ausdrücken versteht.

Was unter vis major zu verstehen sei, ist freilich weder aus den römischen Quellen, noch aus den Protokollen mit hinlänglicher Bestimmtheit zu entnehmen. Soviel ist zunächst klar, daß darunter nur ein besonders qualificirter Zufall verstanden werden könne. Worin liegt nun die Besonderheit, die den einfachen Zufall zum casus major (damnum fatale) stempelt?

Unseres Erachtens sind unter casus major nur solche Zufälle zu verstehen, welche im concreten Falle, selbst bei Aufwendung einer außerordentlichen Sorgfalt, durch die Thätigkeit der Eisenbahnunternehmung nicht hätten abgewendet werden können, wobei übrigens die von Leuten und Passagieren herrührenden Handlungen als absolut unentschuldbar (stets abwendbar) vom Begriff der vis major ausgeschlossen werden. Es liegt also nach dieser Ansicht in der Haftung für casus major nur eine Erhöhung der gewöhnlichen Diligenz, hervortretend einerseits in der unbedingten Haftung für die Dienstleute und Passagiere, andererseits in dem Einstehen für alle Zufälle, welche durch Anwendung einer außerordentlichen Sorgfalt abgewendet werden können. Der Maßstab ist daher zwar ein objectiver, aber er berücksichtigt die Besonderheit des Falles, beurtheilt, was hiernach im concreten Falle als unverschuldeter, also unabwendbarer Zufall angesehen werden dürfe. Diese Auffassung ist nicht nur in den Quellen begründet (vergl. L. 3 § 1 D. 4. 9, L. 52 § 3 D. 17. 2, dazu Goldschmidt, Zeitschr. f. H. R. III. S. 90 ff., dazu meine Schrift: Haftung der Eisenbahnunternehmungen, 1869), sondern entspricht allein der Natur der Sache und den vernünftigen Anforderungen des Verkehrslebens. Denn nicht darauf kann es vernünftigerweise und nach den wirthschaftlichen Gesetzen des Verkehrs ankommen, ob ein Ereigniß an sich und überhaupt abzuwenden ist — ein solches Postulat wäre eben ein wirthschaftlicher Unverstand — sondern ob es durch jene Vorsichtsmaßregeln hätte abgewehrt werden können, welche nach den Regeln des wirthschaftlichen Verkehrs im concreten Falle von dem sorgfältigsten Frachtführer gefordert werden dürfen. Unsere Auffassung wird auch durch den Umstand bestärkt, daß nach dem Zeugnisse Bar's (Grünhut's Zeitschr. IV. S. 74 ff.) die englisch-amerikanische Praxis auch ohne Zuhülfenahme eines Ausnahmsgesetzes über die vis major zu demselben Resultat gelangt, wie die neueste deutsch-österreichische Gesetzgebung.

Hiernach ist es unmöglich, Ereignisse zu nennen, welche an sich und unter allen Umständen als vis major angesehen werden müßten. Eine gesetzliche Feststellung derselben ist nach der Natur der Sache ebenso unthunlich als überflüssig. Das verständige richterliche Ermessen wird im einzelnen Falle den richtigen Unterschied zwischen vertretbarem und unvertretbarem Casus zu finden wissen.

Aus der ausdrücklichen Beziehung der §§ 1325—1327 a. b. G. B. im § 1 des cit. Gesetzes geht hervor, daß bei Bahnunfällen, wie bereits gezeigt, jederzeit das volle Interesse und nicht blos der wirkliche Schaden zu ersetzen sei.

Von den Grundsätzen des bürgerlichen Rechts weicht der oben fixirte Rechtssatz nicht blos darin ab, daß der Verletzte selbst in dem Falle, als der Schadenersatz blos auf Grund eines Delicts gefordert wird, von dem Beweise des Verschuldens der Bahnverwaltung losgezählt ist (vergl. §§ 1295, 1296 des allgem. bürgerl. G. B.), sondern auch darin, daß sich die letztere in allen Fällen nur durch den Beweis einer vis major, nicht schon durch den Beweis eines einfachen Casus (§ 1294) von der Ersatzpflicht befreien kann. Diese Abweichungen von der Regel des gemeinen Rechtes sind, wie aus dem früher Gesagten hervorgeht, gewiß nur zu billigen. Es ist insbesondere eine ebenso humane als sachgemäße Bestimmung, daß in Ansehung der Beweislast kein Unterschied gemacht wird zwischen Passagieren und dem Betriebspersonale. Denn gerade das letztere ist den Gefahren des Bahnbetriebes am meisten ausgesetzt und gehört regelmäßig den ärmeren Classen der Bevölkerung an.

II. Der zweite im Gesetze ausgesprochene Grundsatz ist folgender: Die Bahnunternehmung vertritt das Verschulden aller Personen, deren sie sich zur Ausübung des Betriebes bedient, gerade so wie ihr eigenes (§ 1).

Nach der offenbaren Tendenz des Gesetzes beschränkt sich jedoch diese Haftung der Unternehmung für ihre Leute auf solche Handlungen und Unterlassungen derselben, welche einen Bahnunfall („eine Ereignung im Verkehr" § 1) verursachten, gleichviel übrigens, ob dieselben böswillig, muthwillig, oder einfach unachtsam gehandelt haben. Die Bahnverwaltung wird daher z. B. wohl die Folgen eines Zusammenstoßes zu verantworten haben, welcher durch die in verbrecherischer Absicht vorgenommene falsche Weichenstellung von Seite des Bahnwärters herbeigeführt wurde, nicht aber den Mord, den der Conducteur am Reisenden im Coupé verübte.

Die gewiß sachgemäße Differenz des obigen Rechtssatzes vom bürgerlichen Rechte liegt auf der Hand, wenn man erwägt, daß nach letzterem der Geschäftsherr bei der Werkverdingung nur für ein Verschulden in der Auswahl der Person haftet — ein Gegensatz, der nicht einmal für die gewöhnlichsten civilrechtlichen Verhältnisse ausreichenden Rechtsschutz bietet.

Hierbei ist noch darauf hinzuweisen, daß die Bahnverwaltung und sämmtliche Bedienstete derselben jenen besonderen Grad des Fleißes und jene besonderen Fachkenntnisse zu vertreten haben, deren Besitz von jedem Einzelnen je nach der Besonderheit seiner Stellung verlangt werden muß, wenn anders der Bahnbetrieb ein geregelter und vollkommen sicherer sein soll (§ 1299 b. G. B.).

III. Die sub I und II aufgestellten Rechtssätze haben einen zwingenden Charakter und können daher von der Unternehmung weder durch in vorhinein angekündigte, noch durch mit ihr vereinbarte Einschränkung oder Ablehnung der gesetzlich statuirten Ersatzpflicht ausgeschlossen werden. Dem entgegenstehende Reglements oder Verzichte sind rechtlich wirkungslos (§ 3). Auch diese Bestimmung des Gesetzes vom 5. März 1869 ist ganz sachgemäß, ja, man darf kühn behaupten, daß die bezüglichen Gesetzbestimmungen in Ansehung der des Schutzes am meisten bedürftigen Bahnbediensteten geradezu unpraktisch wären, wenn denselben nicht der Stempel der Absolutheit aufgedrückt würde. Denn gewiß würden die Bahnen nicht verabsäumen, durch Reglements und Vorbehalte im Dienstvertrage die gesetzliche Haftung nach ihrem Geschmacke zu modificiren. Offenbar will die Gesetzgebung durch die Steigerung der civilrechtlichen Haftung die Sicherheit des Personentransportes fördern. Die bezüglichen Bestimmungen sind also ein Bestandtheil jenes Systems staatlicher Vorkehrungen, welche die Hebung der öffentlichen Wohlfahrt bezwecken. Kurz, wir haben es hier mit einem jus publicum zu thun, das durch Privatwillkür nicht geändert werden kann. Dies ist auch der leitende Gesichtspunkt der französischen und englischen Spruchpraxis.

IV. Formeller Natur ist die Bestimmung des § 3 des citirten Gesetzes, daß Klagen auf Ersatzleistung aus Bahnunfällen nach Wahl des Klägers vor das Handelsgericht, in dessen Sprengel die geklagte Unternehmung ihren Sitz hat oder der Bahnunfall eingetreten ist, eingebracht werden können. Verklagt werden kann gewiß nur jene Eisenbahnunternehmung, auf deren Strecke sich der Unfall ereignet hat. Ueber dergleichen Klagen ist summarisch zu verfahren und es können mehrere Kläger Ersatzansprüche, welche in derselben Ereignung ihren Grund haben, in derselben Klageschrift geltend machen (§ 3 cit.). Mangelhaft ist jedoch das Gesetz insofern, als auch in diesem Falle bezüglich des Beweises der Existenz und des Umfangs des erlittenen Schadens die unzureichenden Bestimmungen der allgemeinen Civilproceßordnung Platz greifen.

Die namentlich im letzten Decennium sehr lebhafte Reformbewegung auf dem Gebiete der Gewerbegesetzgebung ist auch an Oesterreich nicht spurlos vorübergegangen [1]). Die Regierung ließ nacheinander drei Gesetzentwürfe ausarbeiten; die beiden ersten, nämlich der „Referentenentwurf einer neuen Gewerbeordnung" vom Jahre 1874 (mit Motiven) und dessen spätere Recension („Entwurf einer neuen Gewerbeordnung sammt Einführungsgesetz und Anhängen") vom Jahre 1877 bezwecken eine Reform der ganzen Gewerbeordnung, während der im Herbste 1879 als Regierungsvorlage dem Abgeordnetenhause vorgelegte dritte Entwurf (Nr. 63 der Beil. zu den stenogr. Protok. des Abg.-H., IX. Session) nur die Abänderung derjenigen Abschnitte anstrebt, welche die Arbeiterverhältnisse betreffen. Zahlreiche Gutachten wurden über den zweiten (zum Theil auch den ersten) Entwurf von den Handels- und Gewerbekammern und von einzelnen befragten Corporationen an das Handelsministerium erstattet und bieten in einer besonderen amtlichen Publication unter dem Titel: Gutächtliche Aeußerungen über den Entwurf einer neuen G.O. (Wien 1879) gesammelt — für das Verständniß des jüngsten Entwurfes beachtenswerthes Material.

Vor Allem fällt auf, daß die Bestimmungen der Entwürfe von 1874 und 1877 in Bezug auf die Haftpflicht von denjenigen des Entwurfes vom Jahre 1879 sehr erheblich abweichen. Der Entwurf vom Jahre 1874 legt im § 55, Al. 3 dem Unternehmer die Ersatzpflicht rücksichtlich jeder Beschädigung auf, „welche ein Hülfsarbeiter durch einen mit Gefahren verbundenen Gewerbe- oder Fabriksbetrieb ohne nachweisbares Selbstverschulden erleidet," fügt jedoch

[1]) Die folgende Darstellung der gewerblichen Reformbestrebungen stammt aus der Feder des Universitätsdocenten Dr. Braf.

die Beschränkung bei, daß die Ersatzpflicht nur insoweit einzutreten habe, als die Unterstützung aus einer Hülfskasse nicht stattfände oder nicht ausreichen würde. Letztere Beschränkung läßt der Entwurf vom Jahre 1877 wieder fallen, bestimmt aber im § 73, Al. 3: „Für jede körperliche Verletzung oder Tödtung eines Hülfsarbeiters, welche durch einen schon unter gewöhnlichen Umständen mit Gefahren verbundenen Gewerbebetrieb bewirkt wird, hat der Unternehmer angemessene Entschädigung zu leisten, sofern derselbe nicht beweist, daß die körperliche Verletzung oder Tödtung durch Verschulden des betroffenen Hülfsarbeiters oder durch einen unabwendbaren Zufall (höhere Gewalt) erfolgt ist."

Prüft man die gutachtlichen Aeußerungen der Handelskammern und der sonstigen befragten Corporationen, so fällt auf, daß nicht eine derselben diese Bestimmungen unbedingt billigt. Die Mehrzahl hat sogar in Verkennung des Geistes und der Tendenz der modernen Haftpflichtgesetzgebung zum Theil die einfache Streichung beantragt, zum Theil die Beschränkung der Haftpflicht des Unternehmers auf den Fall seines nachweisbaren Verschuldens gefordert, ein Desiderium, welches mit Rücksicht auf die Bestimmungen des allgemeinen bürgerlichen Rechtes recht überflüssig war. Einzelne Antragsteller gingen noch weiter und befürworteten selbst für den Fall des Verschuldens des Unternehmers, daß es demselben gestattet sei, die aus einer Hülfskasse fließende Unterstützung in den von ihm zu leistenden Ersatzbetrag einzurechnen (dies hatte auch der Entwurf vom Jahre 1874 beabsichtigt). Dabei unterscheiden die erwähnten Antragsteller gar nicht, ob und wieviel der Unternehmer selbst zur Hülfskasse beiträgt, und ob die Kasse bei der Unternehmung selbst als Fabrikskasse errichtet ist, oder ob sie lediglich von den Arbeitern als ein selbständiger Hülfsverein derselben in's Leben gerufen wurde. Es läßt sich kaum verkennen, daß, wenn eine derartige Einrechnung in dem gewünschten Umfange in der That statuirt würde, dennoch in den allermeisten Fällen nur die Heilungskosten und die Unterstützungsbeträge während der Krankheitsdauer hierbei zur Deckung kämen. Ja bei einer langwierigen Krankheit würde das Einrechnungsrecht zum Theil dadurch gegenstandslos, daß die weitaus überwiegende Zahl der Statuten die Krankheitsaushilfen auf wenige Monate, oft nur auf einige Wochen beschränkt. In seltenen Fällen wäre aber die Möglichkeit vorhanden, die von einer Hülfskasse gewährte Unterstützung wegen Arbeitsunfähigkeit, sowie eine Wittwenpension oder Waisenunterstützung einzurechnen, da unter 860 Hülfskassen Oesterreichs nach den neuesten amtlichen Erhebungen blos 52 zugleich als Versorgungs- und Invalidenkassen, und sogar nur 18 als Wittwen- und blos 17 als Waisenkassen fungiren (vergl. die officielle Publication: Die gewerblichen Hülfskassen in den im Reichsrathe vertretenen Ländern. Wien 1880).

Ein Theil der Gegner der zu normirenden strengeren Haftpflicht erklärt sich übrigens nicht so sehr gegen eine Verschärfung der Haftpflicht des gewerblichen Unternehmers überhaupt, als vielmehr dagegen, daß dieselbe nur die Unternehmer gewisser Productionszweige zu treffen habe, während sie bei anderen nicht normirt werde, obwohl gleich starke Gründe dafür sprächen, wie z. B. bei Bergwerken und Gruben. Die Klage über die hierin liegende Einseitigkeit ist allerdings insofern berechtigt, als der im Jahre 1876 erschienene „Referentenentwurf eines neuen Berggesetzes" im Gegensatze zu dem zwei Jahre zuvor publicirten ersten Gewerbeordnungs-Entwurfe keine Bestimmungen über die Haftpflicht enthält und doch kein Grund dafür namhaft gemacht werden kann, warum die Haftpflicht des Bergbauunternehmers nach anderen Grundsätzen normirt werden sollte, als diejenige des Fabrikanten. Es erscheint dies um so auffälliger, als beim Bergbau die Gefahr von Unglücksfällen imminenter ist und die Erfahrung auch ein häufigeres Eintreten beklagenswerther Katastrophen erhärtet. Trotz des Bestandes der Knappschaftskassen als Kranken- und Versorgungsinstitute und trotz des gesetzlich normirten Beitrittszwanges der Arbeiter (§ 20 des allgem. Berggesetzes) ist die bisherige Versorgung verunglückter Arbeiter sehr mangelhaft. Bei der Menge kleiner Unternehmungen in einzelnen Kronländern, wie z. B. in Böhmen, und bei der schwer zu besiegenden Abneigung der Unternehmer gegen die Bildung von Revierbruderladen (welche, abgesehen von den versicherungstechnischen Vortheilen, dem Arbeiter die Freizügigkeit innerhalb des Kreises der betheiligten Unternehmungen gewähren), fehlt einer großen Anzahl von Knappschaftskassen jede solide versicherungstechnische Basis, deren erste Voraussetzung eben eine entsprechend große Mitgliederzahl ist. Dazu kommt, daß die Unternehmer nach geltendem Rechte nicht beitragspflichtig sind. Zwar wird dem durch einen Unglücksfall arbeitsunfähig gewordenen Arbeiter nach den meisten Statuten eine Anzahl Dienstjahre (meist 10) mehr angerechnet; doch ist es bei der hervorgehobenen Sachlage gleichwohl begreiflich, daß die Kassen im Durchschnitt sehr geringe Provisionen zahlen. So betrug z. B. im Jahre 1878 die durchschnittliche Jahresprovision eines der 26821 Provisionisten (Invaliden, Wittwen, Waisen) Oesterreichs blos $33\frac{1}{3}$ fl. ö. W. Bei Erwägung des Vorangeschickten dürfte kein Zweifel darüber obwalten, daß der in den Unternehmerkreisen überhaupt beliebte Hinweis auf die Hülfskassen auch hier kein triftiger Grund ist, die Nothwendigkeit eines besonderen Haftpflichtparagraphen in Frage zu stellen. Es ergiebt sich vielmehr, wie sehr die Arbeiter im Rechte sind, wenn in ihren Kreisen der Wunsch nach einer besseren Regelung der Haftpflichtverhältnisse gehegt und ausgesprochen wird.

Der im Vorhergehenden geschilderte Standpunkt der Mehrzahl der durch die Reform tangirten Interessentenkreise wird jedoch nicht allgemein als der richtige anerkannt. Die meisten der in dieser Frage der Minorität angehörenden Kammern erkennen zwar die Billigkeit einer strengeren Regelung der Haftpflicht an, doch finden sie die nach den Bestimmungen des Entwurfs beabsichtigte Normirung für den Unternehmer allzu hart. Sie heben namentlich hervor, daß erfahrungsmäßig die Sorglosigkeit des Arbeiters wachse, je länger er bei einem mit Gefahren verbundenen Betriebe beschäftigt sei; da aber das Selbstverschulden des Arbeiters in den seltensten Fällen nachgewiesen werden könnte, so würde der vorliegende Haftpflichtparagraph nur eine Prämie für den Leichtsinn und die Sorglosigkeit des Arbeiters bilden und dem Unternehmer auch dann die Haftpflicht aufhalsen, wenn durch das Verschulden eines Arbeiters seine Mitarbeiter verunglücken u. dgl. mehr. Aus diesen und ähnlichen Erwägungen wird die Ausdehnung der Haftpflicht des Unternehmers blos auf folgende Fälle beantragt:

1) wenn den Vorschriften eines besondere Schutzvorrichtungen vorschreibenden Gesetzes, z. B. der Norm über die Einfriedung der Maschinen, nicht entsprochen wurde und dies eine Verunglückung zur Folge hatte;

2) wenn auch nur dem Stellvertreter des Unternehmers die Außerachtlassung der für den betreffenden Betrieb vorgeschriebenen oder doch allgemein üblichen Vorsichten nachgewiesen werden kann.

Blos eine einzige Kammer (Wien) acceptirte den Grundsatz des Haftpflichtparagraphen, wünschte jedoch mit Rücksicht auf die Schwierigkeit des Beweises des Selbstverschuldens, daß derselbe vor dem Gewerbegerichte oder vor Sachverständigen geführt werde. Eine andere Kammer schließlich wollte die Befreiung des Arbeitgebers dann statuirt wissen, wenn er nachweist, daß ihn bei dem Unglücke kein Verschulden treffe.

So divergirend auch im Einzelnen die besprochenen Gutachten der Handelskammern erscheinen, so kommen sie doch insgesammt darin überein, daß sie eine mildere Haftpflicht als die ursprünglich beantragte urgiren. Offenbar wurde unter dem Einflusse dieser Gutachten im neuesten Entwurfe die Haftpflicht wesentlich eingeschränkt. Nachdem derselbe nämlich in Art. 3 gewisse Einrichtungen zum Schutze für Leben und Gesundheit des Arbeiters ausdrücklich vorgeschrieben (vergl. unten ad 8), bestimmt er in Art. 4 Nachstehendes:

„Wenn durch Außerachtlassung der Vorschriften des Art. 3 von Seiten eines Bevollmächtigten oder eines anderen Bestellten des Gewerbeinhabers oder wenn durch ein anderes in Ausführung der Dienstverrichtungen diesen Personen zur Last fallendes Verschulden die Tödtung oder körperliche Verletzung eines Hülfsarbeiters herbeigeführt wurde, so haftet in allen diesen Fällen der Gewerbsinhaber für den dadurch entstandenen Schaden und hat den Ersatz nach Maßgabe der §§ 1325—1327 a. b. G. B. zu leisten."

Die Beweislast rücksichtlich des Verschuldens des Arbeitgebers oder seines Bestellten fällt gemäß dieser Bestimmung dem verunglückten Arbeiter beziehungsweise den nach Maßgabe des § 1327 a. b. G. B. ersatzberechtigten Personen (Wittwen, Waisen) zu. Sie wird ihnen unter Umständen insofern erleichtert, als schon der Nachweis, es stehe die Verunglückung im Causalnexus mit der Mangelhaftigkeit einer vom Gesetze vorgeschriebenen oder im Sinne desselben von der Behörde angeordneten Schutzvorrichtung, die Ersatzpflicht begründen wird. Bemerkenswerth ist dabei, daß sich sohin die Haftpflicht des Unternehmers für das Verschulden des Bestellten nicht mehr auf den bloßen Fall der culpa in eligendo und auf den Ersatz des bloßen Schadens beschränkt, sondern daß sich dieselbe auf jedes Verschulden seines Bestellten in Ausübung der Dienstverrichtungen erstreckt, und daß der Ersatz im vollen Umfange nach §§ 1325—1327 einzutreten hat.

Wenngleich der Entwurf in Bezug auf die Verschärfung der Haftpflicht hinter seinen beiden Vorgängern weit zurücksteht, so hat er doch andererseits Bestimmungen getroffen, welche gegenüber jenen der beiden früheren Entwürfe und des Eisenbahnhaftpflichtgesetzes vom 5. März 1869 einen wesentlichen Fortschritt bedeuten. Ist doch stets die Beweisfrage als jener Umstand bezeichnet worden, der den Nothstand unserer Schadensersatzprocesse in erster Linie verschulde. Mit richtigem Griffe hat daher der Entwurf in Al. 4 und 5 desselben Artikels dem Richter die freie Beweiswürdigung zugestanden, und zwar sowohl rücksichtlich des Bestandes eines Ersatzanspruchs als auch rücksichtlich der Höhe desselben. Frei sollte der Richter die Beweisergebnisse würdigen nicht nur in dem Falle, wenn auf Grund der Haftpflichtbestimmungen des Entwurfes geklagt würde, sondern auch dann, wenn die Ersatzklage auf Grund des allgemeinen bürgerlichen Rechtes gegen den Unternehmer, seinen Bestellten oder irgend eine andere Schuld tragende Person angestellt wird.

Bezüglich des Haftpflichtparagraphen des jüngsten Entwurfs ist noch zu bemerken:

1) Daß sich die durch denselben normirte Haftpflicht ausdrücklich nur auf Hülfsarbeiter bezieht, worunter nach Art. 1 desselben Entwurfes „die für höhere Dienstleistungen angestellten Individuen, wie: Werkführer, Mechaniker, Factoren, Buchhalter, Cassirer, Expedienten, Zeichner, Chemiker" nicht inbegriffen sind.

2) Daß hier im Gegensatze zu den früheren Entwürfen — und mit Rücksicht auf die bedeutend gemäßigten Haftpflichtnormen dieses Entwurfes mit gutem Grund — die ausdrückliche Beschränkung auf solche Gewerbe entfallen ist, „die einen schon unter gewöhnlichen Umständen mit Gefahren verbundenen Betrieb haben", welche Beschränkung übrigens wegen der Schwierigkeit der Anwendung dieses vagen Begriffes manche Anfechtung erfahren hatte. Andererseits wird aber gleichwie in den früheren Entwürfen zwischen Handwerk und Fabrik nicht unterschieden.

3) Daß das oben erwähnte Recht des Unternehmers, in den Ersatzbetrag die von dem Verunglückten aus einer Hülfskasse bezogenen Unterstützungen einzurechnen, nicht anerkannt wird.

Sollte dieser oder sonst ein die Haftpflicht des Unternehmers verschärfender Paragraph Gesetzeskraft erlangen, so wird er voraussichtlich den Anstoß zu einer ausgedehnten Benutzung der Arbeiter-Unfallversicherung geben, während diese bisher unseres Wissens auf sehr vereinzelte Fälle beschränkt war. Wird doch diese Eventualität erst seit dem Erscheinen des ersten Entwurfes von den Fabrikanten ernstlich in Erwägung gezogen.

ad 6. Ein Zusammenhang der Bestimmungen über die Haftpflicht mit der Gesetzgebung über die Unfallsversicherung besteht derzeit nicht.

ad 7. Vorschriften über die Anmeldung eingetretener Unglücksfälle bestehen bisher in der österreichischen Legislative in folgenden Fällen:

1) für die Eisenbahnbetriebsorgane in Gemäßheit des Handelsministerial-Erlasses vom 1. März 1852. Die Anzeige ist sofort telegraphisch mit kurzer Schilderung des Sachverhaltes an das Handelsministerium zu erstatten; in gleicher Weise ist der die Strecke überwachende Beamte der Generalinspection der österreichischen Eisenbahnen zu verständigen, wenn seine Anwesenheit an einer bestimmten Station bekannt ist;

2) für diejenigen, welche bei ihren Unternehmungen Dampfkessel benützen, nach Handelsministerial-Verordnung vom 7. Juli 1871 im Falle einer Explosion. Es ist unverzüglich die nächste Sicherheitsbehörde zu benachrichtigen, und ihr liegt ob, den zur Dampfkesselprüfung bestellten Commissär des betreffenden Bezirkes zu verständigen. Letzterer hat nach Beschaffenheit des Falles das Einschreiten der competenten Administrativ- oder Gerichtsbehörde zu veranlassen, einstweilen aber Alles vorzukehren, was zur Sicherung des Beweismaterials nothwendig ist;

3) für Werksleiter und deren Stellvertreter bei Bergwerken besteht nach den §§ 222 und 223 des allgem. Berggesetzes nur die Verpflichtung, Ereignisse, welche die Sicherheit von Personen gefährden, sogleich der nächstgelegenen Verwaltungs- oder Bergbehörde anzuzeigen. Nach § 163 und 164 des Entwurfs eines neuen Berggesetzes ist jedoch sowohl der Eintritt einer Gefahr für Personen, insbesondere für Leben und Gesundheit der Arbeiter, als

auch jeder unter oder über Tage eingetretene Unglücksfall, welcher den Tod oder die schwere Verletzung einer oder mehrerer Personen herbeigeführt hat, von dem Betriebsleiter oder seinem Stellvertreter sogleich der Bergbehörde anzuzeigen. Die Unterlassung wird mit Geldstrafen bedroht.

ad 8. Außer den umfassenden, direct oder indirect die Sicherheit der Personen berührenden Vorschriften für den Eisenbahnbetrieb, welche den diesfalls in Deutschland bestehenden conform sind, dann der alle Productionszweige berührenden obligaten Prüfung der Dampfkessel vor der Verwendung und periodisch während derselben, sind noch besonders hervorzuheben:

1) Die Vorschriften des allgem. Berggesetzes, welches in § 170 für alle Tag- und Grubenbaue die möglichste Sicherung gegen Gefahren für Personen anordnet, und im § 171 diesbezügliche Sicherheitsmaßregeln demonstrativ aufzählt, so namentlich die Einfriedung aller Tagbaue, die zureichende Versicherung brüchiger oder bruchgefährlicher Grubenbaue, die Unterbühnung über 10 Klafter tiefer Schächte, die tägliche Untersuchung und Versicherung der Fahrkünste und Fahrmaschinen, entsprechende Wetterführung, Anwendung bewährter, gehörig versorgter Sicherheitslampen und dergleichen mehr. Die Außerachtlassung der vorgeschriebenen Sicherheitsvorrichtungen kann zu einem Strafverfahren auf Grund der Bestimmungen des allgem. Strafgesetzes die Veranlassung bieten (§ 172), unterliegt aber überdies in allen Fällen (§ 240) der Strafbefugniß der Bergbehörden, welche bei fortgesetzter Vernachlässigung selbst auf die Entziehung der Bergbauberechtigung zu erkennen haben. Der Bergwerksbesitzer bleibt der Behörde für die Einhaltung der Sicherheitsvorschriften auch im Falle einer Verpachtung in gleichem Umfange verantwortlich, wie beim Eigenbetriebe (§ 187). — Die Bergbehörde hat das Recht und die Pflicht, im Falle der Wahrnehmung eines sicherheitswidrigen Zustandes nach Umständen mit Zuziehung von Sachverständigen die Art der Abstellung und die Frist zu deren Vornahme zu bestimmen oder dieselbe nöthigenfalls auch sogleich auf Kosten des Bergwerks anzuordnen (§ 173). — Hieran reiht sich dann noch weiter die Verpflichtung der Bergbauunternehmer, bei erlangter Kenntniß von Unglücksfällen in benachbarten Bergwerken alle ihre verfügbaren Arbeitskräfte gegen mäßige Vergütung zur Hülfe aufzubieten, was thatsächlich immer und ausgiebig zu geschehen pflegt, wie es denn auch nicht an Beispielen einer förmlichen Unterweisung der Bergarbeiter in den auf Hülfeleistung abzweckenden Arbeiten bei Unglücksfällen fehlt.

Der Entwurf eines neuen Berggesetzes hat von einer auch nur demonstrativen Aufzählung der für die Sicherheit des Lebens und der Gesundheit der Arbeiter nothwendigen Einrichtungen Umgang genommen und dies dadurch motivirt, daß es nicht angemessen sei, „in ein Gesetz, welches doch nur feste, wenigstens für einige Zeit dauernde Regeln geben soll, Vorschriften aufzunehmen, welche bei dem raschen Fortschreiten der bergbaulichen Technik und des öffentlichen Bedürfnisses ihrer Natur nach in kürzester Zeit der Ergänzung und Abänderung bedürfen." Nach dem Entwurfe hat demnach die Erlassung der nothwendigen Sicherheitsvorschriften im Verordnungswege zu geschehen, und zwar nicht durch das Ackerbauministerium, sondern durch die Berghauptmannschaften, damit den Eigenthümlichkeiten der einzelnen Bergamtsbezirke Rechnung getragen werde. Soweit dann die allgemeinen Vorschriften derartiger Verordnungen beim

Eintritt von Gefahren für Gesundheit und Leben der Arbeiter nicht ausreichen, hat die unterste Bergbehörde (der Revierbeamte) selbständig die entsprechenden Sicherheitsvorkehrungen zu treffen, und zwar selbst ohne Vernehmung des Unternehmers, wenn Gefahr im Verzuge ist. Wird die Ausführung verweigert, so ist sie auf Kosten des Unternehmers durch die Bergbehörde zu veranlassen. Die Hülfeleistungspflicht der Nachbarwerke ist beibehalten; die Kosten derselben hat der Besitzer des verunglückten Werkes zu tragen, vorbehaltlich des Regreßanspruches gegen Dritte, welche den Unglücksfall verschuldet haben.

2) So ausführlich die Vorschriften des geltenden Rechtes behufs Sicherheit für Leben und Gesundheit der Arbeiter des Bergbaues sind, so mangelhaft sind sie in Bezug auf Fabrikation und Handwerk. Die bestehende Gewerbeordnung hat nicht einen Paragraphen aufzuweisen, der eine diesbezügliche Verpflichtung des Arbeitgebers auch noch so allgemein statuiren würde, und beschränkt sich im § 78 darauf, dem Arbeiter das Recht zum sofortigen Austritte ohne Kündigung einzuräumen, „wenn er ohne Schaden für seine Gesundheit die Arbeit nicht fortsetzen kann." Die Bedeutungslosigkeit einer solchen „indirecten Aufforderung an den Arbeitgeber, die gesundheitsschädlichen Einflüsse fern zu halten", haben die Motive der Entwürfe vom Jahre 1874 und 1879 gebührend gewürdigt. Es wird in denselben betont, der Arbeiter sei in der Regel nicht genügend unterrichtet, um die Gefahr rechtzeitig zu erkennen, andererseits könne er oft durch Noth gezwungen sein, sich gesundheitsschädlichen Einwirkungen auszusetzen, trotzdem er sie kennt, überdies sei ihm mit dem Rechte, den Vertrag zu lösen, nicht gedient, solange er Gefahr läuft, ähnlichen Nachtheilen auch bei anderen Gewerbeinhabern zu begegnen.

Der Entwurf vom Jahre 1874 hat im § 55 die allgemeine Vorschrift des § 107 der deutschen Reichs-Gewerbeordnung nahezu wörtlich aufgenommen, durch welche dem Unternehmer ganz allgemein aufgetragen wird, „alle Einrichtungen, welche mit Rücksicht auf die besondere Beschaffenheit des Gewerbebetriebes und der Betriebsstätte zur thunlichsten Sicherung der Arbeiter gegen Gefahren für Leben und Gesundheit nothwendig sind", auf seine Kosten herzustellen und zu unterhalten. Daran schloß sich die dem § 65 der ungarischen Gewerbeordnung nachgebildete Vorschrift, daß als Wohnungen, welche der Gewerbeinhaber seinen Gehülfen einräumt, nur gesunde und bewohnbare Räumlichkeiten benützt werden dürfen. Darüber, was in diesen Beziehungen herzustellen ist, entscheidet die Gewerbebehörde (Administrativbehörde 1. Instanz); sie hat auch ihren Anordnungen eventuell zwangsweise Geltung zu verschaffen. — Der § 73 Al. 1 und 2 des Entwurfs vom Jahre 1877 führt die vorerwähnten Bestimmungen des Entwurfs vom Jahre 1874 näher aus, indem er insbesondere rücksichtlich der Arbeitsräume ausdrücklich anordnet, daß dieselben die ganze Arbeitszeit hindurch gut beleuchtet, möglichst staubfrei erhalten und der Zahl der Arbeiter und Beleuchtungsapparate entsprechend ventilirt werden müssen. In Bezug auf die Maschinen wird die sorgfältige Einfriedung derjenigen Maschinentheile und Treibriemen, welche die Sicherheit der Arbeiter gefährden können, angeordnet. Ueberdies findet sich im Entwurf und zwar im § 20 Al. 3 die Bestimmung des § 18 der deutschen Reichs-Gewerbeordnung, der zufolge der Behörde die Pflicht obliegt, bei Gelegenheit der Prüfung concessionspflichtiger Anlagen jene Anordnungen zu treffen, welche zum Schutze der Arbeiter gegen Gefahren für Gesundheit und

Leben nothwendig sind, und dieselben sogar zur Bedingung der Genehmigung zu machen.

Diese Bestimmungen begegneten in den „gutächtlichen Aeußerungen" wenigen, dazu belanglosen Einwänden. Es ist daher erklärlich, daß auch der jüngste Entwurf von denselben nicht abgewichen ist; sie sind im Art. 3 nur stilistisch etwas schärfer gefaßt und ist das Einfriedungsgebot durch Aufzählung der hier am meisten in Betracht kommenden Gegenstände (Maschinen und ihrer Theile, Schwungräder, Transmissionen, Achsenlager, Aufzüge) genauer präcisirt. Von der Haftpflicht des Unternehmers im Falle der Außerachtlassung der hier vorgeschriebenen Sicherheitsvorkehrungen wurde bereits oben gehandelt.

Es bleibt nur noch Eines zu bemerken. Die richtige Ausführung der oben erwähnten Vorschriften setzt nothwendig entsprechende Executivorgane voraus. Ohne die zweckentsprechende Organisation derselben bleibt das Gesetz ein todter Buchstabe. Der Wirkungskreis der derzeit als Gewerbebehörden erster Instanz fungirenden Bezirkshauptmannschaften ist aber viel zu ausgedehnt, ihr Interesse viel zu getheilt, ihr Verständniß endlich auch in Fragen, die Fachkenntnisse voraussetzen, oft viel zu unzureichend, als daß sie beim besten Willen im Stande wären, die Einhaltung der vom Gesetze vorgeschriebenen präventiven Maßregeln wirksam zu controliren. Dies wird selbst von den den Entwurf von 1877 begutachtenden Kammern mehrfach hervorgehoben. Die Einführung der bewährten Institution der Gewerbeinspectoren, wie sie durch die Entwürfe vorgesehen ist, erscheint von diesem Gesichtspunkt aus als eine wesentliche Bedingung für die Realisirung der humanitären Bestrebungen der Gesetzgebung auf diesem, wie auch auf anderen, hier nicht in Frage stehenden Gebieten.

II.

Die Haftpflicht gewerblicher Unternehmer nach englischem Recht.

Von B. von Bojanowski in London.

Seit mehreren Jahren sind in dem britischen Parlamente Versuche gemacht worden, um die Frage betreffs der Haftpflicht gewerblicher Unternehmer den von ihnen erwerbsweise beschäftigten Leuten gegenüber aus Anlaß körperlicher Beschädigungen (Employers liability), im Wege der Gesetzgebung zu behandeln und zu erledigen. Diese Versuche haben sich bis jetzt (Juni 1880) als von Erfolg begleitet nicht gezeigt; in dem Vereinigten Königreiche so wenig als in einem der zu demselben verbundenen drei Reiche ist zur Zeit ein Specialgesetz für die Angelegenheit maßgebend. Die Erörterung bezw. Entscheidung bezüglicher Fragen erfolgt daher nach dem in jedem der einzelnen Länder geltenden gemeinen Rechte (Common Law); dasjenige des Königreichs England liegt der folgenden Darstellung des bestehenden Rechtsstandes (s. 1. unten) zu Grunde.

Anlangend nun dieses gemeine Recht, welches u. A. Fischel (die Verfassung Englands S. 1. 24) das einzig in seiner Anwendung erkennbare englische Gewohnheitsrecht nennt, von dem die Statuten (d. h. die Gesetze) nur die Bestätigung einzelner Grundsätze sind, so ist vielleicht nicht überflüssig daran zu erinnern, daß es ungeschrieben existirt. Beweismittel dafür, daß irgend eine Rechtsauffassung Common Law sei, bieten die Entscheidungen der Landesrichter, die, nach englischer Anschauung, recht eigentlich das Recht zu finden haben — nicht in dem Sinne, daß sie berufen wären, neues Recht da zu schaffen, wo solches bisher nicht vorhanden war, oder neue Grundsätze da aufzustellen, wo es an solchen bisher fehlte, sondern in dem Sinne, daß ihre Aufgabe ist, anerkannte Rechtsgrundsätze auf neu eintretende Combinationen von Thatumständen zur Anwendung zu bringen. Anerkannte Rechtsgrundsätze des Common Law sind diejenigen, welche von dem ordnungsmäßig berufenen Richter früher als solche hingestellt wurden; sie zu ändern ist, falls sie nicht absurd sind oder gegen die Rechtsidee verstoßen, unstatthaft.

Die hier alsbald unter 1. mitgetheilten Vorschriften des Common Law sind derartige durch gerichtliche Entscheidungen erwiesene gewohnheitsrechtliche Grundsätze.

1. Die Haftpflicht nach gemeinem Recht.

Wer durch eigene Nachlässigkeit einem Anderen Schaden zufügt hat, vorausgesetzt, daß der Beschädigte nicht selbst im Stande der Nachlässigkeit sich befand, dem Beschädigten Schadloshaltung zu gewähren. Eine Ausnahme von dieser Regel besteht für haus- oder gewerbswirthschaftliche Unternehmer nicht. Der Dienst- oder Geschäftsherr hat mithin, wenn die eigene Nachlässigkeit dem von ihm zu Dienst- oder Erwerbszwecken beschäftigten Personal körperlichen Schaden bereitet, der betreffenden Person eben so gut Schadloshaltung zu gewähren, wie einer etwa beschädigten, an dem Unternehmen nicht betheiligten dritten Person.

Als Dienst- oder Geschäftsherr (Hausherr, Unternehmer, Arbeitgeber, Master) ist anzusehen wer, gleichviel wie, einen Anderen mit dessen Zustimmung zu Zwecken wirthschaftlicher Art für sich thätig sein läßt (Dienstboten, Arbeiter, Geschäftsangestellte, Servant). Die Lebensstellung des Dienstherrn (master) macht keinen Unterschied aus; verschiedene Gewerbe werden daher nicht verschieden behandelt. Die fragliche Verpflichtung ist die Jedem allgemein obliegende und die nämliche innerhalb der Industrie, Haus- und Landwirthschaft, Handwerk.

Die Nachlässigkeit gilt dann als eine solche, welche die Verpflichtung zu Schadloshaltung begründet, wenn sie bei der bezüglichen Handlung oder Unterlassung der Nichtanwendung gewöhnlicher Vorsicht gleichkommt; die dienstheischenden Personen (the employer) und die dienstleistenden (the employed) sind also in ihren gegenseitigen Beziehungen dafür verhaftet, daß die Erfüllung übernommener Pflichten nicht durch gewöhnliche Nachlässigkeit (ordinary negligence, culpa levis — ein Benehmen, welches unterhalb des Maßes der von einem ordentlichen Manne gewohnheitsmäßig aufzuwendenden Sorgfalt bleibt) Abbruch erfahre.

Sich im Wege vertragsmäßiger Abreden von dieser Haftpflicht frei zu machen, dieselbe auszuschließen, ist nicht unstatthaft.

Wie für sich so haftet der Geschäftsherr auch für das Verhalten seines Stellvertreters.

Besonders erwähnenswerthe Fälle, in denen die Haftpflicht begründet ist, sind:

Nachlässige Auswahl der zur Beschäftigung zugelassenen Personen oder Verstattung derselben zum Verweilen im Dienstverhältniß, nachdem ihre Untauglichkeit ermittelt ward. Der Unternehmer haftet dafür, daß seine Leute mit zweckdienlichen Materialien und gebrauchsfähigen Geräthschaften versehen sind; er hat auf das Verhalten seiner Leute gebührend Acht zu geben, sie vor zunächst nicht zu erwartenden Gefahren zu warnen, auch für die thunlichst ungefährliche Bewerkstelligung der übernommenen Arbeiten die geeignete Vorkehr zu treffen[1]).

Fälle, in denen die Haftpflicht ausgeschlossen ist, sind hauptsächlich:

Kenntniß der Gefahr, welcher die im Dienst beschäftigte Person sich auszusetzen hat, ohne Unterschied, ob diese Kenntniß bei dem Beschädigten als vorhanden gewesen nachweisbar ist, oder ob nach Lage der Umstände anzunehmen

---

[1]) Horace Smith, On Negligence, London 1880, S. 55 ff. giebt eine Zusammenstellung zahlreicher Präjudizfälle.

ist, daß der später Beschädigte sie bei Eingehung des Dienstverhältnisses sich hätte vergegenwärtigen sollen; der Eintritt oder das Verweilen in Gefahr nach stattgehabter Warnung.

Diese allgemeinen Rechtsregeln erfahren Veränderungen durch Erweiterung der Haftpflicht nach einer Seite hin und durch deren Einschränkung nach anderer Seite hin.

Die Erweiterung beruht darin, daß, nach gemeinem Recht, der Geschäfts- ꝛc. Herr (master) für Schaden haftbar ist, den die von ihm beschäftigte Person während oder aus Anlaß der fraglichen Beschäftigung einer dritten, bei dem fraglichen Unternehmen nicht betheiligten Person zufügt, selbst dann, wenn die Handlung oder Unterlassung einer ausdrücklich ertheilten Weisung des Geschäftsherrn zuwiderläuft. Der zu Grunde liegende Rechtssatz ist: „Respondeat superior"; die Zeit, seitdem derselbe zur Anwendung gelangte, ist nachweisbar die Regierung Carl's II. [1]). Mit der erwähnten Maxime ist dann die andere: „Qui facit per alium facit per se" in Verbindung gebracht worden, obwohl letztere sich unzweifelhaft auf ganz andere Verhältnisse bezieht als erstere, und so findet sich nun der maßgebende Grundsatz in dem Erkenntnisse in Sachen Hutchinson contra die York-Newcastle- und Berwick-Eisenbahngesellschaft vom Jahre 1850 wie folgt ausgesprochen: „Die Rechtfertigung des Princips, kraft dessen der Geschäftsherr (master) im Allgemeinen für diejenigen Unfälle aufzukommen gehalten ist, die aus dem nachlässigen Verhalten der von ihm beschäftigten Person (servant) hervorgehen, muß darin gefunden werden, daß die Handlung des Untergebenen in Wahrheit des Herrn eigne Handlung ist. Wenn der Herr seinen Wagen selbst fährt und einen Vorübergehenden aus Ungeschicklichkeit verletzt, ist er selbstverständlich für diese Ungeschicklichkeit verantwortlich; wenn er, statt seinen Wagen selbst zu fahren, seinen Untergebenen dies thun läßt, ist der Untergebene lediglich ein von dem Herrn in Bewegung gesetztes Werkzeug. Es war des Herrn Wille, daß der Untergebene zu fahren habe und was Letzterer in Ausübung des Willens seines Herrn thut, können Andere als die Handlung des Herrn ansehen."

Die Einschränkung ist durch die in dem Erkenntnisse in Sachen Priestley contra Fowler vom Jahre 1837 niedergelegte Lehre von der gemeinschaftlichen Beschäftigung (Common employment) eingeführt worden [2]). Hierunter wird verstanden, daß der Dienst- oder Geschäftsherr (master), der in seinem Dienst beschäftigten Person (servant) dann für Beschädigung nicht haftet, wenn der schädigende Vorgang das Ergebniß der Handlung oder Unterlassung eines Dienst- oder Arbeitsgenossen (fellow servant) des Beschädigten ist und während der Zeit der gemeinschaftlichen Beschäftigung sich zugetragen hat. Als Arbeitsgenosse gilt wer immer, gleichviel in welcher, jedoch schließlich von dem nämlichen Dienst- oder Geschäftsherrn abhängiger Stellung mit einem Andern sich befindet; gemeinschaftliche Beschäftigung ist die gleichzeitige Verwendung zweier oder mehrerer Personen zu Förderung bezw. Erreichung eines gemeinschaftlichen Zwecks. Wie für den Begriff der „Arbeits-

---

[1]) Vgl. die Zeugenaussage des Lord Justice Sir W. Brett vor dem Parlamentsausschuß von 1877. Employers Liability Report Nro. 285. 1877.

[2]) Die Lehre vom Common Employment ist seit der 1856 getroffenen Entscheidung des Hauses der Lords Common Law in jedem der drei Königreiche.

genossenschaft“ gleichgiltig ist, ob etwa der eine Arbeiter dem andern gegenüber in einer mit besonderen Befugnissen ausgestatteten, oder in einer dem Ansehen oder der Verantwortlichkeit nach höheren, selbst in einer Autoritätsstellung sich befindet, so ist für den Begriff der „gemeinschaftlichen Beschäftigung“ ohne Belang, ob die Art, in welcher die Verwendung der Genossen stattfindet, die nämliche oder eine verschiedene ist; folgende Stellungen gelten z. B. als genossenschaftliche: Arbeiter und Werkführer; Bremser und Zugführer; Grubendirector (manager) und Bergarbeiter.

Daß die geschilderte Ausdehnung der Haftpflicht von Geschäftsherren dritten Personen gegenüber auf Grund des dem Sclavenrechte des Alterthums entnommenen Satzes „Respondeat superior“ weiter geht, als bei freien Arbeitsverhältnissen billig erscheint, darüber dürfte kaum ein Zweifel bestehen. Auf der anderen Seite ist die Einschränkung bezw. der Fortfall der Haftpflicht bei dem Vorhandensein gemeinschaftlicher Beschäftigung dann, wenn etwa das Verhältniß des Arbeiters zu einer in geschäftlicher Beziehung ihm übergeordneten Person in das Auge gefaßt wird, anscheinend kaum minder unbillig. Dann wird für die Begründung der fraglichen gemeinrechtlichen Lehre angeführt, wie von englischen Juristen zu geschehen pflegt, daß die Dienstleistungen anbietende Person, von deren freiem, unbeeinflußtem Willen abhängt, ob sie in ein und eventuell in welches Dienstverhältniß eintritt, durch den demnächstigen Abschluß des Dienstmiethevertrags, und zwar lediglich durch die Thatsache des Eintritts in den Dienst, sich anheischig macht jegliche mit der fraglichen Beschäftigung verbundene, also nothwendiger Weise als möglich denkbare Gefahr für eigene Rechnung zu laufen, und daß zu solchen Gefahren an erster Stelle auch deutlichst voraussehbar diejenigen gehören, welche aus dem nachlässigen Verhalten von Arbeitsgenossen hervorgehen können, so mag dies insoweit zulässig sein, als eben nur die Handlungsweise unmittelbar zu gleicher Zeit, am gleichen Ort und in gleicher Art beschäftigter Mitarbeiter zur Sprache kommt. In dieser Beziehung glaubte der in 1877 zu Erörterung der Angelegenheit berufen gewesene Ausschuß des britischen Unterhauses in seinem Gutachten [1]) die Principien des englischen Rechts nicht zutreffender oder besser rechtfertigen zu können als solches bei der Entscheidung des Falles Farwell contra die Boston und Worcester Eisenbahngesellschaft von Seiten eines amerikanischen Richters mit folgenden Worten geschehen: „Wenn verschiedene Personen bei der Durchführung eines gemeinschaftlichen Unternehmens beschäftigt sind und die Sicherheit jedes Einzelnen hauptsächlich von der Sorgfalt und der Geschicklichkeit abhängt, mit der jeder Andere die ihm obliegenden Pflichten verrichtet, so beobachtet Jeder das Verhalten des Anderen, kann Jeder von etwaigem Mißverhalten, Untauglichkeit oder Pflichtversäumniß Anzeige machen und den Dienst verlassen, sobald der gemeinschaftliche Unternehmer die für die Sicherheit aller Betheiligten erforderlichen Maßnahmen zu treffen, oder entsprechend qualificirte Agenten anzustellen ablehnt. Die Sicherheit jedes Einzelnen läßt sich auf solche Art weitaus wirksamer erreichen als der Fall sein würde, wenn der gemeinschaftliche Unternehmer aus Anlaß einer durch gegenseitige Nachlässigkeit verschuldeten Einbuße an Menschenleben zu Zahlung von Entschädigungsgeldern angehalten werden soll.“

---

[1]) Vgl. oben S. 19 Anmerkung 1.

Allein in dem oben bereits angedeuteten Falle der Dazwischenkunft eines zwar mituntergebenen, jedoch in irgend leitender oder beaufsichtigender Stellung befindlichen Arbeitsgenossen liegt die Sache doch anders. Vergegenwärtigt man sich nämlich die allgemeinen Grundsätze in Ansehung der Haftpflicht — denen zufolge diese eintreten soll, wenn der Geschäftsherr (master) nicht ordnungsmäßige Materialien oder Vorkehrungen für die Bewerkstelligung der Arbeit beschafft hat, oder wenn derselbe in der Auswahl derjenigen Personen nachlässig gewesen ist, denen er die Lieferung der fraglichen Materialien oder die Leitung der Arbeit anvertraute, oder wenn derselbe bei der Auswahl geeigneter Dienst- oder Geschäftsangestellten Mangel an Sorgfalt gezeigt hat — so ist, seit der Grundsatz des Common employment anerkannt ward, dabei nicht zu übersehen, daß, um haftbar gemacht werden zu können, der Dienst- oder Geschäftsherr im Thun oder Unterlassen persönlich gehandelt haben muß. Ohne Weiteres ist damit klar, daß, wo und soweit Common employment obwaltet, eigentlich die ganze Haftpflicht gegenstandlos ist. Angesichts der derzeitigen Entwickelung gewerblicher Verhältnisse bildet die Voraussetzung einer persönlichen Thätigkeit des Unternehmers in Angelegenheiten der gedachten Art sicherlich mehr die Ausnahme als die Regel, gewiß wenigstens in sämmtlichen belangreicheren und besonders in solchen Unternehmungen, bei denen die Frage der Haftpflicht praktisch zu werden pflegt [1]). Letztere ist, nach Lage der Verhältnisse, rechtlich jetzt überall da ausgeschlossen, wo Corporationen oder öffentliche Gesellschaften (bei denen von persönlicher Verantwortung nicht gesprochen werden kann) als Unternehmer auftreten, sowie ferner da, wo Directoren, Agenten, Aufseher, Vormänner u. s. w. Seitens des eigentlichen Dienst- oder Geschäftsherrn mit der Fürsorge für geschäftliche Angelegenheiten, sei es überhaupt, sei es für einzelne Zweige, beauftragt wurden und die Befugniß zu Anstellung von Arbeitern, Lieferung von Materialien oder Bestellung von solchen u. s. w. übertragen erhielten.

Begreiflich ist, daß auf Seite der Arbeitnehmer seit längerer Zeit eine lebhafte Bewegung gegen die gegenwärtig geltende Doctrin von der Haftpflicht überhaupt und gegen die Lehre von der gemeinschaftlichen Beschäftigung insbesondere sich geltend gemacht hat. — In welcher Art hierin Abhülfe zu schaffen gesucht wird, zeigt der im Folgenden unter 2. in Uebersetzung mitgetheilte Entwurf eines Gesetzes, betreffend die Erweiterung und Regelung der Haftpflicht von Unternehmern in Ansehung der Schadloshaltung ihrer bei dem gewerblichen Betrieb körperlich beschädigten Arbeiter. Selbstverständlich steht dahin, ob dieser Entwurf in der vorliegenden Fassung Gesetzeskraft erlangen wird; nur soviel sei gesagt, daß die Wahrscheinlichkeit dafür eine verhältnißmäßig große ist. Der Entwurf ward von der Regierung eingebracht und hat im Allgemeinen im Parlamente wie im Publicum eine günstige Aufnahme bezw. Beurtheilung erfahren.

Schließlich sei noch zu Vervollständigung der Angaben über die Rechtslage überhaupt angeführt, daß bei dem processualischen Verfahren die Regeln bezüglich der Beweislast keine anderen sind als die sonst gültigen, ferner, daß ein

---

[1]) Volkswirthschaftlich, so wird behauptet, beruht die Ausgleichung darin, daß die Löhne in den gefährlicheren Erwerbszweigen entsprechend höher bemessen sind; in dem vergleichsweise höheren Lohne sei eine Versicherungsprämie gegen Gefahr enthalten.

Zusammenhang mit Unfall-Versicherungsgesellschaften und der auf solche bezüglichen Gesetzgebung nicht besteht.

2. Beabsichtigte Aenderungen.

Der vorerwähnte Gesetzentwurf betreffs anderweiter Regelung &c. der Haftpflicht von Unternehmern &c. lautet in seinen wesentlichen Vorschriften wie folgt:

1) Wenn nach Annahme dieses Gesetzes ein Arbeiter körperliche Beschädigung erfährt:

1. aus Anlaß der schadhaften Beschaffenheit der mit dem Geschäftsbetriebe des Unternehmens in Verbindung stehenden Arbeitsvorkehrungen (Works), maschinellen Anlagen, Geräthschaften oder Inventarienstücke (Plant or stock); oder
2. aus Anlaß der Nachlässigkeit irgend einer im Dienste des Unternehmers befindlichen und von diesem mit Wahrnehmung von Aufsichtsbefugnissen (superintendance) betrauten Person; oder
3. aus Anlaß der Nachlässigkeit irgend einer im Dienste des Unternehmers befindlichen Person, deren Befehlen oder Weisungen der Arbeiter zur Zeit des Eintritts des Unfalls nachzukommen verpflichtet war und auch nachkam; oder
4. aus Anlaß dessen, daß irgend eine im Dienste des Unternehmers befindliche Person in Befolgung der Dienstvorschriften und der Betriebsordnungen (rules and bye laws) des Unternehmers, oder in Befolgung der Weisungen, welche von einer zu dem Behufe mit der Autorität des Unternehmers bekleideten Person besonders gegeben sind, eine Handlung begeht oder einer Unterlassung sich schuldig macht,

dann haben der Arbeiter, oder, falls die Beschädigung das Ableben des Betreffenden herbeiführt, die gesetzlichen persönlichen Vertreter des Arbeiters eben dasselbe Recht auf Entschädigung und eben dieselben Ansprüche gegen den Unternehmer, wie wenn der Arbeiter nicht ein Arbeiter des Unternehmers oder in dessen Dienste oder bei dessen Arbeiten nicht beschäftigt gewesen wäre.

2) Kein Arbeiter ist befugt, nach Maßgabe dieses Gesetzes irgend welche Rechte auf Entschädigung oder Ansprüche gegen den Unternehmer in einem der nachstehend erwähnten Fälle geltend zu machen; nämlich:

1. nach Alinea 1, Abschnitt 1, es sei denn, daß die dort erwähnte schadhafte Beschaffenheit der Nachlässigkeit des Unternehmers oder einer solchen in dem Dienste des Unternehmers befindlichen Person beizumessen ist, welcher von Seiten Jenes die Verpflichtung auferlegt ward, danach zu sehen, daß die Arbeitsvorkehrungen, maschinellen Anlagen, Geräthschaften oder Inventarienstücke sich in ordnungsmäßigem Stand befanden;
2. nach Alinea 4, Abschnitt 1, es sei denn, daß die Beschädigung durch irgend welche Ungehörigkeit (impropriety) oder mangelhafte Beschaffenheit (defect) der dort erwähnten Dienstvorschriften, Betriebsordnungen oder Weisungen herbeigeführt ward;
3. überall dann, wenn der Arbeiter durch seine eigene Nachlässigkeit zur Verursachung der Beschädigung wesentlich (materially) beigetragen hat;

4. überall dann, wenn der Arbeiter von der schadhaften Beschaffenheit oder von der Nachlässigkeit unterrichtet war, welche seine Beschädigung herbeiführte, und innerhalb angemessener Frist davon dem Unternehmer oder einer ihm (dem Arbeiter) in dem Dienste des Unternehmers übergeordneten Person Anzeige zu machen oder machen zu lassen versäumt hat und keinen zureichenden Grund hat anzunehmen, daß der Unternehmer oder die gedachte übergeordnete Person von der fraglichen schadhaften Beschaffenheit oder der Nachlässigkeit Kenntniß besitzen.

3) Der von einem Arbeiter für persönliche Beschädigung nach Maßgabe dieses Gesetzes in Anspruch zu nehmende Entschädigungsbetrag darf nicht eine Summe überschreiten, welche derjenigen gleichkommt, die sich rechnungsmäßig als das Verdienst aus einem dreijährigen Zeitraum vor dem Eintritt der Beschädigung ergiebt, wenn dabei die Verhältnisse einer Person in gleicher Lebensstellung zu Grunde gelegt werden, die während jener Jahre in eben demselben Unternehmen und in eben demselben Bezirk beschäftigt war, in welchem der Arbeiter zur Zeit des Eintritts der Beschädigung seine Beschäftigung hatte.

4) Klagen nach Maßgabe dieses Gesetzes auf Erlangung von Schadloshaltung für erlittene Beschädigungen sind anders nicht durchführbar, als wenn innerhalb sechs Wochen, von dem Eintritt des die Schädigung verursachenden Unfalls an gerechnet, Anzeige von der beabsichtigten Anstellung der Klage gemacht, die Klage selbst aber innerhalb sechs Monaten, von eben dem Zeitpunkte an gerechnet, angestellt wird.

5) (Dieser Abschnitt betrifft das Verfahren vor Gericht und ist hier in Wegfall gebracht.)

6) Soweit die Wortstellung dieses Gesetzes nicht ein Anderes erfordert, bedeutet für die Zwecke desselben

der Ausdruck „eine mit Wahrnehmung von Aufsichtsbefugnissen betraute Person" eine solche Person, deren ausschließliche oder hauptsächliche Pflicht in Beaufsichtigung besteht und welche für gewöhnlich mit stofflicher Arbeit (manual labour) nicht befaßt ist;

begreift der Ausdruck „Unternehmer" jede Mehrheit von Personen, ohne Unterschied ob mit corporativen Rechten versehen oder nicht, in sich;

bedeutet der Ausdruck „Arbeiter" eine Person, auf welche das Unternehmer- und Arbeitergesetz von 1875 Anwendung findet.

7) Dieses Gesetz darf als das Arbeiterentschädigungsgesetz von 1880 in Bezug genommen werden.

Wenn der Entwurf etwa in dieser Fassung, ohne wesentliche Abänderungen, Gesetzeskraft erlangen sollte, so ist zu bemerken, daß dann die die Haftpflicht angehenden Fragen in Ansehung sämmtlicher Gewerbebetriebe dem Gebiete des Common Law entrückt sein würden, mit Ausnahme des Gewerbes der häuslichen Dienstboten. Diese gehören nicht zu denjenigen „Arbeitern", auf welche das Unternehmer- und Arbeitergesetz von 1875 sich bezieht (vergl. in Betreff des letzteren: v. Bojanowski, Unternehmer und Arbeiter nach englischem Recht; Stuttgart 1877). Dem entsprechend hat auch der vorliegende Gesetzentwurf die Bezeichnungen des Common Law (master und servant) nicht beibehalten, und diejenigen des Unternehmer- und Arbeitergesetzes von 1875 (nämlich Employer und Workman) an die Stelle gesetzt.

Noch sei erwähnt, daß, zufolge einer von Seiten der Regierung im britischen Unterhause abgegebenen Erklärung, nicht in der Absicht liegt, diejenigen Arbeiter in die Begriffsbestimmung „Arbeiter" in dem Entwurf einzubeziehen, welche in den dem Staate gehörenden Anstalten gewerblicher Art Beschäftigung finden — dies in Berücksichtigung des Grundsatzes der Landesverfassung, daß die Krone niemals Urheberin von Unrecht sein kann.

3. Meldung von Unfällen, hygienische und Schutzvorschriften.

Was die gesetzlichen Vorschriften wegen der Meldung von Unfällen, desgleichen die hygienischen und die besonderen Schutzvorschriften im Interesse von Arbeitern betrifft, so finden sich solche mit Bezug auf

1) Fabriken und Werkstätten in dem Fabrik- und Werkstättengesetz von 1878;

2) den Bergwerksbetrieb in den beiden Gesetzen über Kohlengruben und Erzbergwerke von 1873;

3) den landwirthschaftlichen Betrieb in dem Gesetze über Dreschmaschinen von 1878.

Auf die Einzelheiten der unter 2) und 3) erwähnten Gesetze einzugehen, von denen insbesondere die über den Bergbau außerordentlich detaillirte Vorschriften enthalten, ist hier schwerlich am Orte. Die Verweisung auf dieselben mag genügen. Anders verhält es sich indessen mit dem neuen Fabrik- und Werkstättengesetz von 1878, welches an die Stelle der früher geltend gewesenen, jetzt sämmtlich aufgehobenen Gesetze gleicher Benennung getreten und sonach für die verschiedenartigsten gewerblichen Unternehmen maßgebend ist. Welche Anlagen und Anstalten nunmehr als Fabriken und Werkstätten im Sinne des Gesetzes gelten, zeigt die Einsichtnahme von Abschnitt 93 in Verbindung mit Beilage IV, Theil 1 und 2. Neu ist insbesondere die alsbald unter A angeführte Vorschrift des Abschnitt 82 des Gesetzes, derzufolge der Fabrikbesitzer unter Umständen zu Erlegung einer Geldbuße bis £ 100 im Interesse der beschädigten Person gezwungen werden kann.

A. Anzeige von Unfällen.

Abschnitt 31. Wenn in einer Fabrik oder Werkstätte ein Unfall eintritt, welcher entweder

a. die Einbuße des Lebens für eine in der Fabrik oder Werkstätte beschäftigte Person zur Folge hat; oder

b. die körperliche Beschädigung einer in der Fabrik oder Werkstätte beschäftigten Person zur Folge hat und entweder durch die mittelst Dampf-, Wasser- oder sonstige mechanische Kraft in Bewegung gesetzte Maschinerie oder durch ein mit heißer Flüssigkeit oder mit geschmolzenem Metall oder mit anderen Substanzen gefülltes Faß, Pfanne oder andere bauliche Anlagen, oder durch Explosion oder Entweichen von Gasen, Dampf oder Metall herbeigeführt ward und von solcher Beschaffenheit ist, daß die dadurch beschädigte Person innerhalb 48 Stunden nach Eintritt des Unfalls zu ihrer Arbeit zurückzukehren außer Stande ist, muß dem Inspector sowie dem Zeugniß ertheilenden Bezirksarzte unverzüglich schriftliche Anzeige erstattet, auch in dieser Anzeige gleichzeitig der Wohnort der getödteten oder beschädigten Person oder die Oertlichkeit, wohin dieselbe geschafft ward, gemeldet werden; falls eine derartige Anzeige nicht abgesandt wird, verfällt der Fabrik- oder Werkstättenbesitzer in eine Geldbuße bis £ 5.

(Auf häusliche Fabriken [Domestic factories etc.] findet der vorstehende Abschnitt nicht Anwendung; vergl. Abschn. 61 des Gesetzes.)

Abschnitt 82. Wenn Jemand aus Anlaß dessen sein Leben einbüßt, oder eine Körperbeschädigung erfährt, daß der Fabrikbesitzer irgend welche Maschinerie einzufrieden unterlassen hat, deren sichere Einfriedung kraft dieses Gesetzes oder aus Anlaß desselben erfordert wird, oder wenn jene Umstände aus Anlaß Dessen eintreten, daß der Besitzer einer Fabrik oder Werkstätte Fässer, Pfannen oder sonstige bauliche Anlagen einzufrieden unterlassen hat, deren sichere Einfriedung kraft dieses Gesetzes oder aus Anlaß desselben erfordert wird, oder daß derselbe diese Einfriedung in Stand zu halten unterlassen hat, verfällt der Fabrik- oder Werkstättenbesitzer in eine Geldbuße bis zu £ 100, welcher Betrag, je nachdem der Staatssecretair eine bezügliche Anordnung ergehen läßt, entweder ganz oder theilweise zum Besten der beschädigten Person oder der Familie derselben oder anders verwendet werden kann; mit dem Vorbehalte jedoch, daß der Fabrikbesitzer dann nach Maßgabe dieses Gesetzes nicht in eine Geldbuße verfallen soll, wenn wegen Nichteinfriedung des Theils der Maschinerie oder des Fasses oder der Pfanne oder der sonstigen baulichen Anlagen, durch welche der Tod oder die Körperverletzung herbeigeführt ward, eine Anzeige, ehe der Tod oder die Körperverletzung stattfand, zwar gehört, jedoch als zu weiterer Verfolgung geeignet nicht erachtet worden ist [1]).

B. Hygienische und Schutzvorschriften.

a) Hygienische Vorschriften.

Abschnitt 3. Fabriken und Werkstätten sind in reinlichem Stande und frei von solchen Ausflüssen zu halten, welche von Abzugsröhren (drains), Aborten und sonstigen schädlichen Anlagen (nuisance) herrühren.

Fabriken und Werkstätten dürfen in der Zeit, während welcher darin gearbeitet wird, nicht mit Menschen dergestalt überfüllt sein, daß sie dadurch der Gesundheit der darin beschäftigten Personen schädlich werden; sie sind auch dergestalt zu lüften, daß, soviel als thunlich, sämmtliche Gase, Dämpfe, Staub oder unreine Substanzen anderer Art, welche in dem Verlaufe des darin betriebenen gewerblichen Verfahrens entstehen und der Gesundheit nachtheilig sind, unschädlich gemacht werden.

Abschnitt 4. Wenn nach dem Ermessen des Fabrikinspectors eine Handlung, Unterlassung oder Versäumniß mit Bezug auf Abzugsröhren, Abtritte mit Wasser- oder Erdverschluß, Aborte, Aschengruben, Wasserzuleitung, schädliche

---

[1]) Die Geltendmachung und Verfolgung civilrechtlicher Ansprüche auf Entschädigung nach Common Law ist durch die Vorschrift in Abschn. 82 nicht ausgeschlossen.

Anlagen oder Gegenstände anderer Art in Fabriken oder Werkstätten zwar nicht nach Maßgabe dieses Gesetzes, wohl aber nach Maßgabe des auf die öffentliche Gesundheit bezüglichen Gesetzes als strafbar oder als zur Abhülfe geeignet anzusehen ist, hat derselbe von der fraglichen Handlung, Unterlassung oder Versäumniß schriftlich der Gesundheitsbehörde desjenigen Orts Anzeige zu machen, in welchem die Fabrik oder Werkstätte belegen ist, und die Gesundheitsbehörde ist verpflichtet, die Angelegenheit, welche zu der Anzeige Anlaß bot, in der Art zu untersuchen und diejenigen weiteren Schritte zu thun, welche sie zu zwangsweiser Ausführung dieses Gesetzes für angezeigt erachtet.

Abschnitt 33. Um die Beobachtung der Anforderungen dieses Gesetzes mit Bezug auf Reinlichkeit in jeder Fabrik und Werkstätte zu sichern, sind sämmtliche inneren Wände der Räume von Fabriken oder Werkstätten sowie sämmtliche Decken oder oberen Theile solcher Räume (ohne Unterschied, ob diese Wände, Decken oder oberen Theile abgeputzt sind oder nicht), desgleichen sämmtliche Gänge und Treppenhäuser der Fabriken und Werkstätten, wenn sie innerhalb sieben Jahren nicht wenigstens einmal mit Oelfarbe gestrichen oder gefirnißt wurden, innerhalb je vierzehn Monaten von dem Zeitpunkte an, zu welchem sie zuletzt getüncht wurden, wenigstens einmal zu tünchen; sind dieselben aber, wie erwähnt, gestrichen oder gefirnißt, so sind sie innerhalb je vierzehn Monaten, von dem Zeitpunkte an, zu welchem sie zuletzt abgewaschen wurden, wenigstens einmal mit heißem Wasser und Seife abzuwaschen.

(Zuwiderhandlungen sind mit Strafe bedroht; die Regierung kann von der Beobachtung dieser Vorschrift unter Umständen absehen lassen.)

Abschnitt 34, 35 enthalten besondere Vorschriften gesundheitspolizeilicher Art für Bäckereien.

Abschnitt 36 enthält Vorschriften betreffs der Anbringung von Fächern oder mechanischen Vorkehrungen anderer Art zur Abwehr des Einathmens von Staub in Räumen, woselbst das Schleifen, Glätten oder Poliren mit dem Rade ꝛc. stattfindet.

Abschnitt 37 enthält das Verbot der Beschäftigung von Kindern, jungen Personen oder Frauen in Räumen, woselbst naß gesponnen wird, es sei denn, daß ausreichende Mittel vorhanden sind, um die Arbeiter vor Durchnässung zu schützen und da, wo heißes Wasser zur Anwendung gelangt, um das Eindringen von Dampf in die Räume zu verhindern.

Abschnitt 38 in Verbindung mit Beilage I des Gesetzes enthält mit Bezug auf die Art der Beschäftigung von Kindern und jungen Personen nachstehende Verbotsbestimmungen:

1) In Theilen von Fabriken oder Werkstätten, woselbst

das Verfahren der Belegung von Spiegeln mittelst Anwendung von Quecksilber, oder

das Verfahren der Herstellung von Bleiweiß

betrieben wird, dürfen junge Personen oder Kinder nicht beschäftigt werden.

2) In Theilen von Fabriken, woselbst das Verfahren des Schmelzens oder Brennens von Glas betrieben wird, dürfen Kinder oder junge Personen weiblichen Geschlechts nicht beschäftigt werden.

3) In Fabriken oder Werkstätten, woselbst

a. die Herstellung oder Zurichtung von Mauer- oder von Dachziegeln, sofern letztere nicht zur Verzierung dienen, oder

b. die Herstellung oder Zurichtung von Salz

betrieben wird, dürfen Mädchen im Alter von noch nicht sechszehn Jahren nicht beschäftigt werden.

4) In Theilen von Fabriken oder Werkstätten, woselbst

a. bei den Metallgewerben das Schleifen auf trockenem Wege, oder

b. das Eintauchen von Zündlichten

betrieben wird, dürfen Kinder nicht beschäftigt werden.

5) Bei dem Schleifen in Metallgewerben, wenn dasselbe anders als auf trockenem Wege stattfindet, oder bei dem Schneiden von Barchent (Fustian cutting) dürfen Kinder im Alter von noch nicht elf Jahren nicht beschäftigt werden.

b) Schutzvorschriften.

Abschnitt 5. Mit Bezug auf die Einfriedung von Maschinerie in Fabriken gelten folgende Vorschriften:

1) sämmtliche Aufzüge, in deren Nähe Jemand vorübergehen oder beschäftigt sein muß, desgleichen sämmtliche mit Dampf- oder Wasser- oder sonstiger mechanischer Kraft verbundene Schwungräder, ohne Unterschied, ob in dem Maschinenraum befindlich oder nicht, sowie sämmtliche Theile der Dampfmaschine und des Wasserrades sind sicher einzufrieden;

2) jedes nicht anders verwahrte Achsenlager ist dicht an dem Rande des Lagers sicher einzufrieden;

3) sämmtliche Theile der Transmission sind entweder sicher einzufrieden, oder müssen sich in solcher Lage befinden bezw. von solcher Beschaffenheit sein, daß sie in Ansehung sämmtlicher in der Fabrik beschäftigten Personen ebenso sicher sind, wie solches bei sicherer Einfriedung der Fall sein würde;

4) sämmtliche Einfriedungen sind dauernd so lange in wirksamem Stande zu erhalten als die der Einfriedung bedürftigen Theile sich zu Zwecken irgend welchen gewerblichen Verfahrens in Bewegung oder Gebrauch befinden.

Abschnitt 6 regelt das Verfahren, welches dann einzutreten hat, wenn ein Fabrikinspector der Ansicht ist, daß in Fabriken irgend welche Theile der durch Dampf-, Wasser- oder sonstige mechanische Kraft in Bewegung gesetzten Maschinerie, gleichviel welcher Art, auf welche die Vorschriften in Abschnitt 5 keine Anwendung finden, nicht sicher eingefriedet und dergestalt gefährlich sind, daß sie die in der Fabrik beschäftigten Personen der wahrscheinlichen Gefahr körperlicher Beschädigung aussetzen.

Abschnitt 7. Wenn ein Inspector dafür erachtet, daß Fässer, Pfannen oder bauliche Anlagen anderer Art (other structure) in Fabriken oder Werkstätten, welche bei dem darin betriebenen Verfahren oder Gewerbe gebraucht werden und an bezw. über denen Kinder oder junge Personen wahrscheinlicher Weise vorübergehen oder beschäftigt werden müssen, aus dem Grunde Gefahr darbieten, weil sie mit heißer Flüssigkeit oder geschmolzenem Metall oder mit anderen Substanzen dergestalt angefüllt sind, daß sie den in der Fabrik oder Werkstatt beschäftigten Kindern oder jungen Personen wahrscheinlicher Weise Anlaß zu körperlicher Beschädigung werden können, hat derselbe dem Fabrik-

oder Werkstättenbesitzer ein Schreiben mit dem Ersuchen um Einfriedung der fraglichen Fässer, Pfannen oder sonstigen baulichen Anlagen zustellen zu lassen.

(Die dann eventuell eintretenden weiteren Verhandlungen entsprechen dem in Abschnitt 6 des Gesetzes vorgesehenen Verfahren.)

Abschnitt 8 betrifft die Befestigung von Schleifsteinen, welche mittelst Dampf-, Wasser- oder sonstiger mechanischer Kraft getrieben werden, wenn dieselben dergestalt schadhaft oder mangelhaft befestigt sind, daß sie den sie benutzenden Schleifern wahrscheinlicher Weise körperlichen Schaden zufügen.

Abschnitt 9. Kinder dürfen so lange als die Maschinerie in Fabriken mittelst Dampf-, Wasser- oder sonstiger mechanischer Kraft in Bewegung ist, zu Reinigung irgend welcher Theile der Maschinerie nicht verstattet werden.

Junge Personen oder Frauen dürfen so lange als die Maschinerie in Fabriken in Bewegung ist, um irgend welche Theile der arbeitenden Maschinerie zu treiben, zu Reinigung irgend eines Theiles der die Transmission ausmachenden Maschinerie nicht verstattet werden.

Kinder, junge Personen und Frauen dürfen so lange als die Maschinerie mittelst Dampf-, Wasser- oder sonstiger mechanischer Kraft in Bewegung ist, zu Arbeiten zwischen dem festen und dem umlaufenden Theile einer selbstthätigen Maschinerie nicht verstattet werden.

III.

Ueber Haftpflichtgesetzgebung in Belgien.

Von Professor M. van der Rest in Brüssel, aus dem Manuscript übersetzt von Dr. phil. Louis Erhardt.

Die verschiedenen Fragen, welche in dem uns unterbreiteten Quästionarium des socialpolitischen Vereins gestellt sind, können auf folgende drei Fundamentalfragen zurückgeführt werden:

A. Welches sind die speciellen gesundheitlichen und Schutz-Bestimmungen, oder, in andern Worten, welches sind die administrativen oder präventiven Maßregeln, die getroffen sind zum bestmöglichen Schutz der Arbeiter gegen die Unfälle, deren Opfer sie in den ihnen obliegenden Arbeiten werden können?

B. Welches sind die Strafen, welche den Unternehmern auferlegt werden können, die die durch Gesetze, Reglements oder die Natur der Dinge selbst erforderten Vorsichtsmaßregeln in gefährlichen Erwerbszweigen nicht treffen, sei es, daß dieser Mangel an Vorsichtsmaßregeln keine schädlichen Folgen für die Arbeiter nach sich gezogen hat, sei es, daß dieselben in Folge davon Schaden erlitten haben?

C. Welches sind die Bestimmungen, die die bürgerliche Haftpflicht regeln bei Unfällen, welche die Arbeiter bei Ausübung ihres Berufs treffen?

Wir glauben, diese und die andern gestellten Fragen am besten zu beantworten, indem wir in folgender Weise vorgehen: Wir werden zunächst die administrativen Maßregeln mittheilen, welche zum Schutz für die Sicherheit der in gefährlichen Industriezweigen beschäftigten Arbeiter vorgeschrieben sind, und die Strafbestimmungen zur Sicherstellung der Beobachtung dieser Maßregeln; wir werden sodann die Bestimmungen des belgischen Strafgesetzbuches reproduciren, welche gegen die Unternehmer anwendbar sind, im Fall ihre Arbeiter von Unfällen betroffen werden, oder im Fall der Vernachlässigung von Vorsichtsmaßregeln; endlich werden wir einige Bemerkungen über gewisse Einrichtungen machen, welche ins Leben gerufen wurden, um den von Unfällen betroffenen Arbeitern zu Hülfe zu kommen, und zum Schluß werden wir die Grundsätze darlegen, welche die bürgerliche Haftpflicht der Unternehmer gegenüber ihren Arbeitern regeln.

Königliche Verfügung vom 12. November 1849, betreffend die Sicherheitsaufsicht von gefährlichen, ungesunden und lästigen Etablissements (la police des établissements dangereux, insalubres et incommodes).

Mit Rücksicht auf die königliche Verfügung vom 31. Januar 1824, betreffend die nothwendigen Genehmigungen für die Errichtung und Verlegung von Fabriken und Werken (usines), deren Betrieb einen Charakter von Gefahr, Ungesundheit oder Belästigung hat;

in Anbetracht, daß in Folge des Fortschritts und der Entwicklung der Industrie die Bestimmungen der vorgenannten Verfügung ungenügend geworden sind, und daß es von Wichtigkeit ist, auch die Grundsätze für Concession der Genehmigungen zu vervollständigen und besser zu definiren;

in Anbetracht andererseits der Nützlichkeit, gewisse Schutzmaßregeln für die in diesen Etablissements beschäftigten Arbeiter zu treffen;

in Erwägung des Gesetzes vom 6. März 1818;

in Erwägung des Gutachtens des obersten Gesundheitsrathes (conseil supérieur d'hygiène);

haben wir verfügt und verfügen hiermit:

Art. 1. Die Fabriken, Werke, Magazine und Werkstätten, welche in der angefügten Liste aufgeführt sind, können nicht eröffnet oder von einem Orte an einen andern verlegt werden ohne eine Erlaubniß der Administrativbehörde.

Diese Etablissements zerfallen in drei Theile.

Die Etablissements der ersten Classe werden von uns genehmigt werden; die der zweiten Classe durch die permanenten Ausschüsse der Provinzialräthe (députations permanentes des conseils provinciaux); die der dritten Classe durch die Communalbehörden . . . .

Art. 2. Die Bitte um Genehmigung muß an die Behörde gerichtet werden, der die Bestimmung darüber zusteht.

Das Gesuch wird in bestimmter Weise den Ort der Niederlassung angeben. Es wird auch den Gegenstand des Betriebs, die anzuwendenden Verfahrungsarten und die approximativen Mengen der zu fabricirenden Erzeugnisse namhaft machen. Es wird außerdem die Maßregeln angeben, welche zu nehmen man sich vornimmt, um die Nachtheile des Etablissements zu verhindern oder zu vermindern, sowohl für die Nachbarn wie im Interesse der Arbeiter . . . .

Art. 8. Die Genehmigung wird eine bedingungslose oder eine bedingte, eine definitive oder zeitlich begrenzte sein.

Wird man den Gefahren, der Ungesundheit oder den Inconvenienzen der Arbeiten des projectirten Etablissements begegnen können, indem man besondere Sicherheitsmaßregeln vorschreibt, so wird die Genehmigung an die Bedingung der Annahme dieser Maßregeln geknüpft werden.

Können die Wirkungen der Ausübung eines Betriebes nicht genau abgeschätzt werden im Augenblick, wo bei der Behörde um Entscheidung über das Gesuch eingekommen wird, so wird die Genehmigung für eine Versuchsfrist gegeben werden, vorbehaltlich weiterer Bestimmung nach Ablauf dieses Termins . . . .

Art. 10. Auf keinen Fall können die Etablissements der ersten Classe auf einen Zeitraum von mehr als 30 Jahren genehmigt werden, vorbehaltlich der Verlängerung nach Ablauf dieses Termins.

Art. 11. Die Behörde kann sich zu jeder Zeit vergewissern, ob die in der Genehmigungsurkunde festgesetzten Bedingungen eingehalten werden.

Die Concession kann entzogen werden, wenn der Inhaber sich nicht an die Bedingungen und Vorbehalte hält, unter welchen sie ihm bewilligt wurde.

Art. 12. Eine neue Genehmigung wird nöthig sein, um die Fabrik neu zu begründen oder wieder in Thätigkeit zu setzen, wenn sie zerstört oder augenblicklich außer Betrieb gesetzt ist, sei es durch einen Brand, eine Explosion oder durch irgend einen andern durch die Betriebsarbeiten des Etablissements herbeigeführten Unfall.

Art. 13. Eine neue Genehmigung wird gleichfalls nöthig sein, wenn man eine wesentliche Veränderung in der Art des Fabrikationsverfahrens einführen will.

Art. 17. In allen Fällen einer Zuwiderhandlung gegen die Bestimmungen der Art. 1, 10, 11, 12, 13 . . . können die Localbehörden die Arbeiten der Fabrik oder der Werke suspendiren; nöthigenfalls werden sie das Etablissement schließen und die Betriebsutensilien versiegeln lassen . . . Betraf die Zuwiderhandlung ein Etablissement der ersten oder zweiten Classe, so würde die Communalbehörde, vor der provisorischen Suspendirung der Arbeiten unverzüglich an die competente Behörde zu referiren haben, welche dann ohne Aufschub die Entscheidung geben wird.

Art. 18. Jede Zuwiderhandlung gegen die Bestimmungen gegenwärtiger Verfügung wird mit den im Gesetz vom 6. März 1818 festgesetzten Strafen belegt werden (Geldbuße von 10 bis 100 Florins oder Gefängniß von 1 bis 14 Tagen oder beides vereinigt für Vergehen gegen die königlichen Verfügungen; Geldstrafe von höchstens 75 Florins für Vergehen gegen die Povinzialreglements).

Art. 20 . . . Durch gegenwärtige Verfügung sind die Bestimmungen in keiner Weise beseitigt, welche den Betrieb von Torfmooren (tourbières), die Errichtung und Ingebrauchsetzung von Dampfmaschinen und die Errichtung von Mühlen und Werken auf Gewässern, die weder schiff- noch flößbar sind, regeln.

Art. 22. Die gemäß gegenwärtiger Verfügung ertheilten Genehmigungen beeinträchtigen in Nichts die Rechte Dritter.

Es folgt in dem vom Minister des Innern dem König vorgelegten Berichte zur Rechtfertigung der Verfügung, was wir im Folgenden wiedergeben: „In der Verfügung vom 31. Januar 1824 wie in den früheren Bestimmungen hatte man sich nur mit den zum Schutz der Sicherheit oder Bequemlichkeit derjenigen Personen dienlichen Maßregeln beschäftigt, welche in der Nachbarschaft von Werken wohnen, deren Arbeiten für sie Gefahren oder Inconvenienzen mit sich bringen. Ein nicht weniger der Beachtung würdiges Interesse, das der Arbeiter in derartigen Etablissements, deren Betrieb in sehr vielen Fällen für das Innere des Werkes einen viel gefährlicheren Charakter haben kann, als für die Umgebung, dies Interesse war der Aufmerksamkeit des Gesetzgebers entgangen. Es gab keine besondere Bestimmung, welche, ohne die Freiheit der Industrie zu beeinträchtigen, doch eine Intervention verstattete, um mittelst bestimmter Vorschriften, wie sie die Menschlichkeit gebietet, und in Uebereinstimmung mit der Wissenschaft die Gefahren, welche die Gesundheit und selbst die Existenz der Arbeiter bedrohten, gänzlich zu beseitigen oder wenigstens abzuschwächen. Alle

Erwägungen, gemäß denen es verstattet ist, daß die Executive die Competenz für Regelung der Aufsicht der Fabriken besitzt, insofern die öffentliche Sicherheit und Gesundheit davon betroffen sind, sie rechtfertigen nicht weniger eine Intervention, wenn es sich um die Arbeiter handelt, als wenn nur das Interesse der Nachbarn bedroht ist. Die Revision der Verfügung vom 31. Januar 1824 schien eine günstige Gelegenheit zu bieten, um das Princip einer administrativen Intervention auch zu Gunsten der bei den industriellen Betriebszweigen beschäftigten Arbeiter anzuwenden."

Zum Zweck administrativer Vereinfachung wurde die Verfügung des Jahres 1849 aufgehoben und durch die königliche Verfügung vom 29. Januar 1863 ersetzt, aus welcher wir namentlich folgende Bestimmungen citiren:

Art. 6. Die Genehmigungen sind von den Bedingungen und Vorbehalten abhängig, welche im Interesse der öffentlichen Sicherheit, Gesundheit und Bequemlichkeit, ebenso wie im Interesse der bei dem Etablissement beschäftigten Arbeiter für nothwendig erachtet werden . . . .

Art. 9. Die Behörde kann sich zu jeder Zeit von der Erfüllung der Bedingungen überzeugen, welche den Betrieb der gegenwärtiger Verfügung unterstellten Etablissements bestimmen. Die Concession kann wieder entzogen werden, wenn der Inhaber diese Bedingungen nicht beobachtet, oder wenn er sich weigert, sich neuen Bestimmungen zu unterziehen, wie sie die competente Behörde, wenn die Erfahrung ihre Nothwendigkeit klar zeigt, stets das Recht hat ihm aufzuerlegen.

Art. 14. Das Collegium von Bürgermeister und Schöffen ist zur permanenten Aufsicht über die genehmigten Etablissements verpflichtet. Die Oberaufsicht über diese selben Etablissements wird von den Staatsbeamten oder von den zu diesem Zweck von unserm Minister des Innern abgeordneten Bevollmächtigten geübt.

Eine königliche Verfügung vom 13. Juli 1868 untersagt die Fabrikation, die Aufhäufung, den Transport und die Nutzung von Nitro-Glycerin.

Andere Verfügungen haben neue Kategorien von Werken der Verfügung vom Jahre 1863 unterstellt.

Gesetze und Verfügungen zum Schutze der Sicherheit der in Bergwerken und Steinbrüchen beschäftigten Arbeiter.

Gesetz vom 21. April 1810.

Art. 50. Wenn der Betrieb die öffentliche Sicherheit, die Bewahrung der Brunnen, die Solidität der Arbeiten, die Sicherheit der Grubenarbeiter oder der Wohnungen an der Oberfläche gefährdet, so hat der Präfect, in derselben Weise, wie es betreffs der Straßenaufsicht (grande voirie) geschieht, und gemäß den Gesetzen Vorsorge zu treffen.

Decret vom 3. Januar 1813.

Art. 3. Wenn die Sicherheit der Betriebe oder die der Arbeiter durch irgend welche Ursache gefährdet werden kann, so sind die Eigenthümer verpflichtet, die Localbehörde von dem Zustand der bedrohten Gräberei zu benachrichtigen; sobald der Grubeningenieur davon Kenntniß erhalten hat, wird er dem Präfecten Bericht erstatten und die Maßregel vorschlagen, welche er für geeignet hält, die Ursachen der Gefahr zu beseitigen.

Art. 4. Nach Vernehmung des Betriebsunternehmers oder seiner gebührend bestellten Stellvertreter wird dann der Präfect die dienlichen Bestimmungen durch eine Verfügung vorschreiben, welche an den Generaldirector der Gruben zu schicken ist, um eventuell vom Minister des Innern approbirt zu werden.

Im Fall der Dringlichkeit soll der Ingenieur dies in seinem Bericht besonders erwähnen, und der Präfect kann dann anordnen, daß seine Verfügung provisorisch in Kraft tritt.

Art. 5. Erkennt ein Ingenieur bei der Inspection eines Betriebes eine Ursache dringender Gefahr, so hat er auf eigene Verantwortung die nöthigen Forderungen an die Localbehörden zu stellen, damit auf der Stelle nach den Bestimmungen, die er für dienlich erachtet, Vorsorge getroffen wird, ebenso wie es betreffs der Straßenaufsicht geschieht im Fall der dringenden Gefahr des Einsturzes eines Gebäudes.

Art. 6. Für jede Grube muß ein Register und eine Tagesübersicht (registre et plan) geführt werden zur Constatirung des täglichen Fortschreitens der Arbeiten und zum Vermerk aller Umstände des Betriebs, deren Andenken zu bewahren nützlich werden kann. Der Grubeningenieur muß sich bei jeder Rundreise dies Register und diese Tagesübersicht vorlegen lassen. Er wird darin einen Bericht über seinen Besuch und seine Beobachtungen, betreffend die Führung der Arbeiten, eintragen. In allen Fällen, wo er es für nöthig erachtet, wird er dem Betriebsunternehmer eine ins Register geschriebene Instruction hinterlassen mit Angabe der für die Sicherheit von Menschen und Sachen zu treffenden Maßregeln.

Art. 7. Ist ein Theil des Betriebes oder der ganze Betrieb in einem derartigen Zustande des Verfalls oder des Alters (état de délabrement ou de vétusté), daß Menschenleben gefährdet sind oder werden können, und erachtet der Grubeningenieur eine ausreichende Reparatur für unmöglich, so hat der Ingenieur dem Präfecten einen motivirten Bericht zu erstatten, und dieser hat dann das Gutachten des Oberingenieurs einzuholen und den Betriebsunternehmer oder seine Stellvertreter zu vernehmen.

Im Falle die interessirte Partei die Angabe des Ingenieurs über die Gefahr als begründet anerkennt, wird der Präfect den Schluß der Arbeiten anordnen.

Im Falle eines Protestes sind drei Sachverständige zu ernennen, einer vom Präfecten, der zweite vom Betriebsunternehmer und der dritte vom Friedensrichter des Cantons.

Die Sachverständigen.... werden dem Präfecten einen motivirten Bericht erstatten.

Der Präfect wird darüber an den Minister referiren, indem er sein eigenes Gutachten abgiebt.

Der Minister kann auf Grund des Gutachtens des Präfecten und auf Grund des Berichts des Generaldirectors der Gruben die Entscheidung fällen, vorbehaltlich eines Regresses an den Staatsrath.

Alles dies unbeschadet der für den Fall der Dringlichkeit in Art. 4 gegenwärtigen Decrets getroffenen Bestimmungen.

Art. 11. Falls in einem Bergwerk oder den dazu gehörigen Werken und Werkstätten Unfälle sich ereignen, sei es durch Einsturz, Ueberschwemmung, Feuer, Erstickung, Beschädigung von Maschinen, Werkzeugen, Tauen, Ketten oder Körben, sei es durch schädliche Ausströmungen oder welche andere Ursache immer und falls dadurch der Tod oder schwere Verwundungen eines oder mehrerer Arbeiter herbeigeführt sind, so sind die Betriebsunternehmer, Directoren, Grubenbesitzer und sonstigen Vorsteher verpflichtet, davon sofort den Maire der Commune, den Grubeningenieur und im Fall seiner Abwesenheit den Aufseher (conducteur) in Kenntniß zu setzen.

Art. 12. Dieselbe Verpflichtung liegt ihnen ob, falls der Unfall die Sicherheit der Arbeiten, die der Gruben oder der Besitzer an der Oberfläche und die Versorgung der Consumenten gefährden würde.

Art. 14. Sobald der Maire oder andere Polizeibeamten, sei es durch die Betriebsunternehmer, sei es durch ein allgemeines Gerücht, von einem in einem Bergwerke oder in einer Werkstätte vorgekommenen Unfall Kunde erhalten haben, haben sie davon sofort die oberen Behörden zu benachrichtigen; sie haben in Gemeinschaft mit dem Grubeningenieur alle dienlichen Maßregeln zu ergreifen, um die Gefahr zu beseitigen und weitere Folgen zu hindern; sie können, wie im Falle einer unmittelbar drohenden Gefahr, Werkzeuge, Pferde und Leute requiriren und die nöthigen Befehle geben . . . .

Art. 15. Die Betriebsunternehmer sind verpflichtet, in ihren Etablissements nach Maßgabe der Anzahl der Arbeiter und der Ausdehnung des Betriebes Medicamente und Hülfsmittel bereit zu halten, wie sie ihnen vom Minister des Innern angegeben werden, und sich nach der von ihm zu diesem Zwecke approbirten Reglementsverordnung zu richten.

Art. 16. Der Minister des Innern wird gemäß dem Vorschlage der Präfecten und dem Bericht des Genenaldirectors der Werke diejenigen Betriebe namhaft machen, welche wegen ihrer Bedeutung und der Zahl der in ihnen beschäftigten Arbeiter einen besonderen Wundarzt nur für den Dienst ihres Etablissements anzunehmen und auf ihre Kosten zu unterhalten haben.

Ein einziger Wundarzt kann für mehrere Etablissements zusammen angenommen werden, wenn diese Etablissements sich in passender Nähe befinden. Seine Besoldung fällt den Eigenthümern im Verhältnisse ihres Antheils zur Last.

Art. 17. Die Betriebsunternehmer und Directoren von denjenigen Gruben, die der, in welcher ein Unfall vorgekommen ist, benachbart sind, haben alle Hülfsmittel zu liefern, über die sie verfügen können, sei es in Leuten oder auf welche Art immer, vorbehaltlich eines eventuellen Regresses um Schadloshaltung seitens des dazu Verpflichteten.

Art. 18. Den Maires und andern Polizeibeamten ist ausdrücklich anbefohlen, sich die Leichname der Arbeiter zeigen zu lassen, welche durch einen Unfall in einem Betriebe umgekommen sind, und die Beerdigung derselben erst zu verstatten nach Aufnahme eines Protokolls über den Unfall, gemäß dem Art. 81 des Code Napoléon und unter Androhung der in den Art. 358 und 359 des Strafgesetzbuches (Art. 315 und 340 des neuen belgischen Strafgesetzbuches) festgesetzten Strafen.

Art. 20. Die Ausgaben, welche die Hülfsleistungen für die Verwundeten, Ertrunkenen oder Erstickten und die Herstellung der Arbeiten erfordern, fallen den Betriebsunternehmern zur Last.

Art. 22. Im Falle daß durch Unfälle der Verlust oder die Verstümmelung eines oder mehrerer Arbeiter verursacht wird in Folge der Nichtbeachtung der Vorschriften gegenwärtigen Reglements, können die Betriebsunternehmer, Eigenthümer und Directoren vor Gericht gezogen werden und unterliegen eventuell den Bestimmungen der Art. 319 und 320 des Strafgesetzbuches (Art. 418, 419 und 420 des neuen belgischen Strafgesetzbuches), unabhängig von weiterem Schadenersatz, der dem dazu Berechtigten zu Theil werden kann.

Art. 23. Unabhängig von ihren jährlichen Rundreisen werden die Grubeningenieure diejenigen Betriebe, in denen ein Unfall vorgekommen ist, oder die eine besondere Aufsicht erfordern, häufig zu inspiciren haben . . . .

Art. 25. In Zukunft können in der Eigenschaft von Grubenunternehmern oder Specialvorstehern von Gruben- und Bergwerksarbeiten, unter welchem Titel es auch sei, nur solche Individuen fungiren, welche seit mindestens drei Jahren hinter einander als Bergleute, Zimmerleute, Holzarbeiter oder Mechaniker gearbeitet haben.

Art. 29 . . . Kein trunkener oder kranker Arbeiter darf zu den Arbeiten zugelassen werden . . . .

Art. 30. Jeder Arbeiter, der durch Insubordination oder Ungehorsam gegen den Vorsteher der Arbeiten oder gegen die festgesetzte Ordnung die Sicherheit von Personen oder Sachen gefährdet hat, wird je nach der Schwere der Umstände verfolgt und bestraft werden in Gemäßheit der Bestimmung des Art. 22 gegenwärtigen Decrets.

In Folge der Veränderungen in der administrativen Organisation Belgiens werden die durch vorstehendes Gesetz dem Minister des Innern übertragenen Functionen jetzt durch den Minister der öffentlichen Arbeiten ausgeübt; die den Präfecten übertragenen durch den permanenten Ausschuß des Provinzialrathes; die dem Staatsrath übertragenen durch den Grubenrath (conseil des mines).

Königliche Verfügung vom 1. März 1850.

Diese Verfügung umfaßt ein allgemeines Reglement betreffs der Lüftung, der Beleuchtung und der Anwendung von Pulver bei den Betriebsarbeiten, namentlich in den Steinkohlengruben (houillères à grison); sie schreibt für diese besonderen Fälle genaue Vorsichtsmaßregeln vor.

Königliche Verfügung vom 19. Januar 1851.

Diese Verfügung enthält polizeiliche Maßregeln für das Hinabsteigen in die Bergwerke; sie verordnet im Interesse der Grubenarbeiter Maßregeln, welche ihnen bei vorkommenden Unfällen wirksame Rettungsmittel sichern und jeder Zeit für das Hinabsteigen zu den Arbeiten und das Aufsteigen von da her eine gefahrlose Communication ermöglichen. In dieser Hoffnung wenigstens wurde diese Verfügung bekannt gemacht; aber die zahlreich erfolgten Unfälle in Belgien beweisen, daß das Leben der Grubenarbeiter trotz aller durch die Gesetze und administrativen Reglements verordneten Vorsichtsmaßregeln stets schweren Gefahren ausgesetzt bleibt.

Königliche Verfügungen, betreffend den Gebrauch und die Ueberwachung von Dampfkesseln und Dampfmaschinen.

Mehrere königliche Verfügungen haben nach einander diesen Stoff geregelt, nämlich: eine Verfügung vom 15. November 1846; eine Verfügung vom 25. December 1853; endlich eine Verfügung vom 21. April 1864; diese letztere ist augenblicklich in Kraft, und aus ihr werden wir die hauptsächlichen Bestimmungen gemäß dem Gesichtspunkt, der uns beschäftigt, reproduciren.

Titulus I.

Bestimmungen bezüglich des Gebrauchs von Dampfkesseln und Dampfmaschinen.

Art. 1. Dampfmaschinen und Dampfkessel, bei denen der Dampf auf eine den Atmosphärendruck übersteigende Spannung gesteigert werden muß, dürfen nur kraft einer administrativen Genehmigung aufgestellt und in Gebrauch gesetzt werden.

Kapitel 1. Dauernd aufgestellte Dampfmaschinen und Dampfkessel (placées à demeure).

Abtheilung I. Genehmigungen.

Art. 2. Die Gesuche um Genehmigung werden an den Gouverneur der Provinz gerichtet, in welcher die Apparate gebraucht werden sollen. Sie haben anzuführen:

A. Den Ort der Niederlassung, wo die Apparate aufgestellt werden sollen, und ihre Entfernung von Gebäuden oder Wohnungen und dem öffentlichen Wege;

B. den Gebrauch, für den die Apparate bestimmt sind;

C. die Form und den Umfang der Kessel und ihrer Röhren;

D. das Material der Seitenwände;

E. den Maximaldampfdruck, ausgedrückt in Atmosphären, unter dem der Apparat arbeiten soll;

F. den Brennstoff, den man zu gebrauchen vorhat;

G. die Kraft der Maschinen, ausgedrückt in Pferdekräften.

Art. 3. Der Gouverneur übermittelt das Gesuch um Genehmigung mit den Uebersichtsplänen der Communalbehörde, welche eine Untersuchung de commodo et incommodo einleitet. Die Dauer dieser Enquete bemißt sich auf 15 Tage.

Art. 4. Nach Empfang der Ergebnisse der Enquete übermittelt der Gouverneur das Gesuch mit allen Beilagen dem mit der Inspection der Dampfmaschinen und Dampfkessel betrauten Beamten.

Art. 5. Das Gesuch mit dem Bericht der Verwaltungsbeamten und den Belegen wird dem permanenten Ausschuß des Provinzialrathes unterbreitet, welcher in seiner, nach der von unserm Minister der öffentlichen Arbeiten zu bestimmenden Form redigirten Verfügung die allgemeinen und besonderen Bedingungen kundgiebt, unter denen er die Aufstellung der Apparate verstattet.

Art. 6. Wenn dies Collegium die Genehmigung zur Aufstellung einer Dampfmaschine oder eines Dampfkessels verweigert oder besondere Sicherheitsbedingungen verlangt, so können die Bittsteller an unsern Minister der öffentlichen Arbeiten appelliren.

Ebenso steht den Gegnern der Genehmigung der Regreß an unsern Minister der öffentlichen Arbeiten gegen die Genehmigungsverfügung frei.

Art. 7. Eine zweite vom Gouverneur der Provinz ausgehende Genehmigung muß nothwendig der Ingebrauchsetzung vorhergehen. Diese Genehmigung wird erst bewilligt, nachdem durch ein Protokoll des Abtheilungschefs oder seines Abgeordneten festgestellt ist, daß die Apparate von der Behörde den weiter unten verordneten Proben unterworfen sind, daß sie in allen Punkten den auferlegten Bedingungen genügen, und daß Nichts dieser Ingebrauchsetzung entgegensteht.

Abtheilung II. Sicherheitsapparate, mit denen dauernd aufgestellte Dampfkessel versehen sein müssen.

§ I. 9—15. Sicherheitsventile.

§ II. 16—18. Anzeiger des Wasserniveaus; Schwimmer oder Hähne (indicateur à flotteur ou à robinets); Alarmvorrichtung.

§ III. 19. Manometer.

§ IV. 20. Heizapparate.

Abtheilung III. Mehrfache Dampfkessel (Chaudières multiples).

Art. 21. Specialapparate für jeden.

Kapitel 2. Dampf-, Locomotiv- und Locomobilmaschinen zu Wasser und zu Lande.

Abtheilung I. Genehmigungen.

Art. 22. Die Gesuche um Ingebrauchsetzung sind für die Locomobilmaschinen an den Gouverneur derjenigen Provinz zu richten, wo sie arbeiten sollen, und für die zur Locomotion zu Wasser oder zu Lande bestimmten Maschinen an den Gouverneur derjenigen Provinz, in der sich die Werkstätten zur Herstellung und Reparatur befinden.

Diese Gesuche müssen die in Art. 2 verlangten Angaben B, C, D, E, F, G enthalten und für die Locomotiven außerdem den Vermerk, zu welchem Dienste sie bestimmt sind, sowie den Namen und die Nummer nach der Reihenfolge, welche sie tragen sollen.

Art. 23. Die Genehmigungen zur Ingebrauchsetzung werden vom Gouverneur bewilligt nach Einsicht der Protocolle, welche von den die Aufsicht führenden Ingenieuren aufgestellt sind, und welche constatiren, daß die Maschinen allen Vorschriften Genüge leisten.

Abtheilung II. Sicherheitsapparate.

Art. 25. Die Locomobilen und die Locomotiven sind mit den in der zweiten Abtheilung des ersten Kapitels gegenwärtigen Reglements verfügten Sicherheitsapparaten zu versehen, vorbehaltlich der weiterhin gegebenen Modificationen (Art. 26: Sicherheitsventile; Art. 27: Anzeiger des Wasserniveaus: Art. 28: Heizapparate).

Kapitel 3. Materialien der Seitenwände der Kessel.

Art. 29. Vorbehaltlich der zuvor von der Administration genehmigten Ausnahmen wird der Gebrauch von Gußeisen (fonte) bei der Herstellung der Kessel, ihrer Deckel und Röhren (tubes fouilleurs et tubes chauffeurs) untersagt.

Kapitel 4. Proben der Kessel und der Maschinentheile, in denen der Dampf circuliren soll.

Art. 3. Die Dampfkessel werden vor ihrer Ingebrauchsetzung einem doppelt so starken Probedruck unterworfen, als sie nach Angabe zu ertragen haben. Jedoch wird für die mit Röhren versehenen Kessel der Probedruck den in der Genehmigung festgesetzten nur um die Hälfte übersteigen.

Art. 31. Erneuerung der Proben.

Art. 34. Die Kessel, deren Seitenwände offenbar mißgeformt oder derartig sind, daß ihnen ihre ursprüngliche Form nicht genau wiedergegeben werden könnte, oder bei denen die Probe sonst schwere Fehler aufweist, werden nicht in Gebrauch gesetzt.

Art. 35. Wenn der Kessel die Probe, welcher er unterworfen wurde, überstanden hat, so wird er mit einer Glocke versehen, welche den Maximaldruck angiebt, bis zu welchem man ihn arbeiten lassen kann. Auf keinen Fall darf dieser Druck überschritten werden.

Art. 36. Probe der verschiedenen Theile einer Maschine, in denen der Dampf circuliren soll.

Kapitel 6. Gebrauch von Dampfmaschinen im Innern von Bergwerken.

Art. 38. Die Genehmigungen zur Aufstellung und Ingebrauchsetzung von Dampfmaschinen im Innern von Bergwerken sind, unabhängig von den voraufgehenden Vorschriften, besonderen Bedingungen unterworfen, deren Nützlichkeit durch die Berichte der Grubeningenieure festgestellt werden kann . . . .

Titulus II.

Specialbestimmungen bezüglich der als Fabrikationsapparate dienenden Kessel.

Art. 39 bis 42.

Titulus IV.

Administrative Ueberwachung der Dampfmaschinen und Dampfapparate.

Art. 43. Die Dampfmaschinen und Dampfapparate sind, unter Oberaufsicht unseres Ministers der öffentlichen Arbeiten, der Ueberwachung der Grubeningenieure des Staates im Umfange ihres administrativen Bezirks, in Ermangelung ihrer der Aufsicht der Brücken- und Wegeingenieure (ingenieurs des ponts et chaussées, Civilingenieure) unterworfen. Jedoch werden die festen wie die Locomotivdampfmaschinen, welche zum Dienst der Staatseisenbahnen bestimmt sind, sowie die beim Canaldienst verwandten Maschinen und die Maschinen zur Fortbewegung der Dampfschiffe von den für diese speciellen Dienste bestimmten Staatsingenieuren geprüft und überwacht.

Art. 44. Die Ingenieure oder ihre Abgeordneten inspiciren, so oft sie es für gut erachten, alle in ihrem Bezirk gelegenen Dampfkessel und Dampfmaschinen und vergewissern sich, daß alle Bedingungen gewissenhaft beobachtet werden.

Sie wachen darüber, daß man als Mechaniker oder Heizer nur erfahrene Leute gebraucht.

Art. 45. Mindestens einmal im Jahr, oder, wenn sie dazu angewiesen werden, auch öfter, constatiren sie den Zustand der Dampfmaschinen und Dampfapparate sammt ihrem Zubehör.

Sie regen beim Gouverneur oder durch seinen Stellvertreter die Reparatur oder die Ersetzung derjenigen Apparate an, welche Abnutzung oder zufällige Beschädigung ihnen gefährlich erscheinen lassen.

Art. 46. Der permanente Ausschuß kann gemäß den Umständen die bewilligte Genehmigung zurücknehmen oder suspendiren, vorbehaltlich eines Regresses an unsern Minister der öffentlichen Arbeiten.

Art. 48. Im Fall eine Dampfmaschine oder ein Dampfapparat einen Unfall erlitten hat, informirt der Eigenthümer davon sofort den Bürgermeister der Commune und den mit der Ueberwachung betrauten Ingenieur, welch letzterer die Folgen constatiren und den Ursachen nachforschen wird.

Der Eigenthümer hat, bis der Ingenieur sich zur Stelle begeben und Act davon genommen hat, alle Theile, welche aus ihrer Ordnung gebracht sind, in dem Zustande zu belassen, in welchem sie sich nach dem Unfall befanden, außer was etwa nothwendig geschehen muß zur Hülfe der Verwundeten und Vorbeugung neuer Unglücksfälle.

Art. 49. Die Ingenieure führen ein Protokoll über ihre gewöhnlichen Inspectionen, die Proben, welchen sie die Dampfapparate unterworfen haben, die Zuwiderhandlungen gegen vorliegende Verfügung und die Unfälle, von denen die Dampfmaschinen und Dampfapparate betroffen sind . . . .

Art. 50. Die Zuwiderhandlungen werden mit den im Gesetz vom 6. März 1818 vorgesehenen Strafen belegt, unbeschadet eventuellen weitern Verfolgs der Sache kraft des Strafgesetzbuches.

Art. 51. Unser Minister der öffentlichen Arbeiten veröffentlicht alljährlich im Moniteur das Verzeichniß aller Unfälle, von denen während des verflossenen Jahres die Dampfmaschinen und Dampfapparate betroffen sind. Dies Verzeichniß erwähnt den Namen des Erbauers, den des Eigenthümers, die durch den Unfall herbeigeführten Folgen und die bekannten oder präsumtiven Ursachen, denen man ihn zuschreibt.

Eine königliche Verfügung vom 27. Februar 1868 enthält indessen Folgendes:

Einziger Artikel. Unser Minister der öffentlichen Arbeiten kann provisorisch, gemäß den vorliegenden Fällen, die Eigenthümer oder Erbauer von Dampfmaschinen und Dampfkesseln von der Ausführung gewisser Vorschriften des Reglements vom 21. April 1864, die den Fortschritt der Industrie zu hemmen geeignet sind, dispensiren. Er kann gleicher Weise eventuell den Gebrauch von Dampfapparaten genehmigen, deren System sich von denjenigen unterscheidet, welche gegenwärtig innerhalb des Königreichs in Gebrauch sind.

Bestimmungen des belgischen Strafgesetzbuches von 1867, welche gegen Industrielle angewandt werden können, falls ihre Arbeiter von Unfällen betroffen werden oder falls sie die vorgeschriebenen Sicherheitsmaßregeln nicht beobachtet haben.

Art. 418. Der Tödtung oder fahrlässigen Körperverletzung ist schuldig, wer das Unglück aus Mangel an Umsicht oder an Vorsicht, aber ohne die Absicht, sich an irgend Jemandes Person zu vergreifen, verursacht hat.

Art. 419. Wer den Tod einer Person unfreiwillig verursacht hat, wird mit Gefängniß von drei Monaten bis zu zwei Jahren und einer Geldstrafe von fünfzig Francs bis zu tausend Francs bestraft.

Art. 420. Sind durch den Mangel an Umsicht oder an Vorsicht nur Verletzungen oder Verwundungen herbeigeführt, so wird der Schuldige mit Gefängniß von acht Tagen bis zu zwei Monaten und einer Geldstrafe von fünfzig Francs bis fünfhundert Francs oder mit einer von diesen Strafen allein bestraft.

Art. 422. Hat ein Eisenbahnzug einen Unfall erfahren, der möglicher Weise die Personen, die sich darin befanden, in Gefahr hätte bringen können, so wird der, welcher die unfreiwillige Ursache davon war, mit Gefängniß von acht Tagen bis zu zwei Monaten und einer Geldstrafe von sechsundzwanzig Francs bis zweihundert Francs oder mit einer von diesen Strafen allein bestraft.

Hat der Unfall körperliche Verletzungen zur Folge gehabt, so wird der Schuldige mit Gefängniß von einem Monat bis zu drei Jahren und mit einer Geldstrafe von fünfzig Francs bis dreihundert Francs bestraft.

Hat der Unfall den Tod einer Person verursacht, so soll die Gefängnißstrafe sechs Monate bis zu fünf Jahren und die Geldstrafe hundert Francs bis sechshundert Francs betragen.

Art. 519. Mit Gefängniß von acht Tagen bis zu drei Monaten und einer Geldstrafe von sechsundzwanzig Francs bis fünfhundert Francs oder mit einer von diesen Strafen allein wird bestraft, wer den Brand von Mobiliar- oder Immobiliareigenthum eines Andern verursacht hat, sei es durch das Alter oder den Mangel an Reparatur und Reinigung von Oefen, Kaminen, nahe gelegenen Schmiedewerkstätten, Häusern oder Werken, sei es durch Anzündung von Feuer auf dem Felde in einer Entfernung von weniger als hundert Metern von Häusern, Gebäuden, Forsten, Heiden, Gehölzen, Baumgärten, Pflanzungen, Hecken, Heuschobern, Getreidehaufen, Stroh, Gras, Futter oder von irgend sonstigen Massen brennbarer Stoffe, sei es durch das Tragen oder Stehenlassen von Lichtern oder sonstigen Brennstoffen (feux) oder durch das Anzünden oder Schießen mit Feuerwerkskörpern ohne genügende Vorsicht.

Art. 547. Mit Zwangsarbeit von zehn Jahren bis zu fünfzehn Jahren werden Diejenigen bestraft, welche in böslicher oder betrügerischer Absicht die Grubenarbeiten ganz oder theilweise unter Wasser gesetzt haben.

Wenn nach den Umständen der Schuldige hat voraussetzen müssen, daß sich in der Grube im Moment der Ueberschwemmung eine oder mehrere Personen befanden, so ist er zu Zwangsarbeit von fünfzehn bis zwanzig Jahren zu verurtheilen.

Art. 548. Wenn die Ueberschwemmung die Verletzung von einer oder mehreren Personen herbeigeführt hat, deren Anwesenheit an den überschwemmten Stellen im Augenblick des Verbrechens oder des Delicts dem Urheber bekannt war, so wird der Schuldige verurtheilt in derselben Weise, als ob diese Verletzungen mit Vorbedacht zugefügt wären, und die Strafe, welche das Gesetz dafür feststellt, wird gegen den Schuldigen zur Anwendung kommen, falls diese Strafe schwerer ist, als die auf Grund der Ueberschwemmung verwirkte.

Im entgegengesetzten Falle wird diese letztere Strafe auf zwei Jahre über das Maximum erhöht.

Hat das Verbrechen den Tod verursacht, so ist die Strafe der Tod.

Art. 551. Mit einer Geldbuße von einem Franc bis zu zehn Francs werden bestraft:

1. Diejenigen, welche versäumt haben, die Oefen, Kamine oder Werke, die man zu Feuer benutzt, zu unterhalten, zu repariren oder herzustellen.

2. Diejenigen, welche ihre Verpflichtung, für die Beleuchtung zu sorgen, vernachlässigt haben.

Art. 554. Im Wiederholungsfalle kann für die im Art. 551 vorgesehenen Zuwiderhandlungen Gefängnißstrafe von einem Tag bis zu drei Tagen verhängt werden, unabhängig von der Geldstrafe . . . .

Einrichtungen zwecks Unterstützung der Grubenarbeiter.

Es war nicht genug, über die Sicherheit der Grubenarbeiter durch eine gute Polizei und weise Reglements zu wachen; man mußte auch Einrichtungen ins Leben rufen und begünstigen, die sich zum Ziele setzten, das Elend dieser Arbeiter zu lindern, wenn sie die Opfer von Unfällen geworden oder in der Ausübung ihres gefährlichen und mühseligen Berufes sich Krankheiten zugezogen. Derartige Einrichtungen giebt es in Belgien seit 1839; ins Leben gerufen von Grubenunternehmern, sind sie unverzüglich von der Regierung sanctionirt worden; kaum begründet, brachten sie sogleich bedeutende Capitalien zusammen, die sie in Stand setzten, große Hülfssummen zu vertheilen; erst 1868 jedoch gab ihnen der Gesetzgeber eine völlig geregelte Stellung. Wir wollen im Folgenden summarisch mit dem Zweck dieser Institutionen, ihrer Organisation, ihren Hülfsquellen und den Diensten, welche sie der Arbeiterclasse geleistet haben, bekannt machen.

Gesetz vom 28. März 1868 über die Versorgungscassen (caisses de prévoyance) zu Gunsten der Grubenarbeiter.

Art. 1. Die unter der Benennung von gemeinsamen Versorgungskassen zu Gunsten der Grubenarbeiter bekannten Gesellschaften können von der Regierung anerkannt werden.

Die Versorgungskassen haben zum Zweck, innerhalb der durch die Statuten zu bestimmenden Bedingungen und Grenzen Pensionen und Unterstützungen zu gewähren:

1. den beim Betriebe von Bergwerken, Steinbrüchen und Hüttenwerken beschäftigten Arbeitern, welche in die Gesellschaft aufgenommen sind;

2. den Wittwen der Arbeiter und ihren Familien.

Art. 2. Die Gesellschaften, welche anerkannt zu werden wünschen, reichen ihre Statuten bei dem permanenten Ausschuß derjenigen Provinz ein, in der sie begründet sind.

Der permanente Ausschuß wird sie mit seinen Bemerkungen dem Minister der öffentlichen Arbeiten übermitteln, welcher sie eventuell dem Könige zur Genehmigung unterbreiten wird.

Art. 3. Die anerkannten Versorgungskassen genießen folgende Vortheile:

1. Die Fähigkeit, vor Gericht zu erscheinen in Verfolgung und Betreibung ihrer Administration. Sobald jedoch die Sache die Competenz des Friedensrichters überschreitet, können sie nur mit Genehmigung des permanenten Ausschusses des Provinzialrathes plaidiren, vorbehaltlich des Regresses an den König im Fall die Genehmigung verweigert wird. Sie können Befreiung von den Kosten des Verfahrens erlangen, falls sie der kraft des Art. 4 zu treffenden königlichen Verfügung entsprechen.

2. Befreiung von den Stempel- und Registrationsgebühren (droits de timbre et d'enregistrement) für alle im Namen oder zu Gunsten dieser Kassen ausgefertigten Urkunden. Ebenso werden unentgeltlich zugestellt und von denselben Kosten befreit alle Certificate, Notariats- oder sonstigen Urkunden, die im Dienste dieser Kassen ausgefertigt werden müssen.

3. Befugniß, Schenkungen und Vermächtnisse von Mobiliarsachen zu empfangen.

Art. 4. Königliche Verfügungen werden bestimmen:

1. Die für die Genehmigung der Statuten der Versorgungskassen erforderten Bedingungen und Garantien.

2. die Bedingungen, unter welchen den anerkannten Versorgungskassen verstattet wird, gratis zu plaidiren.

3. Die Ursachen, welche eine Widerrufung der Genehmigungsurkunde nach sich ziehen können.

4. Die Formen und Bedingungen der Auflösung und den Modus der Liquidation.

5. Die Verwendung der Activa nach Bezahlung der Schulden im Falle der Widerrufung oder Auflösung.

Diese Activa können von der Regierung Kassen derselben Art zugewiesen werden oder Wohlthätigkeits-Bureaux, die dann mit der weiteren Bezahlung der Pensionen und Unterstützungen beauftragt werden.

Art. 6. Die Pensionen und Unterstützungen, welche von den anerkannten Versorgungskassen oder den besonderen zur Ergänzung jener errichteten Hülfskassen bewilligt sind, dürfen weder cedirt noch mit Beschlag belegt werden (ni cessibles ni saisissables).

Art. 7. In jedem Jahre hat der Vorstand jeder Kasse bei dem permanenten Ausschuß derjenigen Provinz, in der sie ihren Sitz hat, nach dem von der Regierung verordneten Muster eine Rechenschaftsablage über die Einnahmen und Ausgaben während des verflossenen Verwaltungsjahres einzureichen.

Königliche Verfügung vom 17. August 1874.

Art. 1. Die Statuten der Versorgungskassen zu Gunsten der Grubenarbeiter, welche unserer Genehmigung unterliegen, haben anzugeben:

1. Den Zweck oder die Zwecke, für welche die Gesellschaft begründet ist,' innerhalb der durch Art. 1 des Gesetzes vom 28. März 1868 festgesetzten Grenzen.

2. Die Bedingungen und den Modus, unter welchen zur Gesellschaft die Etablissements von Bergwerken, Steinbrüchen und Hüttenwerken zugelassen werden, die innerhalb des Bezirks, für welchen die Gesellschaft gebildet ist, gelegen sind.

3. Die Taxe der in die gemeinsame Kasse zu entrichtenden Beisteuern, die Zeiten der Einforderung, die Formen der Erhebung und den Modus der Anlage der disponiblen Fonds.

5. Den Modus der Erwählung und Zusammensetzung der Verwaltungscommission.

6. Den Zahlungsmodus (mode de règlement des comptes).

Die Fonds, welche jede gemeinschaftliche Versorgungskasse unterhalten, setzen sich zusammen:

1. Aus einem Abzug vom Gehalt der Arbeiter. — Dieser Abzug variirt zwischen 1 und 2 Prozent.

2. Aus Beisteuern der Betriebsunternehmer. — Diese Beisteuern kommen den Abzügen von den Gehalten der Arbeiter gleich.

3. Aus Schenkungen und Subsidien der Regierung und der Provinz.

4. Aus Schenkungen und Vermächtnissen Privater.

Die Vertheilung der Unterstützungen wird von einer Verwaltungscommission, die sich aus Oberarbeitern (maîtres-ouvriers) und Betriebsunternehmern zusammensetzt, gemäß den Umständen und den vorhandenen Hülfsmitteln geregelt.

Die Unterstützungen bestehen in lebenslänglichen oder zeitweiligen Pensionen, welche bewilligt werden:

1. den Arbeitern, welche ein bestimmtes Alter erreicht haben, oder die verstümmelt sind;

2. den Wittwen von in Folge von Unfällen verstorbenen Arbeitern und selbst ihren Angehörigen, wenn sie ohne Hülfsquellen sind;

3. den minderjährigen Kindern, deren Vater oder Mutter durch einen Unfall umgekommen sind, im letzteren Falle jedoch nur, wenn sie keinen Vater mehr besitzen; ebenso den jüngeren Brüdern und Schwestern, deren einzige Stütze der verstorbene Arbeiter war.

Die Statuten der Versorgungskassen legen jedem darin aufgenommenen Betriebe die Verpflichtung auf, eine besondere Hülfskasse zu errichten, die erkrankten oder verletzten Arbeitern zeitweilig Hülfe zu leisten hat. Das Verhältniß der Beiträge von Arbeitern und Brodherren für die diesen Kassen nothwendigen Fonds wird nach freiem Ermessen bestimmt: bald ist der Beitrag für die einen und für die andern derselbe, bald erhalten die Brodherren den gemeinsamen Fonds, indem sie das Deficit decken. Diese besonderen Hülfskassen erleichtern die Lasten der gemeinsamen Versorgungskassen beträchtlich, indem sie während sechs Wochen oder weniger alle Kosten zahlen, welche durch die den Grubenarbeiter treffenden Unfälle oder Krankheiten verursacht werden.

Es existiren sechs anerkannte Versorgungskassen zu Gunsten der Grubenarbeiter: Bergen (Mons), Charleroi, Centre, Lüttich, Namur und Luxemburg. Im Jahre 1876 zählten sie 310 aufgenommene Betriebe und 109,290 Arbeiter, d. h. 94,94 der Gesammtheit der Grubenbevölkerung des Landes.

Generalsumme der Einnahmen im Jahre 1876: 2,041,246 Francs 57 Cent.; der Ausgaben 1,947,352 Francs 28 Cent.; General-Haben 7,484,178 Francs 16 Cent.; Soll 1,757,040 Francs.

Generalsumme der Einnahme während der Periode von 1872 bis 1876: 10,959,208 Francs 2 Cent.; der Ausgaben: 8,889,236 Francs 19 Cent.; General-Haben: 34,138,581 Francs 57 Cent.; Soll: 8,627,641 Francs 66 Cent.

Einnahmen der gemeinschaftlichen Versorgungskassen während der Periode von 1872 bis 1876:

Abzüge von den Gehalten	4,576,087	Francs,
Beisteuern der Betriebsunternehmer . .	4,576,087	"
Subvention des Staates	222,334	"
Subsidien, Zinsen der Provinzen und andere Einnahmen	1,584,701	"

Anzahl der von 1872 bis 1876 unterstützten Personen: 59,910.

Beschaffenheit der Ausgaben im Jahre 1876:

	Zahl.	Ausgaben.
Lebenslängliche Pensionen . .	8,616	1,503,763 Francs,
Zeitweilige Pensionen . . .	3,030	163,868 "
Unterstützungen	1,190	223,778 "

Besondere Hülfskassen während der Periode von 1872—1876:

Abzüge von den Gehalten	9,031,970	Francs,
Beisteuern der Betriebsunternehmer . .	1,187,861	"
zusammen	10,219,831	Francs.
Ausgaben	8,891,040	"

(Geld, ärztliche Dienste, Medikamente und Kohlen).

Resumé von 1872—1876:

	Einnahmen.	Ausgaben.
Gemeinschaftliche Kassen .	10,959,208 Francs,	8,889,236 Francs,
Besondere Kassen . . .	10,219,831 "	8,891,040 "
	21,179,039 Francs,	17,780,276 Francs.

So wurde also während der Periode von 1872—1876 an die Arbeiterclasse der Bergwerke an Pensionen und Unterstützungen jeder Art die Summe von 17,780,276 Francs vertheilt, das giebt jährlich eine Durchschnittssumme von 3,556,055 Francs.

Königliche Verfügung vom 16. Dezember 1859 zwecks Organisation einer Hülfs- und Pensionskasse (caisse de retraite et de secours) zu Gunsten der Eisenbahnarbeiter.

Art. 1. Die Institution hat zum Zweck:

1. Den Angestellten und provisorischen Arbeitern (associés et ouvriers provisoires) im Falle augenblicklicher Arbeitsunfähigkeit zeitweilige Unterstützungen zu gewähren;

2. Ihnen unentgeltlich die Behandlungskosten, nämlich Aerzte, Medikamente 2c. zu sichern;

3. Jährliche Unterstützungen zu gewähren: A. den provisorischen Arbeitern im Falle dauernder Gebrechen; B. den Angestellten, sowie den Wittwen, Waisen, Vätern und Müttern der Angestellten, wenn sie nicht pensionsberechtigt sind;

4. Die Beerdigungskosten für verstorbene Angestellte und provisorische Arbeiter zu decken;

5. Den Angestellten im Falle dauernder Gebrechen eine Pension zu bewilligen;

6. Den Wittwen und Waisen, Vätern und Müttern der Angestellten Pensionen zu bewilligen;

7. Die Pensionäre überhaupt, sowie alle Personen, welche eine jährliche Unterstützung genießen, durch die dazu bestellten Aerzte unentgeltlich behandeln zu lassen.

Art. 45. Die Einkünfte der Hülfs- und Pensionskasse setzen sich zusammen:

1. Aus einem festen Abzug, wie folgt: 3 Procent auf die Gehalte von 2,40 Francs oder darunter, 4 Procent auf die Gehalte über 2,40 Francs.

2. Aus dem Betrage von Abzügen: für jede Disciplinarmaßregel bis auf die Summe von höchstens einem Monatsgehalt; für jeden Urlaub bis auf die Summe von höchstens einem Monatsgehalt; für jedwede Abwesenheit bis auf die Summe des halben Gehalts während höchstens eines Monats, wenn der Betreffende nicht hat ersetzt werden müssen.

3. Aus Subsidien von Seiten der Regierung.

4. Aus Schenkungen, Vermächtnissen und Gaben Privater.

5. Aus verschiedenen Erträgen.

6. Endlich aus den Zinsen der im Namen der Kasse angelegten Kapitale.

Art. 51. Die Behandlungskosten für die Angestellten und provisorischen Arbeiter fallen der Kasse zur Last, die auch die Medikamente unentgeltlich zu liefern hat. Sie empfangen außerdem, falls die Krankheit Arbeitsuntauglichkeit zur Folge hat, Geldunterstützungen.

Sind Arbeiter im Dienste verletzt, oder haben sie sich eine Krankheit zugezogen, welche die bestellten Aerzte ausdrücklich den Folgen des Dienstes zuschreiben, durch ungewöhnlich harte und andauernde oder unter ausnahmsweisen Bedingungen ausgeführte Arbeit, so werden sie auf Kosten der Kasse behandelt; aber ihr Gehalt wird ihnen fortwährend ganz oder zum Theil, je nach den Umständen, auf keinen Fall aber weniger als zu drei Viertel des täglichen Durchschnitts weiterbezahlt. Müssen sie indessen in ihrem Dienste ersetzt werden und muß in Folge dessen ihr Gehalt suspendirt werden, so werden sie Geldunterstützungen von der Kasse empfangen....

Andere Bestimmungen der Verfügung setzen die verschiedenen Bedingungen fest, die nothwendig sind, um die Berechtigung zu jährlichen Unterstützungen oder zu einer Pension zu besitzen, und bestimmen den Betrag der Unterstützungen und Pensionen.

Bürgerliche Haftpflicht der Unternehmer für die ihren Arbeitern in der Ausübung ihres Berufs zugestoßenen Unfälle.

Es giebt in Belgien kein einziges Specialgesetz, welches, absehend vom gemeinen Recht, die bürgerliche Haftpflicht der Unternehmer für die ihren Arbeitern in der Ausübung ihres Berufes zustoßenden Unfälle regelt. Man muß daher für sie auf das gemeine Recht in seiner allgemeinen Anwendbarkeit zurückgehen, so wie es durch die Artikel 1382, 1383 und 1384 des bürgerlichen Gesetzbuchs bestimmt ist.

Art. 1382. Jedwede That eines Menschen, die einem Andern Schaden verursacht, verpflichtet den, durch dessen Verschulden er herbeigeführt ist, ihn zu ersetzen.

Art. 1383. Jeder ist haftpflichtig für den Schaden, welchen er verursacht hat, nicht nur durch seine That, sondern auch durch seine Nachlässigkeit oder durch seine Unvorsichtigkeit.

Art. 1384. Man ist haftpflichtig nicht nur für den Schaden, welchen man durch seine eigene That verursacht hat, sondern auch für denjenigen, welcher durch die That von Personen verursacht ist, für die man haften muß, oder von Sachen, die man unter seiner Hut hat.... Die Herren und die Auftraggeber sind haftpflichtig für den Schaden, welcher durch ihre Diener oder Aufseher in den Verrichtungen verursacht ist, für welche sie sie bestimmt haben.

Der Gerichtshof von Lyon (Urtheilsspruch vom 13. Dezember 1854, Dalloz, Recueil périodique, 1855, zweiter Theil, Seite 86) hat das Princip in den allgemeinsten Ausdrücken, die auch vollkommen auf Belgien anwendbar sind, formulirt: „Es gehört zu den Pflichten der Vorsteher von industriellen Etablissements, für die Sicherheit der Arbeiter, welche sie beschäftigen, die vollkommenste Vorsorge zu treffen, und sie sind, in Ansehung dieser, haftbar für alle Unfälle und Beschädigungen, welche verursacht werden können, sei es durch Fehler in der Construction oder mangelnde Erhaltung der Maschinen und Apparate, sei es durch die Nachlässigkeit oder Ungeschicklichkeit der den verschiedenen Arbeiten des Etablissements Vorgesetzten. Sie können ihre Haftpflicht nur im Falle höherer Gewalt ablehnen."

Das Princip ist allgemein und anwendbar auf alle Arten von Betrieben ohne Unterschied: Manufactur-, Transport-, Ackerbau-, Fabrik- und Handwerkbetrieb ꝛc.

Man wird ebenso auf die Principien des gemeinen Rechtes zurückgreifen müssen, um die Frage zu entscheiden, ob die Haftpflicht des Unternehmers nicht in gewissen Fällen aufhört, nämlich, wenn der Fehler vom Arbeiter selbst begangen wurde.

Man höre, wie sich über diesen Punkt Herr Laurent ausspricht in seinem Werke: Principes du droit civil L. XX Nr. 486 ff.:

„Wenn die Unvorsichtigkeit ganz auf Seiten des Arbeiters ist, und dem Herrn keinerlei Unvorsichtigkeit vorgeworfen werden kann, so muß der Richter sich gegen das unglückliche Opfer aussprechen, so hart die Entscheidung auch scheinen mag. Der Richter entscheidet von Rechtswegen, und über das Recht giebt es keinen Zweifel....

Man muß in dieser Sache nie das Fundamentalprincip aus den Augen verlieren, nämlich daß der leichteste Fehler ein Grund zur Haftpflicht ist; daraus folgt, daß die Unvorsichtigkeit des Opfers des angerichteten Schadens in keiner Weise den Fehler des eigentlichen Urhebers verwischt, wofern nicht etwa feststeht, daß diese Unvorsichtigkeit die einzige Ursache des erlittenen Schadens war. Wenn sie nicht die einzige Ursache ist, so bleibt ein Verschulden von Seiten des Urhebers, und so leicht dasselbe auch sein mag, es macht ihn haftpflichtig. Dies sind die Ausdrücke eines Urtheilsspruches des Gerichtshofes von Lüttich (3. Januar 1862, Pasicrisie belge 1863, Band 2, S. 143) und wir glauben, daß dies das wahre Princip ist. Wer durch seine That den Schaden verursacht, hätte alle Vorsichtsmaßregeln treffen müssen, um ihn zu vermeiden. Wenn er dies nicht gethan hat, so trägt er eine Schuld, und ist mithin einer Klage auf Schadenersatz unterworfen....

Dies Princip ist von großer Bedeutung, wenn es sich darum handelt, die Haftpflicht der Betriebsvorsteher zu bemessen. Fast immer kann man dem Arbeiter, welcher einen Schaden erleidet, eine Unvorsichtigkeit vorwerfen; aber dies genügt nicht, um den Brodherrn von aller Haftpflicht zu befreien, wenn er selbst eine Schuld trägt, und er trägt eine Schuld, wenn er nicht zum Schutz seiner Arbeiter und Angestellten die allergenausten Vorsichtsmaßregeln getroffen hat; er muß sie vor ihrer eigenen Unvorsichtigkeit behüten. Diese Entscheidung mag von einer übermäßigen Strenge für den Unternehmer scheinen; sie ist indessen so gesetzmäßig wie human; die ungebildeten und ebendeßwegen auch unvorsichtigen Arbeiter befreunden sich mit den Gefahren ihres Berufes in dem Grade, daß sie selbst die Vorsichtsmaßregeln, welche die einfachsten Regeln der Klugheit befehlen, vernachlässigen; ist es also nicht die Pflicht des intelligenteren und umsichtigeren Brodherren, über ihre Sicherheit und ihr Leben zu wachen? Zu oft begnügen sich die Vorsteher, Befehle zu geben und Verbote zu erlassen, ohne über ihre Beobachtung zu wachen; doch das heißt nicht, ihre Pflicht ganz erfüllen; die Hauptsache ist, daß die Befehle ausgeführt und die Verbote befolgt werden."

Da diese ganze Sache vom gemeinen Rechte geregelt wird, so muß man auf die Principien dieses letzteren auch zurückgreifen, um zu erfahren, welcher Schaden vergütet werden muß, in welcher Ausdehnung Schadenersatz zu leisten ist, wem die Klage zusteht, und gegen wen sie angestrengt werden kann. Ebenso was den Beweis betrifft. Damit eine Verurtheilung zu Schadenersatz auf Grund einer Schädigung erfolgen könne, bedarf es einer gerichtlichen Forderung (demande judiciaire) und des Beweises seitens des Klägers, daß überhaupt eine Schädigung stattgefunden, und wie hoch sie anzuschlagen. Er muß den Grund seiner Forderung darthun, d. h. das wirkliche Vorhandensein einer Schädigung im Sinne der Artikel 1382 und 1383; ferner ist gemäß dieser Artikel nöthig, um ein Delict oder Quasi-Delict zu begründen, daß der Kläger den Schaden durch das Verschulden Desjenigen erlitten hat, den er verklagt; es genügt also nicht, das wirkliche Bestehen der Schädigung zu beweisen; man muß auch beweisen, daß sie durch Verschulden des Beklagten erwuchs; wenn dieser der Haftpflicht entgehen will, wird er zu beweisen haben, entweder daß die That erlaubt war, oder daß sie ihm nicht beizumessen ist. Auch das Beweisverfahren wird durch das gemeine Recht bestimmt, d. h. es kann ein Zeugen- und Indizienbeweis (par témoins et par présomptions) sein (Art. 1384 N 1 und 1353 des bürgerlichen Gesetzbuches).

Wir können die über diese verschiedenen Fragen in Belgien ertheilten Urtheile und Aussprüche hier nicht zur Kenntniß geben; zwei derselben jedoch wollen wir wegen der Bedeutung der von ihnen sanctionirten Principien hier kurz angeben. Ein Urtheilsspruch des Appellationsgerichtshofes in Brüssel vom 18. Mai 1868 (Pasicrisie belge, Jahrgang 1868, Seite 385) entscheidet, daß der Staat, wenn er in der Eigenschaft einer Civilperson erscheint, namentlich beim Betrieb der Eisenbahnen als Transportunternehmer, der Haftpflicht der Art. 1382 und 1384 des bürgerlichen Gesetzbuches unterworfen ist; ebenso, in gleicher Weise wie im Allgemeinen der Unternehmer haftpflichtig ist für den einem seiner Diener oder Arbeiter zugestoßenen Unfall, den derselbe in Ausübung der ihm anbefohlenen Arbeit durch das Verschulden eines Andern erlitten hat, ebenso ist auch der Staat verpflichtet, die Wittwen und Kinder eines bei der Eisenbahn Angestellten zu entschädigen, wenn derselbe durch einen von einem andern Angestellten im Dienste verschuldeten Fehler umgekommen ist. Ein Urtheilsspruch des Kassationsgerichtshofes von Belgien vom 7. Mai 1869 (Pasicrisie belge, Jahrgang 1869, Band 1, Seite 330) entscheidet, daß in dem Betriebe, den er im Transportdienst auf seinen Eisenbahnen unterhält, der Staat bürgerlich haftpflichtig ist für den Schaden, der durch das Verschulden oder die Nachlässigkeit eines seiner Angestellten in den ihnen übertragenen Verrichtungen verursacht ist, sogar falls das Opfer der Schädigung selbst zur Verwaltung des Schienenweges gehört.

Es erübrigt uns noch, in zwei Worten auf die in Nr. 3 und 7 des Quästionariums gestellten Fragen zu antworten.

3. Welchen Unterschied macht es, ob der Beschädigte ein Arbeiter resp. ein Angestellter des Etablissements war oder nicht? — Für den einen wie für den andern ist das gemeine Recht anwendbar; es besteht unter ihnen nur der Unterschied, daß der Arbeiter oder Angestellte natürlicher Weise verpflichtet ist, die nothwendigsten Vorsichtsmaßregeln zu treffen, um den ihm bekannten Gefahren des Betriebes zu entgehen, dem er seine Arme leiht, und daß der Fehler, den er sich zu Schulden kommen läßt, mit Recht zur Folge haben könnte, daß die Haftpflicht des Unternehmers erlischt; er hat positive Vorsichtsmaßregeln zu treffen. Wer dem Etablissement fremd gegenübersteht, hat nur die negative Vorsichtsmaßregel zu treffen, daß er Nichts thut, was ihn den mit diesem oder jenem Betriebe verknüpften Gefahren aussetzen könnte.

6. Besteht ein Zusammenhang mit der Gesetzgebung über Unfallversicherungsgesellschaften? —

Das Gesetz über die Versicherungsgesellschaften vom 11. Juni 1874 enthält keine besondere Bestimmung, welche die uns hier beschäftigende Frage betrifft. Es giebt im Lande mehrere Versicherungsgesellschaften gegen Unfälle und namentlich Versicherungsgesellschaften gegen Dampfkesselexplosionen.

IV.

Ueber Haftpflichtgesetzgebung im Königreich der Niederlande.

Von Dr. A. Kerdijk (Delft).

Ein besonderes Haftpflichtgesetz hat das Königreich der Niederlande nicht; dennoch aber weichen die gesetzlichen Bestimmungen, welche daselbst diesen Stoff beherrschen, nur wenig ab von dem deutschen Reichsgesetze vom 7. Juni 1871. Es ist das allgemeine Civilgesetzbuch, welches hier vor Allem in Betracht kommt, und in welches aus dem französischen Code civil die Bestimmungen übertragen worden sind, die ja auch in Deutschland in dem Gebiete des rheinischen Rechtes schon vor Erlaß des obenerwähnten Reichsgesetzes Geltung hatten. Während nämlich die Art. 1401 und 1402 [1]) des niederländischen Civilgesetzbuches den allgemeinen Satz aufstellen, daß jede unrechtmäßige That, Nachlässigkeit oder Unvorsichtigkeit zur Schadloshaltung denjenigen verpflichtet, durch dessen Verschulden (culpa commissionis vel omissionis) der Schaden verursacht ist, giebt Art. 1403 diesem Satze eine sehr bedeutende Ausdehnung. Denn er fügt hinzu [2]), daß man auch verantwortlich ist für die That u. s. w. von Per-

---

[1]) Art. 1401: Elke onrechtmatige daad, woordoor aan een ander schade wordt toegebracht, stelt dengene, door wiens schuld die schade veroorzaakt is, in de verplichting om dezelve te vergoeden.

Art. 1402: Een ieder is verantwoordelijk, niet alleen voor de schade, welke hij door zijne daad, maar ook voor die welke hij door zijne nalatigheid of onvoorzichtigheid veroorzaakt heeft.

[2]) Art. 1403: Men is niet alleen verantwoordelijk voor de schade, welke men door zijne eigene daad veroorzaakt, maar ook voor die welke veroorzaakt is door de daad van personen, voor welke men aansprakelijk is.

....Degenen, die anderen aanstellen tot de waarneming hunner zaken, zijn verantwoordelijk voor de schade, door hunne... ondergeshikten veroorzaakt in de werkzaamheden waartoe zij dezelve gebruikt hebben.

.... De werkmeesters zijn verantwoordelijk voor de schade, door hunne leerlingen en knechts veroorzaakt gedurende den tijd, dat dezelve onder hun toezicht staan.

De hierboven vermelde verantwoordelijkheid houdt op, indien... de werkmeesters bewijzen, dat zij de daad, voor welke zij aansprakelijk zouden zijn, niet hebben kunnen beletten.

sonen, für welche man einstehen muß; daß namentlich Diejenigen, die Andere anstellen zur Wahrnehmung ihrer Interessen, verantwortlich sind für den Schaden, durch ihre Untergestellten in deren Dienstverrichtungen herbeigeführt, und daß die Arbeitgeber verantwortlich sind für den Schaden, durch ihre Lehrlinge und Arbeiter verursacht, während diese unter ihrer Aufsicht stehn — so zwar, daß alle Verantwortlichkeit aufhört, wenn die Arbeitgeber beweisen, daß sie die That, durch welche der Schaden entstanden, nicht haben verhindern können.

Keinem Zweifel unterliegt es, daß diese Bestimmungen auch den durch Tödtung oder Körperverletzung eines Menschen entstandenen Schaden umfassen, von dem in § 2 des deutschen Gesetzes die Rede ist. Weiter als dieses gehn sie insoferne, daß sie nicht auf Steinbrüche, Bergwerke, Gräbereien und Fabriken beschränkt sind, sondern auf jedweden Gewerbebetrieb sich beziehen; auf das Baugewerbe z. B. so gut als auf die Landwirthschaft. Andrerseits aber stimmen sie mit § 2 des deutschen Gesetzes wieder darin überein, daß im Schadensfalle ein Verschulden seitens des Unternehmers oder dessen Vertreters nicht präsumirt wird, so daß der Beschädigte oder dessen Hinterlassene den Beweis jenes Verschuldens zu erbringen haben.

Auf das Beschwerende dieser Beweislast brauche ich, nach den in Deutschland gemachten Erfahrungen, wohl kaum hinzuweisen. Nur sei bemerkt, daß dieses um so mehr hervortritt, als — wenn auch vorgeschrieben ist, daß die Höhe des Schadenersatzes nach der gesellschaftlichen Stellung und dem Vermögensbestande der beiden Parteien, sowie nach Umständen, zu bemessen ist [1]) — die Vorschrift der richterlichen Entscheidung über die Wahrheit der thatsächlichen Behauptung nach freiem Ermessen und unter Berücksichtigung des gesammten Inhaltes der Verhandlungen fehlt, und die Regeln des gemeinen Prozeßrechts auch hier zur Anwendung kommen. Und dieser Uebelstand ist um so größer, da irgendwelche Bestimmungen in dem Sinne des § 120, Abs. 3 der deutschen Gewerbeordnung nicht vorhanden sind.

Ein Zusammenhang mit der Gesetzgebung für Unfallversicherungsgesellschaften existirt übrigens nicht; und zum Anmelden von vorgekommenen Unfällen sind die Arbeitgeber nicht verpflichtet.

Eine Frage endlich, die sich nach dem Wortlaut des niederländischen Gesetzes nicht kurzweg beantworten läßt, ist die, welche durch § 5 des deutschen Gesetzes von 1871 dahin entschieden worden, daß die Unternehmer nicht befugt sind, ihre Haftpflicht durch Verträge im Voraus auszuschließen oder zu beschränken. Die richtige Auffassung mag wohl diese sein, daß im Falle wirklicher Delikte, wo der Schaden dolo zugefügt worden, die kontraktmäßige Ausschließung oder Beschränkung der Verpflichtung zum Schadenersatze, als „den guten Sitten und der öffentlichen Ordnung“ [2]) zuwider, unstatthaft ist; daß hin-

---

[1]) Art. 1406 und 1407: .... schadevergoeding, te waardeeren naar belang van den wederzydschen stand en de fortuin der personen, en naar de omstandigheden.

[2]) Art. 14: der wet houdende algemeene bepalingen der wetgewing van het koninkrijk: Door geene handelingen of overeenkomsten kan aan de wetten, die op de publieke orde of goede zeden betrekking hebben, hare kracht ontnomen worden.

gegen für Fälle, wo nur von culpa die Rede ist, jene Befugniß auf Grund des Gesetzes den Unternehmern nicht bestritten werden kann.

Wenn nun auch mit dem bisher Gesagten die allgemeine Sachlage der niederländischen Gesetzgebung über diesen Gegenstand genügend gekennzeichnet sein mag, so bleibt doch noch zu erörtern, inwieweit derselbe in Spezialgesetzen Berücksichtigung gefunden hat.

In der That ist dies der Fall mit Bezug auf Schiffsangehörige, denen — wenn sie im Dienste des Schiffes oder im Gefechte mit dem Feinde oder mit Seeräubern verwundet oder verletzt werden — das Handelsgesetzbuch das Recht zuerkennt nicht nur auf Krankenpflege bis zur Heilung, sondern im Falle körperlicher Verletzung auch auf Schadenersatz nach richterlichem Ermessen [1]). Hier ist also der Gegenbeweis der vis major ausgeschlossen, wenn auch die Jurisprudenz wiederholt angenommen hat, daß die eigene Schuld des Schiffsangehörigen die Entschädigungspflicht aufhebt. Sonderbar jedoch, daß diese Spezialbestimmung wohl von Verwundung und Körperverletzung, nicht aber von Tödtung spricht, sodaß für letztere das allgemeine Gesetz maßgebend bleibt.

Wichtiger indessen noch als jene Ausnahme ist für den Zweck dieser Gutachten das zu Recht Bestehende mit Bezug auf Eisenbahnen. Da heißt es nun im Eisenbahngesetze vom 9. April 1875 [2]), daß Eisenbahnunternehmer haften für den Schaden, der durch Personen während des Betriebes gelitten wird, wenn nicht der Schaden entstanden ist ohne Verschulden der Unternehmer oder das ihrer Beamten und Angestellten. Also eine Präsumtion des Verschuldens seitens des Betriebes; und demnach anscheinend Uebereinstimmnng mit dem deutschen Haftpflichtgesetz. Leider aber ist es unentschieden, ob jener Paragraph des Eisenbahngesetzes auch auf Unfälle, bei denen die Betriebsbeamten zu Schaden kommen, sich bezieht. Vom Utrechter Gerichtshofe erster Instanz wurde solches verneint, als dieser, in einem angestrengten Entschädigungsprozesse, der Wittwe eines verunglückten Schaffners die Beweislast für die culpa seitens der Eisenbahngesellschaft aufbürdete und, da ihm dieser Beweis nicht erbracht schien, die Forderung abwies; und dieser Urtheilsspruch wurde in zweiter Instanz bestätigt. Hierauf bezügliche weitere Jurisprudenz ist mir zu meinem Bedauern nicht bekannt; eine Entscheidung durch den obersten Gerichtshof liegt, so viel ich weiß, nicht vor.

Im Allgemeinen ist zu bemerken, daß hier zu Lande dergleichen Entschädigungsklagen nur äußerst selten vorkommen. Zum Theil mag dies seinen Grund haben in unseren, im Vergleich mit anderen Ländern, weniger entwickelten industriellen Verhältnissen; in den noch nicht zu rechtem Gedeihen gekommenen

---

[1]) Art. 423: Ieder schepeling, die .... in dienst van het schip, of in gevecht tegen vijanden of zeeroovers, gewond of verminkt wordt, is .... gerechtigd tot oppassing en genezing, en in geval van verminking, tot schadeloosstelling, op zoodanigen voet en op zoodanige wijze als de rechter, in geval van verschil, zal oordeelen te behooren.

[2]) Art. 1: Ondernemers eener spoorwegdienst zijn verantwoordelijk voor de schade, door personen .... bij de uitoefening der dienst geleden, ten ware de schade buiten hunne schuld of die hunner beambten of bedienden zij ontstaan.

Dieser Paragraph kam übrigens schon mit demselben Wortlaute vor in dem älteren Eisenbahngesetz vom 21. August 1859.

Bestrebungen der Arbeiter zur Wahrung ihrer wirthschaftlichen Interessen; endlich auch in dem Umstande, daß wenigstens größere Unternehmen nicht selten ihren Angestellten und Arbeitern, welche in ihrem Dienste ein Unglück trifft, Unterstützung verleihen. Andererseits jedoch wird zweifelsohne theils auch in der aus dem Obigen hervorgehenden, mangelhaften Beschaffenheit der gesetzlichen Bestimmungen die Erklärung jener Thatsache zu suchen sein, und dürfte eine Revision derselben, damit der körperlichen Unverletzlichkeit ein erhöhter Rechtsschutz verliehen werde, auch hier zu Lande einem Bedürfniß entsprechen.

V.

Die Grundsätze des französischen Rechts über Haftpflicht.

Vom Senatspräsident Petersen in Colmar.

Bei den in Deutschland stattgehabten Verhandlungen über die Haftpflichtfrage wurde meist auf die französische Gesetzgebung Bezug genommen. Bald wurde dieselbe als Vorbild aufgestellt, bald an deren Vorschriften Kritik geübt; nirgends wurde dieselbe ignorirt, überall die Frage erörtert, ob die Vorchrift des Art. 1384 Code civil gerechtfertigt sei[1]). Bei der abweichenden Entwicklung, welche bezüglich der deutschen Gesetzgebung stattgefunden hat, und dem Umstand, daß es hier noch an einem definitiven Abschluß fehlt, darf eine Darlegung der in Frankreich geltenden Grundsätze jetzt ein besonderes Interesse beanspruchen. Auch erscheint eine solche nicht als überflüssig, da ungeachtet der Einfachheit des französischen Systems doch im Einzelnen Zweifel über die Tragweite der aufgestellten Grundsätze bestehen und es an Mißverständnissen nicht fehlt. Wenn eine derartige Arbeit Nutzen haben soll, muß mit derselben eine eingehende Vergleichung der Rechtszustände verbunden werden, welche sich unter der Herrschaft der französischen Gesetzgebung und unter derjenigen des deutschen Haftpflichtgesetzes ergeben haben. Auch wird es gestattet sein, kurz hervorzuheben, welche Ergebnisse die Vergleichung für die in Deutschland auf der Tagesordnung stehenden Gesetzgebungsfragen liefert.

I.

Die Frage, wen bei körperlichen Beschädigungen zu Folge eines gewerblichen Betriebes eine Verpflichtung zum Schadensersatz trifft und unter welchen Voraussetzungen diese Verbindlichkeit eintritt, ist im französischen Recht nicht durch ein

---

[1]) Schon vor Erlaß des Haftpflichtgesetzes wurde vielfach auf die Bestimmungen des französischen Rechts verwiesen. — V. z. B. Karl Braun's Abhandlung über Haftbarkeit bei Unfällen in der Vierteljahrschrift für Volkswirthschaft Bd. 25 S. 229 ff., ferner die Verhandlung des volkswirthschaftlichen Kongresses ebendas. Bd. 27 S. 245 ff. insbes. S. 255. Eine Bezugnahme erfolgte dann in den dem Entwurf des Haftpflichtgesetzes beigegebenen Motiven und ebenso wurde das Verhältniß zum französischen Recht bei den Reichstagsverhandlungen vielfach erörtert. Reichstagsverhandlungen von 1871 Bd. I S. 68 ff. und Bd. III (Drucksachen) S. 69 ff. Auch in der neueren Literatur wird die Vorschrift des Art. 1384 von der einen Seite empfohlen, von der anderen bekämpft.

Spezialgesetz geregelt. Vielmehr ist für dieselbe lediglich das allgemeine Civilrecht entscheidend. Hiernach gelten im Allgemeinen für die verschiedenen gewerblichen Unternehmungen (Eisenbahnen, Bergwerke, Fabriken u. s. w.) dieselben Vorschriften [1]). Ja es sind die nämlichen Bestimmungen auch für solche Fälle maßgebend, in welchen der zum Schadenersatz Verpflichtete gar kein Gewerbe betreibt. Es enthält zwar der Code civil besondere Vorschriften über die Verantwortlichkeit, welche durch den Abschluß bestimmter Verträge entsteht, insbesondere über die Haftbarkeit von Fuhrleuten, Wirthen, Bauunternehmern und Auftraggebern. Auch werden diese, obgleich sie sich nur auf die Beschädigung von Sachen beziehen, manchmal auch auf die Beschädigung von Personen angewandt [2]). Aber eigentlich wird die Verpflichtung zum Schadensersatz nur durch einige allgemeine Vorschriften geregelt, welche in den Artikeln 1382 ff. des Code civil enthalten sind. Wenngleich unter Umständen auch andere Vorschriften, insbesondere die des Art. 2000 für die Frage der Haftpflicht Bedeutung erlangen können, empfiehlt es sich doch, die Darstellung auf diejenigen Bestimmungen zu beschränken, welche die Haftpflicht grundsätzlich regeln. Die Art. 1382—1384, welche allein hierher gehören, lauten wie folgt:

„Art. 1382: Tout fait quelconque de l'homme, qui cause à autrui un dommage, oblige celui, par la faute duquel il est arrivé, à le réparer.

Art. 1383: Chacun est responsable du dommage qu'il a causé non-seulement par son fait, mais encore par sa négligence ou par son imprudence.

Art. 1384: On est responsable non-seulement du dommage que l'on cause par son propre fait, mais encore de celui, qui est causé par le fait des personnes dont on doit répondre, ou des choses que l'on a sous sa garde.

Le père, et la mère après le décès du mari, sont responsables du dommage causé par leurs enfants mineurs habitant avec eux;

Les maîtres et les commettans, du dommage causé par leurs domestiques et préposés dans les fonctions, auxquelles ils les ont employés;

Les instituteurs et les artisans, du dommage causé par leurs élèves et apprentis pendant le temps qu'ils sont sous leur surveillance.

La responsabilité ci-dessus a lieu, à moins que les père et mère, instituteurs et artisans, ne prouvent qu'ils n'ont pu empêcher le fait qui donne lieu à cette responsabilité."

Es empfiehlt sich, zunächst den Inhalt und die Tragweite dieser Be-

---

[1]) An Spezialbestimmungen für die Eisenbahnen und Bergwerke fehlt es zwar nicht. Aber dieselben beschäftigen sich nicht mit der Entschädigungspflicht, von der hier die Rede ist. Die Gesetze und Reglements für die Eisenbahnen enthalten meist Vorschriften über die Art des Betriebs und regeln die Verpflichtungen der Eisenbahngesellschaften. Auch finden sich in denselben Strafbestimmungen. Bezüglich der Bergwerke kommt in Betracht das Dekret vom 3. Jan. 1813, das (in den Art. 15 und 16) die Bergwerksbetreiber verpflichtet, die nöthigen Arzneien und Rettungsmittel vorräthig zu halten und unter Umständen einen besonderen Arzt anzustellen.

[2]) V. die Art. 1784, 1792, 1952 und 1953 und Art. 2000 Code civil.

stimmungen im Allgemeinen zu betrachten und dann erst auf die Einzelnheiten einzugehen.

1.

Die Art. 1382 und 1383 enthalten etwas Auffallendes nicht. Daß Jedermann für den Schaden haftet, der durch seine eigene Thätigkeit, beziehungsweise durch Unterlassung solcher Handlungen entsteht, zu deren Vornahme er verpflichtet war, folgt aus allgemeinen Rechtsgrundsätzen. Es wird hiernach allerdings noch vorausgesetzt, daß den Verklagten ein Verschulden trifft. Aber ein solches Verschulden (faute) ist auch nach den Vorschriften der Art. 1382 und Art. 1383 Code civil erforderlich, wenn eine Verpflichtung zum Schadensersatz begründet sein soll. Anders verhält es sich mit den Bestimmungen des Art. 1384. Die Regel ist, daß Jeder nur für seine eigenen Handlungen, oder für sein eigenes Verschulden verantwortlich gemacht werden kann und diesem Grundsatz scheint der Art. 1384 zu widersprechen, da nach demselben die Verantwortlichkeit für schuldhafte Beschädigungen durch gewisse in einem Abhängigkeitsverhältniß zum Verklagten stehenden Personen als Regel aufgestellt und nur ausnahmsweise der Beweis zugelassen wird, daß der Verklagte die That nicht verhindern konnte. Soweit es sich um die Verantwortlichkeit von Gewerbtreibenden, Fabrikanten u. s. w. handelt, ist die Stellung noch besonders ungünstig, da diese (die „maîtres“ oder „commettans“) zu dem erwähnten Beweise unbestrittener Maßen nicht zugelassen werden dürfen. Theoretisch ging auch die französische Gesetzgebung bei Aufstellung des Art. 1384 von dem Grundsatz aus, daß ein eigenes Verschulden der Person vorliegen müsse, welche für die Handlungen des minderjährigen Kindes, Lehrlings u. s. w. verantwortlich gemacht wird. Die Vorschrift dieses Artikels hat, wie aus der Bestimmung des letzten Absatzes und aus der Entstehungsgeschichte des Gesetzes des Artikels hervorgeht, und von Schriftstellern und Gerichten einstimmig angenommen wird, lediglich in der vom Gesetzgeber aufgestellten Vermuthung ihren Grund, daß in den in Frage stehenden Fällen regelmäßig ein Verschulden der für verantwortlich erklärten Person vorliege. Dieses Verschulden kann darin bestehen, daß die Verpflichtung zur Leitung oder Anweisung der abhängigen Person oder zu deren ordnungsmäßiger Beaufsichtigung oder Ueberwachung nicht beobachtet wurde. Es wird aber auch darin gefunden, daß bei Anstellung der Beamten, Dienstboten, Arbeiter u. s. w. nicht die gehörige Sorgfalt angewendet worden ist [1]). Aber praktisch besteht ein gewaltiger Unterschied zwischen dem System des französischen Rechts und der in Deutschland im bürgerlichen Recht herrschenden Auffassung. Nach der letzteren muß das Verschulden des Verklagten regelmäßig vom Kläger bewiesen werden. Nach Art. 1384 steht dagegen dem Kläger eine gesetzliche Vermuthung zur Seite; der Verklagte hat also nachzuweisen, daß ihn in Wirklichkeit keinerlei Verschulden trifft, und soweit es sich um die Verantwortlichkeit der „maîtres“ oder „commettans“ handelt, besteht eine sogenannte

---

[1]) V. hierzu: Zachariä, Handbuch des französ. Civilrechts, Bd. II, § 447; Marcadé zu Art. 1384 Nr. I, Bd. V S. 269; Laurent, principes du droit civil, Bd. XX, S. 588 und 606; Larombière, Obligations zu Art. 1384 Nr. 1 und 8, Bd. V, S. 738 und 744; Sourdat, traité général de la responsabilité, Bd. II, Nr. 884 und 885.

praesumtio juris et de jure, welche durch Gegenbeweis überhaupt nicht entkräftet werden kann. Thatsächlich müssen die durch die Vorschrift des Art. 1384 betroffenen Personen unzweifelhaft in vielen Fällen haften, in welchen ihnen ein Verschulden nicht nachgewiesen werden kann, und auch in Wirklichkeit nicht besteht. Fragt man nun, wie man dazu kam, einen Grundsatz von so großer Tragweite aufzustellen, wie ihn Art. 1384 des Code civil enthält, so ist zu bemerken, daß sich nur wenige Anhaltspunkte dafür finden, der Gesetzgeber sei von sozialpolitischen oder volkswirthschaftlichen Gesichtspunkten ausgegangen. Vielmehr ergeben die Gesetzgebungsverhandlungen, welche der Aufstellung der Vorschrift vorhergingen, daß in der Hauptsache juristische und praktische Erwägungen maßgebend waren. Ja es erhellt aus denselben, daß man gar nicht glaubte, in Art. 1384 einen neuen Grundsatz aufzustellen, sondern von der Voraussetzung ausging, daß dessen Vorschriften Anspruch auf allgemeine Geltung hätten und die denselben zu Grund liegende Auffassung allgemein als richtig anerkannt werde [1]). Die theoretische Anschauung war allerdings nicht der allein maßgebende Faktor bei der Aufstellung des in Art. 1384 enthaltenen Grundsatzes. Vielmehr spielten die praktischen Erwägungen hierbei eine große Rolle. Es wurde nämlich von den Vertheidigern des Entwurfs in übereinstimmender Weise hervorgehoben, daß es nothwendig sei, den Beschädigten die Möglichkeit, zu dem ihnen gebührenden Schadensersatz zu gelangen, auch thatsächlich zu sichern und daß die Verantwortlichkeit der Väter, Lehrer, Dienstherren u. s. w.,-

[1]) In dem exposé des motifs von Treilhard wurde bemerkt, daß die in Art. 1384 vorgesehene Verantwortlichkeit vollständig den Anforderungen der Gerechtigkeit entspreche und dann beigefügt: „Ceux à qui elle est imposée, ont à s'imposer pour le moins, les uns de la faiblesse, les autres de mauvais choix, tous de la negligence“. Auch der Tribun Tarrible setzte in seinem Vortrag im corps legislatif auseinander, die Vorschrift des Art. 1384 beruhe gleichfalls auf dem Grundsatz, daß Jeder für die Folgen seiner „faute ou imprudence, quelque legère que soit leur influence sur le dommage“ hafte und bemerkte, die Väter, Lehrer u. s. w. seien mit genügender Autorität ausgestattet, „pour contenir leurs subordonnés dans les limites du devoir et du respect dû aux propriétés d'autrui“, und es müsse, wenn diese Grenze von einem „subordonné“ überschritten worden sei, dies einem „relâchement de la discipline domestique“ zugeschrieben werden. Weiter heißt es dann: „ce relâchement est une faute; il forme une cause de dommage indirecte, mais suffisante, pour faire retomber sur eux la charge de la réparation“. Endlich bemerkte Tarrible noch, die den in Frage stehenden Personen auferlegte Verantwortlichkeit sei nothwendig „pour tenir en éveil l'attention des superieurs sur la conduite des inférieurs et pour leur rappeler les austères devoirs de la magistrature, qu'ils exercent“. In ähnlicher Weise sprach sich im Tribunat Bertrand de Greuille aus, der die unbedingte Verantwortlichkeit der „maîtres et commettans“ in folgender, die volkswirthschaftliche Seite der Frage einigermaßen berührenden Weise zu rechtfertigen suchte: „n'est-ce pas en effet le service, dont le maître profite, qui a produit le mal, qu'on le condamne à réparer? N'a-t-il pas à se reprocher, d'avoir donné sa confiance à des hommes méchants, maladroits et imprudents? Et serait-il juste, que de tiers demeuraient victimes de cette confiance inconsiderée, qui est la cause première, la véritable source du dommage, qu'ils éprouvent? La loi ne fait donc pas ici, que ratifier, ce que l'équité commande, ce que de fréquens et trop fâcheux exemples rendent necessaire, et ce que la jurisprudence de tous les temps et de tous les pays a consacré“. S. Fenet, travaux préparatoires du Code civil Bd. XIII, S. 452—491, insbesondere S. 467, 476 ff., 489 ff.

beziehungsweise die Aufstellung einer Rechtsvermuthung sehr häufig die einzige Garantie dafür sei, daß die Entschädigung auch wirklich realisirt werden könne [1]). Immerhin muß es auffallen, daß die Gerechtigkeit der von der Regierung vorgeschlagenen und ohne Widerstand angenommenen Bestimmungen des Art. 1384 so ohne Weiteres als feststehend angesehen wurde und daß die Ausführungen der Vertheidiger des Entwurfs auf keinerlei Widerspruch stießen. Aber diese Erscheinung verliert ihr Auffallendes zum größten Theil durch den Umstand, daß die bei Aufstellung und Begründung des Entwurfs maßgebende Auffassung schon vorher in Frankreich die herrschende war und insbesondere die nach römischem Recht bestehende Verantwortlichkeit für Versehen bei der Auswahl von Dienstboten (für die „culpa in eligendo“ und „in custodiendo“) schon im vorigen Jahrhundert dort in der Weise aufgefaßt wurde, daß ein solches Verschulden zu vermuthen sei, sonach von dem Beschädigten nicht erwiesen zu werden brauche. Soweit bei dem Code civil, der ja bezüglich der meisten Materien nur eine Kodifikation des bestehenden Rechts enthält, das römische Recht thatsächlich seine Geltung behielt, war fast durchweg die Auffassung von Pothier entscheidend. Dieser Schriftsteller sagte aber (Bd. I, Nr. 121), es seien für die Folgen eines Delikts oder Quasidelikts nicht bloß die Personen, welche dasselbe begangen hätten, sondern auch die Väter, Mütter, Vormünder und Lehrer verantwortlich, welche bei der That zugegen gewesen seien, oder welche die Handlung nicht verhindert hätten, obgleich sie hierzu in der Lage gewesen seien. Weiter bemerkte derselbe, die „maîtres“ seien verantwortlich für die Delikte und Quasidelikte der „serviteurs“ und „ouvriers“, welche sie in ihrem Dienst verwendeten und diese Verantwortlichkeit könne auch nicht durch den Nachweis beseitigt werden, daß der „maître“ das Delikt oder Quasidelikt nicht habe verhindern können. Der letztere Satz wurde von Pothier durch die Bemerkung gerechtfertigt: „ce qui a été établi pour rendre les maîtres attentifs, à ne se servir que de bons domestiques“.

2.

Im Einzelnen ist hinsichtlich der Vorschriften der Art. 1382—1384 Code civil und deren Anwendung, soweit es sich um die Haftpflicht von Gewerbetreibenden handelt, Folgendes zu bemerken.

Die Art. 1382 und 1383 kommen hauptsächlich insofern in Betracht, als durch Mängel in der Einrichtung oder im Betriebe einer Eisenbahn, oder eines Bergwerks oder eines beliebigen Gewerbes Jemand beschädigt wird. Es ist hiernach, wenn ein solcher Unfall eintritt und durch irgend ein, wenn auch noch so leichtes Verschulden des Unternehmers verursacht wurde, regelmäßig dessen Verantwortlichkeit begründet. Hierbei bewirkt es keinen Unterschied, ob der Beschädigte eine bei dem Unternehmen angestellte Person oder ein unbetheiligter Dritter ist. Die Gerichte sind gegen den Unternehmer ziemlich streng sowohl bezüglich der Frage des Verschuldens als hinsichtlich der Höhe der Entschädigung und sie sind nach keiner dieser Richtungen durch bindende Vorschriften beengt [2]).

---

[1]) V. Fenet, a. a. O. insbesondere S. 475 und 490.

[2]) Es wird z. B. angenommen, daß der Unternehmer für die Folgen eines Un-

Immerhin ist es, damit die Art. 1382 und 1383 zur Anwendung kommen können, nothwendig, daß dem Betriebsunternehmer ein Verschulden nachgewiesen wird. Eine rechtliche Vermuthung, daß der bei dem Betrieb eines Gewerbes eingetretene Unfall durch das Verschulden des Unternehmers oder eines seiner Leute entstanden sei, besteht bezüglich der Eisenbahnen sowenig als hinsichtlich der Bergwerke, Fabriken u. s. w. Es existirt überhaupt rechtlich ein Unterschied nicht zwischen den besonders gefährlichen Unternehmungen, auf welche sich das deutsche Haftpflichtgesetz bezieht, und den Gewerben, denen eine solche Gefährlichkeit nicht zugeschrieben wird. Der Umstand, daß ein bestimmtes Gewerbe oder eine bei dem Betrieb desselben verwendete Maschine u. s. w. besonders gefährlich ist, begründet für den Unternehmer die Verpflichtung, die nöthigen Vorkehrungen zu treffen, um die Gefahr thunlichst zu vermindern. Thut er dies nicht, so ist er für den dadurch entstandenen Schaden verantwortlich. So werden z. B. die Eisenbahngesellschaften für die Folgen der Unfälle für haftbar erklärt, welche durch mangelhafte Beschaffenheit von Eisenbahnrädern, oder schlechte Einrichtungen der Bahnhöfe entstanden [1]). Kommt der Unternehmer aber dieser Verpflichtung nach, so kann er für einen bestimmten Unfall auch dann nicht verantwortlich gemacht werden, wenn dem Beschädigten selbst ein Verschulden erwiesener Maßen nicht zur Last fällt. Dieser, nicht der Unternehmer, hat den in Folge eines Zufalls oder der allgemeinen Gefährlichkeit des Gewerbebetriebs eingetretenen Schaden zu tragen [2]).

Was die Vorschriften des Art. 1384 anbelangt, so steht nach demselben dem Verschulden des Eigenthümers oder Unternehmers dasjenige von dessen „préposés“ gleich, sofern die Handlung bei Ausübung von solchen Funktionen vorgenommen wurde, „auxquelles ils les ont employés“. Liegt diese Voraussetzung vor, so haftet der „commettant“ für allen Schaden und zwar in erster Linie, nicht bloß subsidiarisch in der Weise, daß die vorherige Ausklagung des „préposé“ erforderlich wäre [3]). Immer wird aber vorausgesetzt, daß das Verschulden des „préposé“ und der ursachliche Zusammenhang zwischen dessen Handlung oder Unterlassung und dem eingetretenen Unfalle nachgewiesen ist. Insbesondere kann eine Entschädigungsklage auf Grund des Art. 1384 nicht erhoben werden, wenn der Unfall in dem eigenen Verschulden des Beschädigten

---

falles haftet, wenn derselbe dadurch entstand, daß der Unternehmer von einem Arbeiter mehr verlangte, als er fordern durfte, daß er die Arbeit, welche die Kraft oder Erfahrung eines Mannes verlangte, einer Frau oder einem Kind übertrug u. s. w.

[1]) V. Urtheile des Pariser Appellhofs und des Kassationshofs vom 27. Nov. 1866 und vom 10. Mai 1870, Journal du Palais J. 1867 S. 1212 und J. 1870, S. 795.

[2]) V. Sourdat, Bd. II, Nr. 912, S. 205 ff.; Larombière, Bd. V, S. 747; ferner die Entscheidung der Appellhöfe von Bourges und Lyon vom 15. Juli 1840 und 19. Juli 1853 (Dalloz Recueil, J. 1841, Bd. II, S. 131 und J. 1853, Bd. II, S. 233); des Appellhofs in Dijon vom 16. März 1865 (Dalloz J. 1865, Bd. II, S. 81); des Kassationshofs vom 19. Juli 1870 und des Appellhofs in Lyon vom 9. Mai 1874 (Sirey Recueil, 1871, Bd. I, S. 9 und 1874, Bd. II, S. 316).

[3]) Die von Frantz in den Jahrbüchern für Nationalökonomie und Statistik (Bd. XIV, S. 60) ausgesprochene Ansicht, nach Art. 1384 trete die Haftbarkeit erst in zweiter Linie ein, wenn der eigentliche Verpflichtete excussus sei, ist ebenso falsch, wie dessen Behauptung, Art. 1384 handle bloß von absichtlich zugefügten Beschädigungen.

oder in einem Zufall seinen Grund hat. Eine Vermuthung des Verschuldens besteht bezüglich der Angestellten oder Arbeiter sowenig wie hinsichtlich des Unternehmens selbst. Nur insoweit ist der Beschädigte von der Beweislast befreit, als er, wenn ein Verschulden des „préposé“ nachgewiesen ist, und er von diesem selbst Schadensersatz verlangen könnte, ein Verschulden des „commettant“ nicht mehr nachzuweisen braucht. In Ansehung dieses Verschuldens steht ihm eine Rechtsvermuthung zur Seite, welche auch nicht durch einen Gegenbeweis des „commettant“ entkräftet werden kann.

Bezüglich der für die Haftbarkeit der Unternehmer sehr wichtigen Frage, wer als „préposé“ im Sinne des Art. 1384 anzusehen ist, besteht in Frankreich nur wenig Streit. Im Hinblick auf die sprachliche Bedeutung des Wortes [1]) und den durch die Entstehungsgeschichte des Artikels [2]) vollständig klaren Zweck desselben ist man darüber einig, daß als „préposés“ nicht bloß solche Personen anzusehen sind, welchen eine höhere Stellung oder ein Aufsichtsrecht bezüglich anderer Angestellten zukommt, sondern daß auch gewöhnliche Arbeiter oder Tagelöhner als „préposés“ gelten müssen. Wesentlich ist nur, daß der „préposé“ von dem „commettant“ mit einer bestimmten Arbeit beauftragt wurde, und daß ein gewisses Abhängigkeitsverhältniß besteht, kraft dessen sich der préposé bei Ausführung der Arbeit in allen Dingen nach den Befehlen des commettant oder der von diesem beauftragten Personen richten muß [3]). Mit Rücksicht auf dieses Abhängigkeitsverhältniß sind als „préposés“ selbständige Gewerbtreibende (Bauunternehmer, Handwerker u. s. w.) nicht zu

[1]) Im Dictionnaire de l'Académie wird bei dem Worte „Préposer“ unter Verweisung auf das gleichbedeutende Wort „commettre“ bemerkt, dasselbe bedeute: „établir quelqu'un avec autorité, avec pouvoir de faire quelque chose, d'en prendre soin“. Bei „Commettre“ heißt es, das Wort werde auch in derselben Bedeutung wie „préposer“ oder „employer“ gebraucht.

[2]) V. auch die Aeußerungen von Pothier, welcher statt von „préposés“ geradezu von „ouvriers“ spricht.

[3]) Sourdat sagt in seinem großen Werk über die Responsabilité (Bd. II Nr. 887: „On entend par préposé la personne, qui tient la place d'une autre dans une gestion commerciale ou une autre analogue; qui, d'ailleurs, ne procède que sous ses ordres, sous la direction et la surveillance du commettant, de telle sorte, que c'est toujours celui-ci qui est censé agir à chaque instant par l'entremise de son préposé“. Er bemerkt weiter, damit das Verhältniß, wie es das Gesetz im Auge habe, vorliege, sei erforderlich: „1. que le préposé ait été volontairement et librement choisi; 2. que le commettant ait le pouvoir de lui donner des instructions, et même des ordres sur la manière d'accomplir les actes qui lui sont confiés“, und sagt, wo diese Voraussetzungen vorlägen, sei die Verantwortlichkeit begründet, wo eine derselben fehle, trete die Haftbarkeit nicht ein.

Larombière sagt (Obl. Bd. V. Nr. 8, S. 744 ff.), das Wort „préposé“ begreife alle diejenigen Personen in sich, welche, ohne domestiques zu sein „avec ou sans salaires sont employés à des soins et travaux intérieurs comme agents, commis, clercs, surveillants, contre-maîtres, journaliers, ouvriers, bateliers et autres subordonnés“ und bemerkt noch, die Stellung charakterisire sich wesentlich „par leur dependance, leur subordination, leur soumission et leur obéissance nécessaire à la direction, à la surveillance et aux ordres du maître ou commettant“. Uebrigens sind die Schriftsteller darüber einig, daß an sich auch die „domestiques“ unter den weiteren Begriff der „préposés“ fallen, und nur als eine besondere Art derselben anzusehen sind. V. Sourdat a. a. O. Nr. 915; Laurent, Bd. XX, Nr. 571, S. 607.

verstehen, welche zwar vertragsmäßig Arbeiten für Andere übernehmen, aber bezüglich der Durchführung derselben unabhängig sind. Für die Thätigkeit solcher Personen ist der Auftraggeber sowenig verantwortlich, wie es der Verpächter für den Pächter ist [1]).

Daß auch der Staat für die Handlungen seiner Beamten haftet, soweit dieselben als préposés anzusehen sind, wird von Schriftstellern und Gerichten übereinstimmend angenommen. Zwischen dem Staatsrath einerseits und den Gerichten einschließlich des Kassationshofs andrerseits bestehen jedoch hinsichtlich einzelner Fragen Meinungsverschiedenheiten [2]).

In Deutschland wird vielfach angenommen, die Frage, ob auch ein einfacher Arbeiter als préposé erscheine, sei zweifelhaft [3]), und es ist auch öfters geltend gemacht worden, es bestehe bezüglich dieses Punktes eine Meinungsverschiedenheit unter den Gerichten. Diese Auffassung beruht aber auf einem Irrthum. Daß ein einfacher Arbeiter nicht als „préposé" angesehen werden könne, ist in Frankreich niemals entschieden worden, sondern es bezog sich die Meinungsverschiedenheit zwischen einigen Appellhöfen und dem Kassationshof, auf welche öfters Bezug genommen wird, auf eine ganz andere Frage. Am 29. Dez. 1836 wurde vom Appellhof in Lyon und am 26. Jan. 1839 vom Appellhof in Toulouse (Sirey Recueil 1838, Bd. II, S. 70 und 1839, Bd. II, S. 432) entschieden, daß der Dienstherr oder „commettant" für den Schaden nicht hafte, welcher einem „ouvrier" oder einem gemeinschaftlich mit einem domestique gegen Salair arbeitenden Dritten durch die Schuld eines Arbeiters oder Dienstboten zugestoßen sei. Das Urtheil des Appellhofs in Toulouse wurde sodann vom Kassationshof am 28. Juni 1841 (Sirey Recueil, J. 1841, Bd. I, S. 476) vernichtet. Aber in diesen Fällen handelte es sich nicht um die Frage, ob ein einfacher Arbeiter „préposé" im Sinn des Art. 1384 sei, sondern es wurde die Verantwortlichkeit lediglich deshalb abgelehnt, weil der Arbeiter, der in einem bestimmten Geschäft arbeite, damit das Risiko für die Gefahren übernehme, welche die gemeinsame Thätigkeit mit anderen Arbeitern zur Folge habe und weil er für dieses Risiko durch den besonderen Arbeitslohn des besonderen Gewerbes gedeckt sei. Auch die von den erwähnten Appellhöfen aufgestellte Ansicht, nach welcher die in einem gewerblichen Unternehmen angestellten Personen schlechter als dritte Personen stehen sollen, wird übrigens heute in Frankreich von allen Seiten

---

[1]) Larombière will zwar auch solche Personen als préposés betrachten, welche ein selbständiges Gewerbe betreiben. Aber er steht mit dieser Ansicht ganz allein. V. Sourdat, Bd. II, Nr. 890; Laurent, Bd. XX, S. 588 ff.; Entscheid. des Kassationshofs vom 20. Aug. 1847, Dalloz Recueil J. 1847, Bd. IV, S. 421. Wenn der Bau einer Eisenbahn einem selbständigen Bauunternehmer übertragen wurde, ist dieser nicht als préposé anzusehen; er kann aber ein solcher dadurch werden, daß sich die Eisenbahngesellschaft die oberste Leitung aller Arbeiten vorbehält, und er sonach allen Anordnungen der Gesellschaft oder den von derselben aufgestellten Technikern zu folgen hat. V. Urtheil des Kassationshofs vom 17. Mai 1865, Dalloz Recueil J. 1865, Bd. I, S. 372.

[2]) V. hiezu Laurent, Bd. XX, Nr. 590, S. 630 ff.; Sourdat, Bd. II, Nr. 1034 ff.

[3]) V. z. B. Achenbach, französ. Bergrecht (S. 295), ferner dessen Abhandlung über die Haftpflicht der Bergwerksbetreiber in der Zeitschrift für Bergrecht J. IX, S. 108.

als unrichtig anerkannt. Seitdem der Kassationshof sich im Jahr 1841 für die entgegengesetzte Ansicht ausgesprochen hat, wurde es niemals mehr in Zweifel gezogen, daß Art. 1384 auch dann Anwendung findet, wenn der Kläger ein durch die Schuld eines Mitarbeiters beschädigter Arbeiter ist. Wohl aber hat der Appellhof von Paris am 24. Nov. 1842 in demselben Sinne wie der Kassationshof entschieden und wird dessen Entscheidung von allen Schriftstellern gebilligt [1]). Auch liegt um so weniger Grund vor, die Richtigkeit der Entscheidung des Kassationshofs zu bezweifeln, da das Gesetz einen Unterschied zwischen beschädigten Arbeitern und Dritten nicht macht, und der Grund desselben in dem einem wie in dem anderen Falle zutrifft, die Bezahlung eines Salairs an den Beschädigten den Unternehmer aber von der ihm durch das Gesetz auferlegten Verantwortlichkeit nicht befreien kann. Es ist somit nach französischem Recht heute ebenso als unbestritten anzusehen, daß der commettant nach Art. 1384 beschädigten Arbeitern in gleicher Weise haftet, wie Dritten, wie es feststeht, daß auch der einfache Fabrikarbeiter, Bergmann u. s. w. als „préposé" im Sinne des genannten Artikels anzusehen ist.

II.

Die Vergleichung der Rechtszustände, welche unter der Herrschaft des französischen Rechts und der des deutschen Haftpflichtgesetzes bestehen, ergiebt in vielen Beziehungen eine Uebereinstimmung. In Frankreich wie in Deutschland sind alle diejenigen zur Klage berechtigt, welche durch die Tödtung oder Verletzung einer Person Schaden erlitten haben, und in beiden Ländern steht den Gerichten das Recht zu, die Frage, ob ein Beweis geführt ist, frei zu würdigen und ebenso die Höhe der Entschädigung nach freiem Ermessen festzusetzen. Die §§ 6 und 7 des deutschen Haftpflichtgesetzes enthalten in dieser Richtung nur, was in den Ländern des französischen Rechts schon seit langer Zeit in Geltung war und § 259 der deutschen Civilprozeßordnung, durch den die Vorschrift des § 6 des Haftpflichtgesetzes ersetzt worden ist, während § 7 dieses Gesetzes (nach § 13 des Einführungsgesetzes zur Civilprozeßordnung) in Kraft bleibt, stimmt ebenfalls mit dem französischen Recht überein. Auch nach diesem sind, soweit es sich um Delikte oder Quasidelikte handelt, alle Beweismittel zulässig. Eine prozessualische Verschiedenheit besteht nur noch in sofern, als nach der französischen Gerichtspraxis die Entscheidungen der Strafgerichte soweit dieselben eine Verurtheilung enthalten, für den Civilrichter bindend sind, während das Einführungsgesetz zur deutschen Civilprozeßordnung (§ 14, Nr. 1) auch in dieser Richtung das Recht des erkennenden Richters auf freie Beweiswürdigung wahrt.

Bezüglich der Art und Weise, in welcher der Schadensersatz zu gewähren ist, enthält die französische Gesetzgebung keine besonderen Vorschriften. Aber es gelten in der Praxis im Allgemeinen dieselben Grundsätze wie sie das deutsche Haftpflichtgesetz in den §§ 3 und 7 aufstellt. Eine Vorschrift, nach welcher als Ersatz für künftigen Unterhalt oder Erwerb in der Regel eine Rente zu-

[1]) V. Larombière, Bd. V, S. 747; Laurent, Bd. XX, Nr. 58, S. 625; Sourdat, Bd. II, Nr. 911, S. 204, 205.

zubilligen ist (§ 7 des Haftpflichtgesetzes), besteht in Frankreich nicht. Auch wird die Entschädigung in den meisten Fällen in der Form eines Kapitals gewährt.

Eine Bestimmung wie die des § 4 des deutschen Haftpflichtgesetzes, nach welcher die Leistung einer Versicherungsgesellschaft, Knappschaftskasse u. s. w. auf die Entschädigung einzurechnen ist, wenn die Versicherung unter Mitleistung von Prämien oder anderen Beiträgen durch den Betriebsunternehmer erfolgte und diese Mitleistung nicht unter einem Drittel der Gesammtleistung beträgt, kennt das französische Recht nicht [1]). Auch besteht eine Verschiedenheit hinsichtlich der Verjährung, indem der Code civil eine besondere Verjährungsfrist für die in Frage stehenden Entschädigungsklagen nicht bestimmt hat, sonach die Verjährung, welche nach § 8 des deutschen Haftpflichtgesetzes nach Ablauf von zwei Jahren vom Tage des Unfalls oder unter besonderen Umständen vom Todestage des Verletzten an gerechnet eintritt, in der Regel erst nach Ablauf von 30 Jahren geltend gemacht werden kann. Wenn eine strafbare Handlung in Frage steht, tritt jedoch in Frankreich die Verjährung der Civilklage auf Schadensersatz nach Art. 637, 638, 640 des Code d'instruction criminelle in demselben Zeitpunkte ein, in welchem die Befugniß zur strafrechtlichen Verfolgung durch Verjährung erloschen ist.

Mehrfache und wichtige Verschiedenheiten ergeben sich daraus, daß das französische Recht für alle Arten von Unfällen auf die allgemeinen Vorschriften über die Verpflichtung zum Schadensersatz wegen Delikt oder Quasidelikt verweist, während das deutsche Haftpflichtgesetz sich nur auf solche gewerbliche Unternehmungen erstreckt, welchen der Gesetzgeber eine besondere Gefährlichkeit beimaß, und auch hinsichtlich dieser Unternehmungen wieder zwischen den Eisenbahnen und zwischen Bergwerken, Steinbrüchen und Fabriken unterschieden wird. Vergleicht man den allgemeinen Rechtszustand in Frankreich, so ergiebt sich, daß die französische Gesetzgebung im Allgemeinen für die Beschädigten günstiger ist, als das in Deutschland sonst geltende Recht, und nur bezüglich der Eisenbahnen das deutsche Haftpflichtgesetz noch strenger ist, als es die Bestimmungen des französischen Rechts sind.

1. Soweit es sich um Beschädigungen handelt, hinsichtlich deren das Haftpflichtgesetz überhaupt nicht maßgebend ist, vielmehr die Grundsätze des allgemeinen bürgerlichen Rechts entscheiden, folgt ein wesentlicher Unterschied zwischen dem Rechtszustand in Frankreich und den Ländern des rheinischen Rechts und denjenigen, der im übrigen Deutschland besteht, daraus, daß keine andere Gesetzgebung bezüglich der Haftbarkeit der Gewerbtreibenden für ihre Gehülfen oder Arbeiter soweit geht, als der Code civil. Wenn auch bezüglich dieser Verantwortlichkeit im Einzelnen Streit besteht, so gilt doch im Großen und Ganzen im deutschen Recht der Grundsatz, daß soweit der gewerbliche Unternehmer überhaupt für die Fehler seiner Gehülfen oder Bediensteten verantwortlich gemacht werden kann, ihm ein Verschulden (culpa in eligendo oder in custodiendo) nachgewiesen werden muß. Die Beweislast trifft also hier den Beschädigten, während dieser nach französischem

---

[1]) Merkwürdiger Weise wird die Vorschrift des § 4 des Haftpflichtgesetzes welche in Deutschland auf das Schärfste getadelt wird (Endemann in der Vierteljahrschrift für Volkswirthschaft, Bd. 37, S. 56; Roscher, Zur Kritik der neuesten wirthschaftlichen Entwicklung im Deutschen Reiche, S. 337 ff.), von einem belgischen Advokaten zur Einführung in Belgien empfohlen (Marmol in der Zeitschrift für Bergrecht, J. 19, S. 376).

Recht nur die Beschädigung durch den „préposé“ und dessen Verschulden zu beweisen hat.

2. Hinsichtlich der Gewerbe, welche unter § 2 des Haftpflichtgesetzes fallen, gilt im Allgemeinen in Deutschland derselbe Grundsatz, welcher dem Art. 1384 Code civil zu Grunde liegt. Es haftet der Unternehmer „wenn ein Bevollmächtigter oder eine zur Leitung oder Beaufsichtigung des Betriebs oder der Arbeiter angenommene Person durch ein Verschulden in Ausführung der Dienstverrichtungen den Tod oder die Körperverletzung eines Menschen herbeigeführt hat“ für den dadurch entstandenen Schaden. Aber es besteht ein wesentlicher Unterschied, der namentlich für Fabriken und Bergwerke von Bedeutung ist, insofern, als zu den in § 2 des Haftpflichtgesetzes aufgezählten Personen einfache Arbeiter nicht gehören, während solche, wie oben ausgeführt wurde, nach dem Code civil als „préposés“ anzusehen sind. Wer durch das Verschulden eines einfachen Arbeiters beschädigt wird, kann sich daher in Deutschland nur in den Ländern des rheinischen Rechts an den Unternehmer halten. Insbesondere sind Bergwerksbesitzer, wenn durch die Schuld eines Bergmannes eine Explosion oder ein sonstiger Unfall eintritt, für den dadurch entstandenen Schaden nicht verantwortlich.

3. In Ansehung der Eisenbahnen ist das deutsche Haftpflichtgesetz gleich dem § 25 des preußischen Eisenbahngesetzes vom 3. November 1838, dem § 1 des Gesetzes nachgebildet ist, wesentlich strenger, d. h. für die Eisenbahnen ungünstiger, als die französische Gesetzgebung.

Nach dem deutschen Gesetz ist der Betriebsunternehmer nur dann von der Verantwortlichkeit befreit, wenn feststeht, daß der Unfall durch höhere Gewalt oder eigenes Verschulden des Getödteten, Verletzten verursacht ist. Wenn aber höhere Gewalt nicht vorliegt, tritt die Verantwortlichkeit ein und höhere Gewalt ist mehr als bloßer Zufall. Sie kann auch dann fehlen, sofern der Unfall durch die Thätigkeit Dritter veranlaßt wurde, wenn es nur möglich war, den Unfall durch geeignete Mittel zu verhüten. Abgesehen davon, daß nach französischem Recht auch die Eisenbahngesellschaft nicht für bloßen Zufall haftet, sondern das Verschulden irgend eines préposé nachgewiesen werden muß, besteht ein wichtiger Unterschied bezüglich der Beweislast. Nach französischem Recht hat der Kläger die Voraussetzungen zu erweisen, welche die Anwendung der Art. 1382—1384 begründen. Nach dem deutschen Haftpflichtgesetz muß die Eisenbahn den erwähnten Entlastungsbeweis führen, widrigenfalls sie verurtheilt wird. In den Fällen, in denen die Ursache des Unfalls oder ein Verschulden absolut nicht festgestellt werden kann, bleibt es also nach dem Haftpflichtgesetz bei der auf dem Gesetz beruhenden Haftbarkeit, während nach der französischen Gesetzgebung die Klage abgewiesen werden muß.

III.

Die Bewegung, welche in neuester Zeit bezüglich der Frage der Haftpflicht in Deutschland stattfindet, ist durchweg auf eine Erweiterung der Verantwortlichkeit, welche das Haftpflichtgesetz den Betriebsunternehmungen auferlegt, nirgends auf eine Beschränkung derselben gerichtet. Die dabei verfolgten Ziele sind aber verschieden. Theilweise werden Zustände erstrebt, welche mit den im Gebiete des französischen Rechts bestehenden im Wesentlichen übereinstimmen. Zum großen Theil liegen die Ziele, auf welche hingearbeitet wird, noch über den Standpunkt hinaus, der in der französischen Gesetzgebung bisher festgehalten wurde.

Soweit es sich darum handelt, dem im Art. 1384 Code civil enthaltenen Grundsatz in Deutschland (durch Aufnahme in das bürgerliche Gesetzbuch) allgemeine Geltung zu verschaffen, oder die Vorschrift des § 2 des Haftpflichtgesetzes auf alle gewerbliche Unternehmungen oder doch auf solche Gewerbe auszudehnen, bei welchen erfahrungsgemäß viele Unfälle vorkommen, handelt es sich um Bestrebungen, welche, wenn sie von Erfolg gekrönt wären, in Deutschland allgemein oder wenigstens bezüglich der Haftpflicht von Gewerbtreibenden, Fabrikanten u. s. w. den nämlichen Rechtszustand herbeiführen würden, der unter der Herrschaft der französischen Gesetzgebung besteht. Noch vollkommener würde die Uebereinstimmung, wenn gleichzeitig die Betriebsunternehmer auch für solche Tödtungen und Körperverletzungen verantwortlich gemacht würden, welche durch ein Verschulden gewöhnlicher Arbeiter verursacht werden.

Dagegen würde die Verwirklichung des Vorschlags, nach welchem die Bestimmung des § 1 des Haftpflichtgesetzes nicht bloß für Eisenbahnen gelten, sondern auch auf andere gewerbliche Unternehmungen, insbesondere auf Unfälle in Bergwerken ausgedehnt werden soll, gerade derjenigen Vorschrift des deutschen Haftpflichtgesetzes eine größere Wirksamkeit verschaffen, welche schärfer ist, als die Bestimmungen des Code civil.

Auf die Gründe, welche für und gegen den im Art. 1384 des Code civil aufgestellten Grundsatz sprechen, näher einzugehen, ist hier nicht der Platz. Aber es darf wohl darauf hingewiesen werden, daß die Erfahrungen in den Ländern, in welchen der Code civil gilt, wohl für das strengere System desselben angerufen werden können. Während in Deutschland vielfach noch heute Unzufriedenheit über mangelhafte Sicherstellung der durch Unfälle Betroffenen besteht und für die Einführung einer dem Art. 1384 entsprechenden Vorschrift agitirt wird, hat sich in Frankreich und den übrigen Ländern, in welchen der Code civil gilt, kaum irgendwo Unzufriedenheit mit der Vorschrift dieses Artikels oder das Bestreben nach Beseitigung oder Beschränkung des in demselben enthaltenen Grundsatzes gezeigt. Auch hat man in Italien die Bestimmungen des Art. 1384 unverändert in dem Codice civile (Art. 1153) aufgenommen. Daß durch diese Haftbarkeit in einzelnen Fällen Härten entstehen können, weil in denselben die thatsächlichen Voraussetzungen, von denen der Gesetzgeber ausgeht, nicht vorliegen, muß ohne Weiteres zugegeben werden. Aber in der großen Mehrzahl der Fälle, in welchen Art. 1384 zur Anwendung kommt, treffen die Voraussetzungen zu und ohne eine derartige Bestimmung kann der Beschädigte, obgleich in den meisten Fällen ein Verschulden vorliegt, fast nie zu seinem Recht gelangen. Ein Verschulden wie die culpa in eligendo sive custodiendo läßt sich eben sehr schwer nachweisen. Will man die Aufstellung von Rechtsvermuthungen, die von dem Beweise befreien, bezüglich derartiger Fälle nicht zulassen, so wird man solche überhaupt schwer rechtfertigen können, denn daß eine Rechtsvermuthung in jedem einzelnen Falle den thatsächlichen Verhältnissen entspricht, kommt überhaupt nicht vor. Man könnte deshalb von diesem Gesichtspunkte aus höchstens verlangen, daß auch der Betriebsunternehmer zu dem Beweise zugelassen werde, daß ihn ein Verschulden nach keiner Richtung hin treffe.

Soweit es sich um die Verantwortlichkeit für solche Unfälle, welche durch den Betrieb eines Gewerbes verursacht wurden und insbesondere um die Haftbarkeit der Betriebsunternehmer für Verschulden ihrer Gewerbsgehülfen und Arbeiter handelt, kommen übrigens heute Gesichtspunkte in Betracht, welche bei der Aufstellung des Code civil noch gar nicht oder doch nur in geringem Maaße berücksichtigt werden konnten und welche nur, soweit Beschädigungen durch den Betrieb gewerblicher Unternehmungen in Frage stehen, zutreffen. Durch die größere Ausdehnung der Industrie und die besonderen Gefahren, welche der Gebrauch von Maschinen, insbesondere die Benützung der Dampfkraft mit sich führt, haben sich die Unfälle sehr vermehrt und den Charakter der Regelmäßigkeit erlangt. In hervorragender Weise werden durch diese Gefahren die in den einzelnen Gewerben und Fabriken beschäftigten Arbeiter betroffen. Auch können dieselben durch einen höheren Lohn keineswegs, wie man oft behauptet hat, für die übernommene Gefahr entschädigt oder in die Lage versetzt werden, den dem beschädigten Arbeiter oder der Familie des Getödteten entgangenen Erwerb zu entbehren. Die Beschädigten, beziehungsweise deren Familien, einfach auf die öffentliche Armenpflege zu verweisen, kann offenbar als eine befriedigende Lösung nicht angesehen werden. Deshalb liegt es nahe, daß man die Entschädigungspflicht für solche Unfälle, welche bei dem Betrieb gewerblicher Unternehmungen entstehen, als eine Last des Geschäfts ansieht, welches, wenn es überhaupt bestehen kann, in der Lage sein muß, die dadurch möglicher Weise entstehenden Ausgaben zu tragen. Dieser Gedanke ist denn auch in jüngster Zeit häufig ausgesprochen und ist mehrfach der Versuch gemacht worden, dadurch eine neue Grundlage für die Entschädigungspflicht der gewerblichen Unternehmer zu gewinnen[1]. Daß eine auf dieser Grundlage aufgebaute Gesetzgebung viele Vortheile haben würde, bedarf keines Beweises. Auch wird wohl zugegeben werden, daß die Durchführnng einfacher und leichter ist als bei dem von anderer Seite empfohlenen System der Versicherung gegen Unfälle durch die Arbeiter selbst. Daß diese in allgemeiner Weise dazu gebracht werden, sich freiwillig gegen Unfälle zu versichern, ist überhaupt nicht, jedenfalls nicht in der nächsten Zeit zu erwarten, und das System der Zwangsversicherung hat vielerlei Bedenken gegen sich. Allerdings wurde gegen die Ueberwälzung der ganzen Entschädigungslast auf die Betriebsunternehmer mit Grund geltend gemacht, daß diese vielfach, insbesondere soweit es sich um Bergwerke handelt, das Risiko nicht tragen könnten, und durch eine derartige Vorschrift die Entstehung neuer Unternehmungen wesentlich erschwert werde.

[1] Die in Frage stehende Begründung wurde von Professor Dernburg bei den Verhandlungen des volkswirthschaftlichen Kongresses (Vierteljahrschrift für Volkswirthschaft, Bd. 28, S. 259 ff.) ausführlich vorgetragen und hat seitdem vielfach Anerkennung gefunden. V. z. B. Endemann in der Vierteljahrschrift, Bd. 35, S. 33 ff. insbesondere S. 43 und Frühauf im Arbeiterfreund J. 10, S. 350 ff. Auch bei den Reichstagsverhandlungen bezüglich des Haftpflichtgesetzes wurde von verschiedenen Rednern, namentlich von Becker-Dortmund, Bethusy-Huc, Duncker und Lasker darauf verwiesen, daß die Unternehmer, welche den Gewinn aus der Thätigkeit ihrer Untergebenen zögen, auch den durch deren Verschulden entstandenen Schaden tragen müßten. V. Verhandl. v. 1871, Bd. I, S. 210, 213, 215, 217.

Aber dieses Bedenken hat den größten Theil seiner Bedeutung verloren, seitdem unter dem Einfluß des Haftpflichtgesetzes das Unfallversicherungswesen einen so großen Aufschwung genommen hat. Auf Grund der gemachten Erfahrungen kann wohl angenommen werden, daß es den größeren Unternehmungen nicht schwer fallen wird, die Kosten zu tragen, welche die Versicherung der sämmtlichen Arbeiter gegen die in Betrieb des Geschäfts vorkommenden Unfälle erfordert[1]). Zu diesen Erfahrungen kommt die weitere, daß in den Ländern des französischen Rechts diejenigen Gewerbtreibenden, welche nicht unter der Herrschaft des Haftpflichtgesetzes stehen, anfangen, sich gegen die Unfälle zu versichern, für welche sie nach Art 1382 — 1384 Code civil verantwortlich gemacht werden können. So haben in der neuesten Zeit in der bayrischen Pfalz in einigen Bezirken die Gewerbvereine die Versicherung gegen Unfälle in die Hand genommen, indem sie mit den einzelnen Versicherungsgesellschaften Namens ihrer Mitglieder verhandelten und die Versicherung zu ganz niedrigen Prämien vermittelten. Auch ist wohl zu erwarten, daß bei einer Ausdehnung des § 2 des Haftpflichtgesetzes auf alle Gewerbe und einer Erweiterung der Verantwortlichkeit im Sinne der Haftbarkeit für die Versehen gewöhnlicher Arbeiter auch diejenigen Gewerbtreibenden, welche nicht Fabrikanten sind, aber eine größere Zahl von Arbeitern halten, welche bei dem Betriebe des Gewerbes verunglücken können, von der Unfallsversicherung Gebrauch machen werden. Bei dieser Sachlage empfiehlt es sich, die Vorschrift des § 2 derart zu erweitern, daß sie dieselbe Tragweite erlangt, wie sie der Bestimmung des Art. 1384 Code civil über die Haftbarkeit der „maîtres et commettans“ zukommt. Durch eine derartige Erweiterung würde nicht bloß den Vorschriften des Haftpflichtgesetzes ein mehr einheitlicher Charakter verschafft, dessen Mangel mehrfach, insbesondere von Endemann gerügt wurde[2]), sondern es würde auch, was die Hauptsache ist, der Ungleichheit ein Ende gemacht, welche nach dem Haftpflichtgesetz hinsichtlich der verschiedenen Gewerbe besteht, und welche, wie die Statistik lehrt, durch die angebliche Verschiedenheit bezüglich der Gefährlichkeit der Gewerbe keineswegs gerechtfertigt wird[3]).

Bezüglich der Frage, ob es nicht als geboten erscheint, die Vorschrift des § 1 des Haftpflichtgesetzes noch auf andere Unternehmungen außer den Eisenbahnen auszudehnen, bietet die französische Gesetzgebung und Praxis keine besonderen Anhaltspunkte, da Klagen über die Unmöglichkeit oder allzu große Schwierigkeit, bei Eisenbahnunfällen Entschädigung zu erlangen, in Frankreich nicht bekannt geworden sind, und bei der Strenge, mit welcher die Gerichte verfahren, auch kaum begründet sein würden. Da aber in Deutschland Niemand daran denkt, die

---

[1]) V. hiezu Roscher: Zur Kritik der neuesten wirthschaftlichen Entwicklung, S. 329 ff., insbes. S. 330, 334, 335.

[2]) V. Vierteljahrschrift für Volkswirthschaft, Bd. 35, S. 33 ff., insbes. S. 38, 71 und 79.

[3]) V. hiezu: Roscher, Zur Kritik der neuesten wirthschaftlichen Entwicklung, S. 329 ff., insbes. S. 343 und Frühauf im Arbeiterfreund, J. 10, S. 350 ff., insbesondere S. 355. Letzterer hebt hervor, daß nach den Ergebnissen der Statistik mehr als die Hälfte der in Deutschland vorkommenden Unfälle auf diejenigen Gewerbe treffe, auf welche das Haftpflichtgesetz keine Anwendung findet, und daß eine Menge derartiger Unfälle in ähnlichen Ursachen ihren Grund hat, wie die Unfälle bei dem Eisenbahnbetrieb.

Vorschrift des § 1 des Haftpflichtgesetzes zu beseitigen und die obigen Erwägungen dazu führen, die Verpflichtung zur Entschädigung, soweit nicht höhere Gewalt oder eigenes Verschulden des Beschädigten bewiesen ist, in ausgedehnterer Weise dem Betriebsunternehmer aufzuerlegen, der sie auf die Unfallsversicherungsgesellschaft abwälzen kann, verdient die Frage jedenfalls eine eingehende Prüfung. Eine Ausdehnung der Vorschrift des § 1 auf alle Gewerbe wird allerdings kaum gerechtfertigt sein. Besonders ist eine solche nicht wohl ausführbar, soweit es sich um die Ansprüche von Dritten handelt. Aber es ist unter allen Umständen zu erwägen ob nicht dieselben Gründe, welche zur strengeren Behandlung der Eisenbahnen führten, auch bei anderen Unternehmungen, namentlich bei Bergwerken zutreffen. Bei letzteren ist es in der Regel sehr schwer, die Ursache des Unfalls zu ermitteln; der Bergmann wird also, auch wenn die Haftbarkeit für das Verschulden der Bergleute angenommen wird, sofern ihm die Beweislast zufällt, fast nie in der Lage sein, den ihm auferlegten Beweis zu führen und so eine Entschädigung zu erlangen[1].

---

[1]) V. hiezu die Ausführungen des Oberbergraths Ulrich in den Reichstagsverhandlungen vom Jahr 1871, Bd. I, S. 469—473 und 582, der die Gleichstellung der Bergwerke mit den Eisenbahnen lebhaft befürwortete und bemerkte, wenn sein Antrag keine Annahme finde, werde das Gesetz für den Bergbau ein todter Buchstabe bleiben.

VI.

Die Haftpflichtfrage nach dem in der Schweiz geltenden Rechte.

Von Prof. F. v. Wyß in Basel.

§ 1. Aufgabe und Gang des Referates.

Die vom Verein für Sozialpolitik gestellte Frage nach der über Haftpflicht geltenden Gesetzgebung verstehen wir kurz dahin: es sollen diejenigen positiven Rechtssätze dargestellt werden, welche, in Abweichung von den Grundsätzen des gemeinen Rechtes, mit den ökonomischen Folgen eines den Körper oder das Vermögen schädigenden Ereignisses eine Drittperson belasten, d. h. Jemanden, der weder selbst Träger des beschädigten Gutes noch erwiesener Urheber der Schädigung ist. Sätze also, welche die Schranke der gemeinrechtlichen Regeln casum sentit dominus und casus a nullo praestantur, bezw. der actio legis Aquiliae positiv überschreiten.

Das vorgelegte Fragenschema läßt überdies schließen, daß nicht alle die Haftpflicht eines Dritten statuirenden Rechtssätze berührt werden sollen, sondern nur diejenigen, welche mit Rücksicht auf gewerbliche Verhältnisse, insbesondere zum Schutze gegen die eigenthümlichen Gefahren des Betriebes gewisser Gewerbszweige, eine greifbare Drittperson zum Schadensersatze heranziehen. Außer Betracht fallen demnach solche Responsabilitäten, welche in familienrechtlichen Beziehungen oder in der Stellung des Staates und der Gemeinden (soweit sie nicht selbst Gewerbe betreiben) zu ihren öffentlichen Beamten und Angestellten den besonderen Grund haben.

Um der so präcisirten Aufgabe bezüglich des in der Schweiz geltenden Rechtes zu genügen, ist es nothwendig, gemäß dem allgemeinen Stande der vorhandenen Rechtsquellen folgenden Gang einzuschlagen, der übrigens von selbst zu den einzelnen Punkten des Fragenschemas führen wird.

Es muß auseinandergehalten werden einerseits das allgemeine Civilrecht, speziell Obligationenrecht, welches zur Stunde noch Partikularrecht der einzelnen Kantone ist —, andrerseits die Spezialgesetzgebung über den Betrieb der in Frage stehenden Gewerbe, welche besonders seit der heute geltenden Bundesverfassung vom 29. Mai 1874 großentheils in die Kompetenz des Bundes übergegangen ist. Auf der partikularrechtlich (kantonal) bestimmten Grundlage des allgemeinen Civilrechtes hebt sich mithin ab das für unsere Frage zur Zeit bedeutsamere gemein eidgenössische Spezialrecht des Bundes.

I. Die einschlagenden Satzungen des allgemeinen Civilrechtes.

§ 2. Quellenübersicht.

Die Quellen sind, sagen wir, zur Stunde noch ausschließlich partikuläre, i. e. kantonale. Weder steht im Momente, da wir schreiben, das projektirte gemein eidgenössische Obligationen- und Handelsrecht schon in Kraft, noch ist das gemeine deutsche Recht als positive (subsidiäre) Rechtsquelle recipirt[1]).

Das kantonale Civilrecht, speziell Obligationenrecht, ist in 13 Kantonen systematisch kodifizirt. Nach Form und Inhalt ihrer Kodifikation zerfallen diese Kantone in drei Gruppen: 1) diejenigen die vom französischen code civil entweder unmittelbar regiert werden oder denselben bei ihrer eigenen Gesetzgebung in mehr oder weniger freier Weise nachgebildet haben. Es sind dies naturgemäß die romanischen Kantone der West- und Südschweiz. — 2) diejenigen Kantone, die in ähnlicher Weise das österreichische bürgerliche Gesetzbuch benutzt haben: die älteren Kodifikationen der deutschen Schweiz. — 3) der Kanton Zürich mit einer wesentlich selbständigen Kodifikation, die von einigen anderen Kantonen der Ostschweiz nachgebildet worden ist.

Die übrigen 9 Kantone entbehren einer einheitlichen und abgeschlossenen Kodifikation des Civilrechtes, namentlich des Obligationenrechtes. Ihre obligationenrechtliche Praxis wird, ohne daß eine formelle Reception des gemeinen Rechtes stattgefunden, indirekt von den Grundsätzen desselben beherrscht.

Zum Schlusse mag auf den bereits völlig ausgearbeiteten Entwurf eines gemein eidgenösischen Obligationenrechtes ein Blick geworfen werden.

§ 3. Die Kodifikationen der romanischen Schweiz.

Unmittelbar gilt der französische code civil und code de commerce, seit der im Jahre 1814 gelösten Vereinigung mit Frankreich, in Genf, sowie in dem 1815 zum Kanton Bern geschlagenen ehemals bischöflich-basel'schen Juragebiete (sogen. neuer Kantonstheil). — Waadt (code civil v. 1821), Freiburg (code civil v. 1836—50), Neuenburg (c. c. v. 1854/5), Wallis (c. c. v. 1855), Tessin (codice civile v. 1838) lehnen sich insofern an den französischen c. c., als die formelle Technik und Oekonomie des Ganzen, sowie der Stoff der abstrakteren weniger lokal gefärbten Rechtsmaterien, mithin namentlich des Obligationenrechtes, mehr oder weniger genau dem Muster entnommen sind. Daraus ergiebt sich daß die 6 genannten Kodifikationen hinsichtlich der Grundsätze über Haftpflicht ziemlich genau übereinstimmen. Denn diese Materie wird ihrer Natur nach nicht von festgewurzelter lokaler Rechtsanschauung, sondern theils von Rücksichten allgemeiner Geltung, theils von mehr oder weniger arbiträren Eingriffen des Gesetzgebers bestimmt.

---

[1]) Mit einziger Ausnahme von Baselstadt. S. unten § 6.

Bekanntlich macht der französische code civil bei seinen Bestimmungen über die civile Verantwortlichkeit für entstandenen Schaden keinen Unterschied zwischen kontraktlicher und außerkontraktlicher Verpflichtung. Er statuirt vielmehr unter der Rubrik „des délits et des quasi-délits“ in den Art. 1382—86 eine Haftpflicht, welche gleicherweise denjenigen trifft der dem Beschädigten kontraktlich verbunden ist, wie denjenigen welcher erst durch diese Haftpflicht in ein obligatorisches Verhältniß zu demselben tritt. Beide haften für allen Schaden, den sie entweder selbst gestiftet — und zwar durch Verschulden im weitesten Sinne (Art. 1382 und 1383) — oder der von Personen, Thieren oder leblosen Sachen verursacht worden ist, für die das Gesetz sie verantwortlich erklärt (Art. 1384—1386).

Es ist nicht Aufgabe dieses Berichtes hervorzuheben, wie entschieden namentlich die Bestimmung des Abs. 3 von Art. 1384 über die unbedingte, durch keinen Gegenbeweis persönlicher Sorgfalt abzuwehrende Verantwortlichkeit der „maîtres et commettans“ für den bei Ausübung der anvertrauten Funktionen von ihren „domestiques et préposés“ gestifteten Schaden die positiven Schranken des römischen Rechtes durchbrochen und einer Praxis den Weg geöffnet hat, welche den Postulaten des modernen Verkehrs- und Gewerbelebens in ausgiebiger Weise gerecht wird. Da die Praxis unter maîtres et commettans bekanntlich auch Gewerbe treibende Gesellschaften und juristische Personen begreift und die Gerichte (im Anschluß an die Art. 1147 ff. u. 1382 ff.) theils bei Würdigung der Schuldfrage und Aestimation des Schadens außerordentlich frei verfahren, theils der Umgehung der Gesetzesvorschrift durch mildernde Vertragsbestimmungen (Reglemente u. s. w.) energisch entgegentreten, so hat sich ein Bedürfniß nach Ausnahmegesetzen nicht gezeigt. Es sind diesfalls, abgesehen von dem gemeinrechtlichen receptum cauponum (Art. 1953), bloß zu erwähnen die Vorschriften des code de commerce betreff. die besonders strenge Haft des commissionaire de transport (Art. 97 ff.) und des voiturier (Art. 103), wovon unten in § 9.

Die codes von Freiburg (Art. 1358—63) und Neuenburg (Art. 1130—34) kopiren die Art. 1382—86 des französischen code, soweit deren Inhalt für uns in Betracht kommt, wörtlich. — Waadt (Art. 1037—41) verschärft die Vorschrift des französischen Art. 1384 dadurch, daß es in seinem Art. 1039 den Schlußsatz des Musters gestrichen hat, zufolge welchem Eltern, Erzieher und Lehrherrn sich durch den Nachweis, daß sie persönlich zur Abwehr des Schadens das Mögliche gethan, von ihrer Haftpflicht befreien können. — Wallis (Art. 1261 ff.) andrerseits erleichtert die Haftpflicht, indem es für Erzieher und Lehrherrn (instituteurs et artisans) eine besondere Verantwortlichkeit nicht ausspricht und jenen befreienden Nachweis nicht nur den Eltern, sondern auch den Dienstherrn und Arbeitgebern (maîtres et commettans) gestattet (Art. 123, 6). — Tessin endlich, dessen codice sich unter den Kodifikationen der romanischen Schweiz vom französischen code auch sonst am weitesten entfernt, begnügt sich in Art. 1094 und 1095 mit der Uebersetzung von Art. 1382 und 1384 Abs. 1 des letzteren. Demnach besteht Haftpflicht sowol für eigenes Verschulden (im weitesten Sinne) als für Schaden welcher angerichtet wird durch Personen für die man verantwortlich ist (delle quali deve essere garante) oder durch Sachen die man unter seiner Obhut hat (delle cose che ha in propria custodia). Näher definirt werden weder jene Personen noch diese Sachen, so daß dem freien Ermessen ein außerordentlich weiter Spielraum bleibt. Ueber die Art und Weise, wie dieses von den Tessiner Gerichten geübt wird, ist es uns freilich nicht möglich nähere Nachweise zu liefern. — Daß die Gerichtspraxis der übrigen romanischen Kantone im wesentlichen der französischen folgt, ist bei der erwähnten Uebereinstimmung der Gesetzestexte selbstverständlich.

§. 4. Die Kodifikation von 4 deutschen Kantonen der West- und Centralschweiz.

Bern, alter Kantonstheil (Civilgesetzbuch von 1826—31); Luzern (bürgerl. Gesetzb. v. 1832—39); Solothurn (Civilgesetzb. v. 1842—48); Aargau (bürgerl. Gesetzb. v. 1848—56). — Diese Gesetzbücher stehen in ähnlichem Verhältnisse zum „allgemeinen bürgerlichen Gesetzbuche" Oesterreichs von 1811 wie die Kodifikationen der romanischen Schweiz zum französischen code civil.

Bekanntlich gründet das österreich. Gesetzbuch seine Bestimmungen über „Schadenersatz und Genugthuung" (§ 1293 ff.) im wesentlichen durchaus auf die Prinzipien des gemeinen Rechtes und verpflichtet daher zu Schadensersatz nur denjenigen, welchem in concreto ein bestimmtes persönliches Verschulden nachgewiesen werden kann. Allerdings werden die Thatbestände, welche unter dem Gesichtspunkte eines persönlichen Verschuldens außerkontraktliche Haftpflicht begründen, über den Bereich der römischen Civildelikte erheblich erweitert; aber von irgendwelchem, wenigstens indirekten, und zwar in casu effektiv nachgewiesenen Verschulden der haftpflichtigen Person wird doch nur in den Fällen der römischen Quasidelikte (§ 1316 und 1318) und in dem einen Artikel 1310 abgesehen, welcher aus Billigkeitsrücksichten es gestattet das Vermögen einer unzurechnungsfähigen Person unter Umständen zum Ersatze des von ihr gestifteten Schadens heranzuziehen.

Diesen Grundsätzen folgen sämmtliche vier schweizerischen Gesetze, indem sie die ausführlichen zum Theil kasuistischen Bestimmungen des österreichischen Gesetzbuches auf ein bescheideneres Volumen reduziren (Bern 962 ff. Luzern 714 ff. Solothurn 1366 ff. Aargau 798 ff.). Die Ersatzpflicht Unzurechnungsfähiger wird nur von Bern gänzlich gestrichen. Dagegen haben alle vier Gesetze den Art. 1386 des französischen code betreffend die Haftpflicht des Eigenthümers eines Gebäudes (Solothurn fügt hinzu: „oder andern Werkes") für den durch Einsturz verursachten Schaden rezipirt (Bern 973, Luzern 729, Solothurn 1375, Aargau 809).

Es versteht sich, daß unter diesen Gesetzgebungen die Gerichtspraxis keine von der gemeinrechtlichen Judikatur erheblich differirenden Wege einschlagen konnte, um so weniger als auch die Prozeßgesetze dieser Kantone, speziell bezüglich der Beweistheorie, wesentlich dem gemeinen Rechte folgen.

§ 5. Die Kodifikation von 3 Kantonen der Ostschweiz.

Zürich (privatrechtliches Gesetzbuch v. 1854—56); Schaffhausen (privatrechtl. Gesetzb. v. 1864/5); Graubündten (Civilgesetzbuch v. 1862).

Das erstgenannte dieser Gesetzbücher, welchem sich das zweite stellenweise wörtlich, das dritte in weit freierer Nachbildung anschließt, beruht auf selbstständiger Verarbeitung des herkömmlichen (wesentlich deutschen) Rechtsstoffes mit den technischen Hülfsmitteln und stofflichen Ergänzungen, welche die neuere gemeinrechtliche Doktrin, bezw. die moderne Verkehrs- und Handelsübung boten. Der Unterschied zwischen Civil- und Handelsrecht ist fallen gelassen und mancher Grundsatz des letzteren auf den allgemeinen Mobiliarverkehr ausgedehnt.

Im Obligationenrechte herrscht begreiflicherweise der Einfluß der gemeinrechtlichen Civil- und Handelsrechtsdoktrin und Uebung über denjenigen des herkömmlichen Lokalrechtes vor. Speziell in unserer Frage begegnen wir durchaus den gemeinrechtlichen Grundbegriffen. Die Schadensersatzpflicht wird theils an verschuldete Nichterfüllung eines Vertrages, theils an deliktische Thatbestände geknüpft. Beiderseits wird persönliches Verschulden des Haftpflichtigen vorausgesetzt. Doch ist in Vertragsverhältnissen der Schuldner auch für den von seinen Familienangehörigen Angestellten oder Dienstboten verschuldeten Schaden verantwortlich (Zürich 1007, Schaffh. 941, Graub. 338 Abs. 4). Die Deliktshaft wird gegenüber dem gemeinen Rechte erweitert durch etwelche Ausdehnung der deliktischen Thatbestände worin namentlich Graubünden (470) sich der Generalisirung des französ. und österreich. Rechtes anschließt, durch Aufnahme des österreich. Satzes betreff. die ausnahmsweise Ersatzpflicht Unzurechnungsfähiger (Zürich 1835; Schaffh. 1752; Graub. 471, 3), durch Reception des französ. Satzes betreff. Haftpflicht des Eigenthümers für Schaden den der Einsturz eines mangelhaft konstruirten Gebäudes oder anderen Werkes stiftet (Zürich 1885, Schaffh. 1801). Dagegen wird eine außerkontraktliche Verantwortlichkeit des Familienhauptes, Dienstherrn, Arbeitgebers, Erziehers für schädliche Handlungen der Familienglieder, des Gesindes, der Gesellen und Lehrlinge, der Arbeiter und Schüler ausdrücklich an die Voraussetzung geknüpft, daß die schadenstiftende Handlung nachgewiesener Maßen durch Vernachlässigung der schuldigen Aufsicht oder durch einen von der betreff. Autoritätsperson ertheilten Auftrag veranlaßt worden sei (Zürich 1872 ff., Schaffh. 1788 ff., Graub. 471, 1).

Bei diesem Stande der Gesetzgebung versteht es sich, daß die Wege der Gerichtspraxis auch in diesen Kantonen von denen der gemeinrechtlichen Praxis nicht erheblich abweichen. Immerhin ermöglicht es die von den neueren Prozeßgesetzen dieser Kantone durchweg anerkannte freie Beweistheorie, bei Ausmittelung sowol der Schuldfrage als des Schadens mit freierem Ermessen zu verfahren.

§. 6. Die Kantone ohne kodifizirtes Civilrecht.

Die bisher nicht genannten 9 Kantone, resp. 6 Kantone und 6 souveränen Halbkantone, entbehren einer systematisch vollständigen Kodifikation. Wir sagen dies absichtlich auch von Thurgau, Glarus, Zug und Unterwalden nid dem Wald, woselbst zwar (vorwiegend nach dem Muster des Zürcher Gesetzbuches) Theile des Civilrechtes neuerdings kodifizirt, aber speziell das Obligationenrecht, in Erwartung der eidgenössischen Gesetzgebung, unberührt gelassen worden ist. Ebenso wenig können als Kodifikationen im modernen Sinne gelten die im Halbkanton Baselstadt formell noch in Geltung stehende Stadtgerichtsordnung von 1719, und die in Baselland geltende Landesordnung von 1813[1]). — Völlig ohne systematische Civilgesetzgebung sind endlich die Kantone Uri, Schwyz, Unterwalden ob dem Wald, Appenzell, St. Gallen. —

Es versteht sich daß diese Kantone uns keine Ausbeute gewähren. Soweit sich über Fragen des allgemeinen Obligationenrechtes eine konstante Rechtsübung und Praxis nachweisen läßt, beruht dieselbe durchaus auf den Begriffen des gemeinen Rechtes. Besondere lokale Uebungen betreffend eine weitergehende Haftpflicht bestehen nicht. In Baselstadt, und nur hier, ist übrigens das gemeine römische Recht ausdrücklich und formell als subsidiäre Quelle rezipirt (durch Gerichtsordn. Art. 620). Die Praxis der meisten übrigen Kantone pflegt aus dem Zürcher Gesetzbuche zu schöpfen.

§ 7. Der Entwurf eines gemein schweizerischen Obligationenrechtes.

Art. 64 Abs. 2 der Bundesverfassung vom 29. Mai 1874 überträgt dem Bunde die Kompetenz zur Gesetzgebung „über alle auf den Handel und „Mobiliarverkehr bezüglichen Rechtsverhältnisse (Obligationenrecht, mit Inbegriff „des Handels= und Wechselrechtes)".

Schon vor der verfassungsmäßigen Sanktion dieser Kompetenz war in der Absicht, die Kantone zu freiwilliger Annahme auf dem sogen. Konkordatswege zu bestimmen, von Bundes wegen der Entwurf eines einheitlichen schweizer. Obligationenrechtes mit Einschluß der spezifisch handelsrechtlichen Materien ausgearbeitet worden. Seit 1874 wurde dieser Entwurf mehrfachen Commissionalberathungen und Revisionen unterzogen, im Jahre 1879 zur Vorlage an die gesetzgebenden Behörden des Bundes definitiv festgestellt und unterliegt gegenwärtig (Juni 1880) der Berathung der letzteren.

Da vorauszusehen ist daß speciell in unserer Frage die Bestimmungen des Entwurfes ohne erhebliche Veränderung zur Annahme gelangen werden, so mögen dieselben hier noch kurz erwähnt sein. Gleich dem gesammten Inhalte des Entwurfes zeigen sie das Bestreben, die in der deutschen und romanischen Schweiz geltenden Rechtsanschauungen so weit möglich zu versöhnen und mit den vom modernen Verkehrsleben postulirten positiven Satzungen zu kombiniren. Die Behandlung der Haftpflichtfrage zeigt daher erhebliche Abweichungen vom gemeinen Recht, im Sinne theils des französischen Rechtes theils der durch moderne Spezialgesetze zum Ausdruck gebrachten strengeren Verantwortlichkeit.

Systematisch wird unterschieden zwischen der außerkontraktlichen (Delikts= und Quasidelikts=) und der kontraktlichen Haft. Jene findet sich ausschließlich im „allgemeinen Theile" behandelt, woselbst das 2. Kapitel des I. Titels (Art. 56 ff.) den obligatorischen Folgen unerlaubter Handlungen

---

[1]) Diese beiden Statute, deren ersteres dem dritten württembergischen Landrecht von 1610 nachgebildet ist, widmen zwar auch dem Obligationenrechte einen Haupttheil. Allein die Haftpflichtfrage e contractu oder delicto ist darin nicht berührt: es fehlt überhaupt ein allgemeiner Theil.

gewidmet ist. Diese ist ebenfalls im allgemeinen Theile (Tit. II Kap. 2 „Folgen der Nichterfüllung", Art. 118 ff,) eingehend und durchgreifend behandelt, so daß die Bestimmungen des speziellen Theiles über die Haftpflicht aus einzelnen Vertragsarten nicht viel besonderes bieten.

Die außerkontraktliche Haft wird geknüpft an verschuldetes widerrechtliches Handeln im weitesten Sinne, ganz entsprechend den Art. 1382 u. 1383 des code civil:

Art. 56: Wer einem Anderen durch widerrechtliches Handeln Schaden zufügt, sei es mit Absicht sei es aus Fahrlässigkeit, wird demselben zum Ersatze verpflichtet.

Von dem Requisite nachgewiesenen persönlichen Verschuldens wird, nach dem Vorgange des österreichischen Rechtes und der in § 4 und 5 erwähnten Kantonalgesetze, Umgang genommen gegenüber Unzurechnungsfähigen, „wenn dringende Rücksichten der Billigkeit es erheischen" (Art. 66).

Die Haftpflicht dritter Autoritätspersonen für schädliche Handlungen ihrer Untergebenen wird mit Kombination des französischen (c. c. 1384) und zürcherischen Rechtes dahin bestimmt:

Art. 68: Wer rechtlich verpflichtet ist, die häusliche Aufsicht über eine Person zu führen, haftet für den von ihr verursachten Schaden, insofern er nicht darzuthun vermag, daß er das erforderliche und übliche Maß von Sorgfalt in der Beaufsichtigung beobachtet habe.

Art. 69: Ein Geschäftsherr haftet für den Schaden, welchen seine Arbeiter oder Angestellten in Ausübung ihrer geschäftlichen Verrichtungen verursacht haben, wenn er nicht nachweist, daß er alle erforderliche Sorgfalt angewendet habe, um eine solche Schädigung zu verhüten.

Diese Verantwortlichkeit trifft auch juristische Personen[1]), wenn sie ein Gewerbe betreiben.

Art. 71, 2 erklärt den letzten Satz ausdrücklich anwendbar auch auf Staat und Gemeinden, soweit sie durch ihre Beamten und Angestellten Gewerbe betreiben.

Der Kreis der haftpflichtigen Drittpersonen wird demnach in wesentlicher Uebereinstimmung mit dem französischen und zürcherischen Rechte festgesetzt, immerhin mit ausdrücklicher Einbeziehung der juristischen Personen, welche bisher bloß die französische Praxis den physischen konsequent gleichzustellen gewagt hatte. Allein während das französische Recht wenigstens in einem Falle dem Dritten (dem maître ou commettant) jeden ihn persönlich exkulpirenden Gegenbeweis abschneidet (s. oben § 3), das zürcherische Recht umgekehrt überall dem Geschädigten den Nachweis eines, wenn auch indirekten, persönlichen Mitverschuldens des Dritten auferlegt, so dispensirt zwar der Entwurf den Geschädigten durchaus von solchem Nachweise, läßt aber dem Dritten den Gegenbeweis gegen präsumirtes Mitverschulden in jedem Falle offen.

Die Haft für Schaden, den ein einstürzendes Gebäude oder „Werk" verursacht, wird von Art. 74 in völliger Uebereinstimmung mit c. c. 1385 f.

---

[1]) Als solche behandelt der Entwurf ausdrücklich auch die offene Handels- (Kollektiv-) Gesellschaft, die Aktiengesellschaft und die Genossenschaft.

und demgemäß auch mit den Normen der deutsch-schweizerischen Gesetzbücher (s. § 4 u. 5) bestimmt.

Für alle diese Fälle der außerkontraktlichen Haft gilt übrigens der allgemeine Grundsatz des Art. 57:

> Art und Größe des Schadensersatzes wird durch richterliches Ermessen bestimmt in Würdigung sowol der Umstände als der Größe der Verschuldung. — Ist auch dem Beschädigten ein Verschulden beizumessen, so kann der Richter die Ersatzpflicht nach Verhältniß ermäßigen oder gänzlich von derselben entbinden.

Die vertragsmäßige (kontraktliche) Haft des Schuldners für die genaue schadenlose Erfüllung der übernommenen Leistung involvirt im allgemeinen die Schadensersatzpflicht für jeden Defekt der Erfüllung, soweit der Schuldner nicht zu beweisen vermag, daß ihm keinerlei Verschulden zur Last falle (Art. 118). Als Verschulden gilt im allgemeinen jede (persönliche) Fahrlässigkeit (Art. 121) des Schuldners. Dieser gleich steht aber, gilt also nicht als Befreiungsgrund, das Verschulden gewisser dem Schuldner nahestehender Drittpersonen. Denn nach Art. 123 ist der Schuldner unbedingt verantwortlich:

> für das Verschulden der seiner Autorität untergeordneten Familienglieder, seiner Angestellten und Arbeiter. Ebenso sind juristische Personen, wenn sie ein Gewerbe betreiben, verantwortlich für das Verschulden ihrer Vertreter Angestellten oder Arbeiter bei deren geschäftlichen Verrichtungen.

Diese Verantwortlichkeit ist insofern eine absolute, als der Gegenbeweis gehöriger Aufsicht, sorgfältiger Auswahl der Mittelspersonen ꝛc. nicht zugelassen wird. Der Unterschied zwischen kontraktlicher und außerkontraktlicher Haft gewinnt dadurch eine weder dem gemeinen Rechte, welches in der prinzipiellen Unverantwortlichkeit für Dritte —, noch dem französischen Rechte, welches in der Verantwortlichkeit für Dritte beide Haftarten gleichstellt, bekannte Bedeutung. Ein ähnliches Verhältniß hat uns bisher nur das zürcherische Recht (§ 5) gezeigt.

Ganz eigenthümlich ist dem Entwurfe der (für die kontraktliche Haft) hier zuerst allgemein ausgesprochene Grundsatz (Art. 122, 123), daß die Verantwortlichkeit des Schuldners sowol für die Folgen persönlichen (leichten [1]) Verschuldens als für das Verschulden der oben genannten Drittpersonen zwar zum Voraus kann wegbedungen werden, aber mit dem Vorbehalte der Annullirung einer solchen befreienden Vertragsklausel durch billiges Ermessen des Richters in den Fällen:

> „da der Verzichtende (Gläubiger) in einem Dienstverhältnisse zum andern Kontrahenten steht, oder die Verantwortlichkeit aus dem Betriebe eines obrigkeitlich konzessionirten Gewerbes folgt".

Diese eventuelle Erhebung der gesetzlichen Haftbestimmungen zu absolut zwingenden Rechtssätzen hat selbstverständlich die von der französischen Praxis und von neueren Specialgesetzen betreffend das Transportgewerbe (s. unten § 9)

---

[1]) Das pactum ne dolus (u. culpa lata) praestetur ist bekanntlich auch nach gemeinem Rechte nichtig.

ängst als nöthig erkannte Tendenz, abhängige Personen gegenüber ihren Arbeitebern, das Publikum gegenüber großen faktisch monopolisirten Gewerben vor cheinbar zweiseitig, thatsächlich einseitig festgesetzten Vertragsklauseln, Reglemenen u. dgl. zu schützen, die gesetzlichen Haftbestimmungen also gerade in den Fällen, wo ihre Bedeutung am größten, vor willkürlicher Umgehung zu wahren.

Die angeführten Grundsätze über die Voraussetzungen der kontraktichen Haftpflicht werden betreffend deren Inhalt ergänzt durch den dem französischen Rechte (c. c. 1150 und 1151) nachgebildeten Art. 124:

> Der ersatzpflichtige Schuldner hat jedenfalls den Schaden zu ersetzen, welcher bei Eingehung des Vertrages als unmittelbare Folge der Nichterfüllung oder ungehörigen Erfüllung vorausgesehen werden konnte.
>
> Die Schätzung des Schadens kann der Richter nach seinem Ermessen unter Würdigung der Umstände feststellen.
>
> Ob bei schwerer Verschuldung in einem weiteren Umfange als in Abs. 1 bestimmt ist Schaden zu ersetzen sei, bleibt ebenfalls richterlichem Ermessen vorbehalten.

Soweit die Grundsätze des allgemeinen Theiles des Entwurfs über die aftpflicht aus Kontrakten. Der besondere Theil enthält wie gesagt nur geringe bweichungen, resp. Verschärfungen. So ist am Schlusse des Titels über den Hinterlegungsvertrag" die strenge Haft der Gastwirthe dem römischen recepim cauponum nachgebildet (Art. 495 ff.). Die Haft des Frachtführers Art. 465 ff.) ist nach den strengen Grundsätzen des französischen Handelsrechtes nd neuerer Spezialgesetze bestimmt (s. unten § 9).

II. Spezialgesetzliche Bestimmungen über die Haftpflicht.

§ 8. Allgemeines.

Aus dem, was oben über das gemeine Civilrecht der Kantone gesagt wurde, giebt sich, daß dessen Grundsätze über Haftpflicht den anerkannten Bedürfnissen s modernen Verkehrs- und Gewerbelebens nicht überall in gleicher Weise geigen konnten.

Einzig in der Gruppe der romanischen Kantone (§ 3) haben wir, nach dem organge des französischen Rechtes, grundsätzliche Emanzipation vom römischen echte gefunden. Das zürcherische Recht (§ 5) verhält sich in seinen Abweiungen vom gemeinen Rechte weit behutsamer und die übrigen Kantone stehen esentlich auf dem Boden des letzteren.

Namentlich in der deutschen Schweiz hat sich daher in Folge der modernen ntwicklung des Verkehrs und Gewerbelebens das nämliche Bedürfniß zu spezialsetzlichen Modifikationen der allgemeinen Rechtsgrundsätze gezeigt wie in Deutschnd. Indessen liegt es in der Natur der Sache, daß die kantonale Gegebung in dieser Beziehung nichts erhebliches zu Tage fördern konnte. Es ndelt sich um Verhältnisse und Interessen, deren legislatorische Behandlung f einem kleinen Rechtsgebiete unmöglich mit befriedigendem Erfolg ausgetragen rden kann. Die Allgemeinheit der maßgebenden rechtspolitischen und juristischen esichtspunkte, die praktische Unzulänglichkeit einschneidender Spezialsätze innerhalb enger Kantonsgränzen, die mannigfache Verquickung gesetzgeberischer Erwägungen mit mächtigen Lokalinteressen mußte nothwendig der Entwicklung eines fruchtbaren Kantonalrechtes im Wege stehen und auf Erweiterung des Geltungsgebietes eingreifender Spezialgesetze hinweisen.

Einer direkten Anhandnahme der betreffenden legislatorischen Aufgaben durch den Bund stand bis zum Jahre 1874 dessen verfassungsmäßig beschränkte Kompetenz im Wege. Die Förderung gemeinsamer innerer ökonomischer Interessen durch Gesetzgebung und Verwaltung war dem Bunde nur auf ganz bestimmten, geschichtlich besonders herausgehobenen Gebieten eingeräumt. Gewerberecht und Gewerbepolizei blieben im allgemeinen unter der Hoheit der Kantone. Nur insofern als durch die Bundesverfassung von 1848 dem Bunde einige Gewerbe (Postwesen mit Einschluß des kraft nachträglicher Interpretation gleichgestellten Telegraphenwesens, Münz- und Pulverfabrikation) zu monopolistischem (regalem) Betriebe anheimgegeben waren, hatte er Veranlassung, bei deren Organisation auch die Frage der Haftpflicht seiner gewerblichen Anstalten gegenüber dem Publikum zu normiren. Einen weiteren Anhaltspunkt bot der Art. 21 jener Verfassung, welcher dem Bunde die Befugniß ertheilte, öffentliche Werke, die im Interesse der Eidgenossenschaft oder eines größeren Theiles derselben unternommen werden, entweder selbst zu errichten oder angemessen zu unterstützen. Zu diesen Werken rechnete man alsbald die Eisenbahnen, deren Anlage zwar der Bund den Kantonen, beziehungsweise Privatgesellschaften überließ, über deren Bau und Betrieb er sich aber diejenigen legislatorischen und administrativen Maßnahmen vorbehielt, welche jeweilen durch das allgemeine öffentliche Interesse geboten schienen. Einschneidenden Gebrauch von dieser Kompetenz machte der Bund freilich erst durch das Gesetz vom 23. Dezember 1872 über den Bau und Betrieb der Eisenbahnen, also zu einer Zeit da die allgemeine Erweiterung der Bundeskompetenz bereits in Vorbereitung war. Dieses Gesetz befaßte sich unmittelbar in der Hauptsache bloß mit den Bedingungen der Anlage (Konzessionsertheilung u. s. w.) und mit der Betriebspolizei, postulirte aber (in Art. 38) ausdrücklich eine spätere Ergänzung durch Spezialgesetze über die civilrechtlichen Konditionen des Transportgeschäftes und über die Haftpflicht gegenüber dem Publikum. Analoge Normen wurden dabei in Aussicht genommen für die den Eisenbahnen ähnlichen Transportanstalten, wie die Dampfschiffe und Posten.

Bevor aber diese Spezialgesetzgebung zur Ausführung gelangt war, erfolgte die Annahme der neuen Bundesverfassung vom 29. Mai 1874, durch welche der Bund nicht nur, wie oben erwähnt, unmittelbare Kompetenzen in Sachen des Civilrechtes, speziell Obligationen- und Handelsrechtes erhielt, sondern auch sehr wesentliche Erweiterung seiner hoheitlichen Befugnisse in Sachen des Gewerbewesens. Neue Monopole wurden ihm nicht eingeräumt, wol aber das Recht eine Reihe privater Gewerbszweige, bei denen allgemeine öffentliche sei es ökonomische sei es sonstige Kulturinteressen vorzüglich betheiligt erschienen, seinen einheitlichen administrativen und gesetzgeberischen Maßnahmen zu unterstellen. So vor Allem nun direkt und ausdrücklich: Bau und Betrieb der Eisenbahnen (Art. 26), Fabrikbetrieb (Art. 34), Betrieb von Auswanderungsagenturen und Versicherungsgeschäften (Art. 34, 2), die Banknotenemission (Art. 39), die Ausübung von Jagd- und Fischerei (Art. 25). — Mit Ausnahme des Art. 34 Abs. 2 und des Art. 39 [1]) haben diese Kompetenzgebiete ihren bundesgesetzlichen Ausbau seither erhalten und es sind namentlich die Bundesgesetze über Eisenbahn- und Fabrikwesen hier zu erwähnen als Quellen eingreifender Bestimmungen über die Haftpflicht.

Wir haben mithin, abgesehen von spärlichen Anfängen, das Spezialrecht über Haftpflicht aus Gewerbetrieb nicht in kantonalen sondern in eidgenössischen Quellen, in neueren Spezialgesetzen des Bundes zu suchen. Dieselben berühren die Haftpflicht:

1) der öffentlichen Verkehrs- und Transportanstalten, sei es der vom Bunde selbst betriebenen (Post und Telegraph) sei es der vom Bunde konzedirten oder wenigstens kontrolirten Unternehmungen (Eisenbahnen, Dampfschiffe).

2) der Fabrikinhaber.

Was die Handhabung der eidgenössischen Spezialgesetze betrifft, so ist zu bemerken, daß, so weit dieselben nicht besondere unten zu erwähnende Bestimmungen enthalten, die Rechtsprechung nach kantonalem Prozeßrechte, also auch nach verschiedener Beweistheorie (s. oben § 3—5) geschieht. Freilich ist seit dem Bundesgesetze vom 27. Juni 1874 betr. Organisation der Bundesrechtspflege das Bundesgericht Oberappellationsinstanz in allen Civilstreitigkeiten, die nach eidgenössischen Gesetzen zu entscheiden sind und deren Gegenstand einen Hauptwerth von wenigstens 3000 Frs. hat. Aber das Bundesgericht hat seinem Urtheile „den von den kantonalen Gerichten festgestellten Thatbestand zu Grunde zu legen" (Art. 30), entscheidet also bloß über die materielle Rechtsfrage, soweit nicht das einschlagende Bundesgesetz selbst Grundsätze über das Verfahren, speziell betr. die Beweisführung, aufstellt.

§ 9. Die Haftpflicht der öffentlichen Verkehrsanstalten.

Das geltende Gesetz über das eidgenössische Postregal datirt vom 4. Juni 1849 [2]). Es organisirt die vom Bunde kraft eigenen Monopols betriebene Brief- und Fahrpost, letztere für Waaren- und Personentransport mit regelmäßiger Wagenverbindung. Die Haftpflicht der eidgenössischen Postanstalt (mithin des Bundesfiskus) erstreckt sich nach ausdrücklicher Bestimmung auf die Verschuldung aller Beamten und Bediensteten der Post, sofern dadurch einer der Schäden entstanden ist welche überhaupt von der Post vergütet werden: Verlust oder Verspätung eingeschriebener Sendungen mit oder ohne Werthdeklaration, körperliche Beschädigung von Passagieren, Havarien des Reisegepäckes. Und zwar spricht die gesetzliche Vermuthung für die prinzipielle Ersatzpflicht, d. h. für Verschuldung des Schadens durch irgend einen Angestellten: der Postanstalt liegt der Nachweis eines befreienden Zufalles ob (Art. 15). Freilich ist die Schadensästimation überall positiv limitirt, z. B. bei Personenschaden auf Ersatz der Verpflegungs- und Heilungskosten, also des unmittelbaren Schadens. — Diese Sätze sind

[1]) Ein Bundesgesetz über den Betrieb der Auswanderungsagenturen unterliegt gegenwärtig der Berathung durch die gesetzgebenden Behörden. Ebenso der Entwurf eines Gesetzes über Banknotenemission. Der Entwurf des Gesetzes über Versicherungswesen ist in Vorbereitung.

[2]) Amtl. Samml. der Bundesges. I S. 98 ff.

bis heute in Geltung geblieben und, nachdem das Projekt einer Revision des Gesetzes im Sinne einer Ausgleichung der Haft der Postanstalt mit derjenigen der Eisenbahnen i. J. 1874 einstweilen zurückgelegt worden, unverändert in die neueste „Transportverordnung für die schweizerischen Posten“ vom 10 August 1876 (Art. 114 ff.) übergegangen [1]).

Eine Haftpflicht der eidgenössischen Telegraphenanstalt wird durch die einschlagenden Gesetze und Verordnungen grundsätzlich ausgeschlossen (cf. das neuste Bundesgesetz über den telegraphischen Verkehr vom 22. Juni 1877 nebst Vollziehungsverordnung vom 27. August 1877 [2]). Es entspricht dies dem allgemeinen internationalen Telegraphenrecht (vgl. den internationalen Telegraphenvertrag von St. Petersburg vom 10—22. Juli 1875, Art. 3).

Neue und durchgreifende Bestimmungen über die Haftpflicht brachte dagegen das eidgenössiche Eisenbahnrecht. Die Haftpflicht der Eisenbahnen beruht auf zwei, kraft der Bundeshoheit in Sachen des Eisenbahn- und Obligationenrechtes (§ 8) erlassenen Gesetzen: 1) dem Bundesgesetze betr. den Transport auf Eisenbahnen vom 20. März 1875; 2) dem B. G. betr. die Haftpflicht der Eisenbahn- und Dampfschifffahrtunternehmungen bei Tödtungen und Verletzungen vom 1. Juli 1875. — Das erstere normirt die Haftpflicht der Eisenbahnen bei Waaren und Personentransport, also die kontraktlichen Verbindlichkeiten aus dem Fracht- und Speditionsvertrage den die Eisenbahn mit Dritten abschließt. Das letztere bestimmt die civilrechtliche Verantwortlichkeit der Eisenbahnunternehmung aus den vom Bau oder Betrieb der Bahn veranlaßten Tödtungen und Verletzungen, gleichviel ob die Geschädigten zur Eisenbahn in einem Kontraktsverhältnisse Transport- Lohndienstvertrag u. s. w.) gestanden oder nicht; juristisch gesprochen handelt es sich mithin im zweiten Gesetze um eine Haftung ex delicto vel quasi ex delicto. Den Eisenbahnen werden hier bezüglich der Betriebsschäden gleichgestellt die Dampfschifffahrtsunternehmungen.

Das Transportgesetz enthält eine freie Nachbildung der Bestimmungen des deutschen Handelsgesetzbuches über das Frachtgeschäft der Eisenbahnen (Art. 422 ff.), lehnt sich mithin wie dieses an die strengen Grundsätze des französischen code de commerce über die Haft des commissionaire de transport und des voiturier, welche bekanntlich von der Praxis der französischen Gerichte durchaus auf den Eisenbahntransport angewendet werden, und zwar wesentlich als jus publicum quod privatorum pactis (Reglemente u. s. w.) mutari non potest. — Außer diesen Quellen wurde übrigens der Entwurf eines deutschen Reichseisenbahngesetzes v. J. 1873 berücksichtigt sowie einzelne selbständige Gesichtspunkte der bei Abfassung des Gesetzes betheiligten Sachverständigen [3]).

---

[1]) Näheres über diesen Gegenstand s. bei Meili, die Haftpflicht der Postanstalten. Leipzig (Duncker u. Humblot) 1877. — Den Text der Transportvero. s. amtl. Samml. der Bundesges. n. F. II S. 401 ff.

[2]) Amtl. Samml. der Bundesges. neue Folge III S. 221 ff., 165 ff.

[3]) Verfasser des Entwurfes ist Professor Dr. Fick in Zürich, der im Beilageheft zur Zeitschrift für das gesammte Handelsrecht Bd. XIX (Erlangen 1874) denselben sammt ausführlichen Motiven publicirt hat. Einzelnes ist dem ersten Entwurfe eines schweiz. Oblig.- und Handelsrechtes, verfaßt vom verstorb. Prof. Munzinger in

Das Gesetz bestimmt die Haftpflicht beim Waarentransport ausführlich und besonders für Verspätung, Verlust und Beschädigung des Frachtgutes. Nur der Nachweis eines Selbstverschuldens des Versenders, oder höherer Gewalt, oder eines durch die natürliche Beschaffenheit der Waare verursachten Verderbes befreit die Bahn. Sie haftet also nicht nur für das Verschulden aller Angestellten, sondern auch für die schädlichen Folgen solcher Zufälle die nicht unter die genannten Kategorien fallen. Stets ist die Bahn bezüglich der exkulpirenden Umstände beweispflichtig, sofern nicht gewisse vom Gesetz speziell namhaft gemachte Umstände eine Vermuthung des natürlichen, beziehungsweise vom Versender selbst verschuldeten Verderbes rechtfertigen. Die Verantwortlichkeit der Aufgabe= wie der Ablieferungsbahn bezieht sich auf die ganze Transportstrecke, sofern sie nicht darthun können daß der Schaden auf einer ausländischen Strecke, gegen welche sie keinen Regreß haben, entstanden sei. Diese strenge Haft kann durch entgegenstehendes Uebereinkommen in irgend welcher Form (Reglement, Publikation, Spezialvertrag u. s. w.) nicht rechtsgültig beseitigt werden, soweit nicht das Gesetz ausdrücklich und ausnahmsweise eine solche Freiheit vorbehält. — Der Umfang der Ersatzpflicht wird je für Verspätung Beschädigung und Verlust durch besondere gesetzliche Normalsätze bestimmt, die bloß den direkten Schaden berücksichtigen, gegenüber einer Werthdeklaration aber nur subsidiäre Bedeutung haben. Indirekter Schade muß nur im Falle einer vom Kläger nachgewiesenen groben Verschuldung oder Arglist der Bahnorgane vergütet werden. — Diesen gesetzlichen Haftpflichtbestimmungen hat sich das von sämmtlichen schweizerischen Bahnen vereinbarte und vom Bundesrathe genehmigte „Transportreglement der schweizerischen Eisenbahnen" vom 1. Juli 1876 anbequemen müssen. Auch das eidgenössische Obligationenrecht (oben § 7) wird nichts daran ändern. Im Titel des „Frachtvertrages" reservirt der Entwurf (Art. 474) ausdrücklich die Spezialgesetze betreffend die Frachtverträge der Post und der Eisenbahnen. Ueberdies werden deren strenge Grundsätze über die Haftpflicht im wesentlichen auf das private Fracht= und Speditionsgeschäft ausgedehnt (Art. 465 ff., 456). Staatlich concedirte Transportanstalten (Dampfschiffe, Omnibus u. dgl.) können so wenig, als die Eisenbahnen ihre Haftpflicht durch Reglemente u. dgl. willkürlich abändern (Art. 473, 122).

Die Haftpflicht bei Personentransport wird vom Gesetze und Reglemente nur nebensächlich berührt, nämlich blos bezüglich der Ansprüche aus Verspätung der Züge und aus Verlust des Reisegepäckes. Im übrigen wird auf das folgende Gesetz verwiesen.

Das zweite Gesetz, betreffend Haftpflicht der Eisenbahnen und Dampfschiffe aus Tödtungen und Verletzungen die vom Bau der ersteren, vom Betriebe beider Anstalten veranlaßt werden, ist nach dem Muster des deutschen Reichsgesetzes betreffend die Verbindlichkeit zum Schadensersatze für die beim Betriebe von Eisenbahnen Bergwerken u. s. w. herbeigeführten Tödtungen und Verletzungen vom 7. Juni 1871 entworfen [1]), soweit letzteres auf den Eisen=

Bern, entnommen, worin das Eisenbahntransportgeschäft im Zusammenhang mit dem Frachtvertrage behandelt war. — Den Text des Gesetzes s. amtl. Samml. der Bundesgesetze neue Folge I S. 682 ff. Einiges amtl. Material dazu im schweiz. Bundesblatt 1874 Bd. I S. 839 f., 866 f., III S. 57 ff., 120 ff. 1875 Bd. I S. 317 ff.

[1]) Dieses gilt namentlich vom ersten Entwurfe des Redakteurs Prof. Fick, welcher

bahnbetrieb Anwendung findet. Also mit Ausnahme des § 2. Andererseits sind Bestimmungen über den Eisenbahnbau und die vom Betriebe verursachten Sachbeschädigungen eingeschoben, sowie die grundsätzliche Gleichstellung des Dampfschiffbetriebes mit dem Eisenbahnbetrieb statuirt.

Das Verhältniß der beiden Gesetze wird am einfachsten durch die parallele Wiedergabe der Texte veranschaulicht. Es ist daraus sofort ersichtlich, daß das schweizerische Gesetz, im Gegensatze zum deutschen, nicht ein besonderes Schadensobjekt (den Personenschaden), sondern eine besondere Schadensursache (den Betrieb und zum Theil auch den Bau der großen modernen Transportanstalten) im Auge hat, woraus sich mehrfache Abweichungen im einzelnen erklären:

Deutsches Reichsgesetz vom 7. Juni 1871.

(Der Eisenbahnbau ist im deutschen R.-G. nicht berücksichtigt. — Der Dampfschiffbau fällt unter § 2 des deutschen R.-G. und die schweizer. Fabrikgesetzgeb., wovon im flgdn. §).

§ 1.

Wenn bei dem Betriebe einer Eisenbahn ein Mensch getödtet oder körperlich verletzt wird, so haftet der Betriebsunternehmer für den dadurch entstandenen Schaden, sofern er nicht beweist, daß der Unfall durch höhere Gewalt oder durch eigenes Verschulden des Getödteten oder Verletzten verursacht ist.

(Der schweizer. Art. 2 ist darin etwas milder, daß er das Verschulden Dritter, von der Bahn gänzlich unabhängiger Personen der höheren Gewalt ausdrücklich und allgemein gleichstellt).

§ 2.

(Betrifft die vom schweizer. Ge-

Schweizer. Bundesgesetz vom 5. Juli 1871.

Art. 1.

Wenn beim Bau einer Eisenbahn durch irgend welche Verschuldung der concessionirten Unternehmung ein Mensch getödtet oder körperlich verletzt wird, so haftet dieselbe für den dadurch entstandenen Schaden.

Art. 2.

Wenn beim Betriebe einer Eisenbahn oder Dampfschifffahrtunternehmung ein Mensch getödtet oder körperlich verletzt wird, so haftet die Transportanstalt für den dadurch entstandenen Schaden, sofern sie nicht beweist, daß der Unfall durch höhere Gewalt oder durch Versehen und Vergehen der Reisenden oder dritter bei der Transportanstalt nicht angestellter Personen (Art. 3) ohne eigenes Mitverschulden der Anstalt oder durch die Schuld des Getödteten oder Verletzten selbst verursacht worden ist.

---

nebst den Motiven ebenfalls in dem cit. Beilageheft zu Goldschmidt's Ztschr. Bd. XIX publizirt ist. Durch die gesetzgeb. Behörden sind verschiedene Modifikationen angebracht worden (vgl. das schweiz. Bundesblatt Jahrg. 1874 Bd. II, S. 935 ff. III, S. 277 ff.). Der offiz. Text des Gesetzes findet sich amtl. Samml. der schweiz. Bundesges. n. F. I S. 787 ff.

setze nicht berührte Haftpflicht aus Bergwerk-, Steinbruch-, Gruben- und Fabrikbetrieb. Unten in § 10 dieses Referates ist auf den § 2 zurückzukommen.)

Art. 3.

Die Eisenbahn- und Dampfschifffahrtunternehmungen haften *sowol für ihre Angestellten als für andere Personen*, deren sie sich zum Betriebe des Transportgeschäftes, bezw. zum Bau der Bahn bedienen. Es bleibt ihnen jedoch in Fällen von Verschuldung diesen Personen gegenüber das Rückgriffsrecht vorbehalten.

(Art. 3 des schweizer. Ges. hat seine wesentliche Bedeutung in Verbindung mit Art. 1 und 7—9, während er gegenüber Art. 2 nichts neues bietet und deshalb im D.-R.-G. ohne Schaden fehlt. Man sieht übrigens wie § 2 des deutschen R.-G. auf die Fassung des schweizer. Art. 3 einen gewissen Einfluß geübt, indem da wie dort die Verantwortlichkeit für Drittpersonen betont wird, deren Kreis freilich in Art. 3 des schweizer. G. viel weiter gezogen wird als in § 2 des D.-R.-G.)

Art. 4.

Wenn nachgewiesen werden kann, daß der Getödtete oder Verletzte sich durch eine verbrecherische oder unredliche Handlung oder mit wissentlicher Uebertretung polizeilicher Vorschriften mit der Transportanstalt in Berührung gebracht hat, so kann kein Schadensersatz im Sinne der Art. 1 u. 2 dieses Gesetzes gefordert werden, selbst wenn der Unfall ohne sein Verschulden eingetreten sein sollte.

(Art. 4 des schweizer. Ges. fehlt ebenfalls im deutschen R.-G. Denn auch er sagt neben Art. 2 nichts neues, da er von indirektem Selbstverschulden handelt, wol aber ergänzt er Art. 1.)

§ 3.

Der Schadenersatz (§ 1 u. 2) ist zu leisten:

1. im Falle der Tödtung durch Ersatz der Kosten einer versuchten Heilung und der Beerdigung, sowie des Vermögensnachtheiles, welchen der Getödtete während der Krankheit durch Erwerbsunfähigkeit oder Verminderung der Erwerbsfähigkeit erlitten hat. War der Getödtete zur Zeit seines Todes *vermöge Gesetzes* verpflichtet einem Anderen Unterhalt zu gewähren, so kann dieser insoweit Ersatz fordern als

Art. 5.

Im Falle der Tödtung ist Ersatz der Kosten einer versuchten Heilung und der Beerdigung, sowie des Vermögensnachtheiles zu leisten, welchen der Getödtete während der Krankheit durch Erwerbsunfähigkeit oder Verminderung der Erwerbsfähigkeit erlitten hat.

War der Getödtete zur Zeit seines Todes verpflichtet einem Anderen Unterhalt zu gewähren, so kann dieser insoweit Ersatz fordern, als ihm in Folge des Todesfalles der Unterhalt entzogen worden ist.

ihm in Folge des Todesfalles der Unterhalt entzogen worden ist;

2. im Fall einer Körperverletzung durch Ersatz der Heilungskosten und des Vermögensnachtheils, welchen der Verletzte durch eine in Folge der Verletzung eingetretene zeitweise oder dauernde Erwerbsunfähigkeit oder Verminderung der Erwerbsfähigkeit erleidet.

Im Falle einer Körperverletzung ist Ersatz der Heilungskosten und des Vermögensnachtheiles zu leisten, welchen der Verletzte durch eine in Folge der Verletzung eingetretene zeitweise oder dauernde Erwerbsunfähigkeit oder Verminderung der Erwerbsfähigkeit erleidet.

§ 4.

(Gestattet die Einrechnung einer dem Getödteten oder Verletzten allfällig zukommenden Versicherungssumme auf die Entschädigung, sofern der Betriebsunternehmer mindestens ein Drittheil der Prämien u. dgl. getragen hatte.)

(Fehlt im schweizer. Gesetze, da ein entsprechender Artikel des Entwurfes von der gesetzgeb. Behörde beseitigt wurde.)

§ 7 Abs. 1 S. 2, Abs. 2 u. 3.

Als Ersatz für den zukünftigen Unterhalt oder Erwerb ist, wenn nicht beide Theile über die Abfindung in Kapital einverstanden sind, in der Regel eine Rente zuzubilligen.

Art. 6.

Als Ersatz für den zukünftigen Unterhalt oder Erwerb ist, *je nach dem Ermessen des Gerichtes, entweder eine Kapitalsumme oder eine jährliche Rente zuzusprechen.*

(*Fehlt* im schweizer. Gesetze, entgegen dem Entwurfe, in Folge Beschlusses der gesetzgeb. Behörden. Dieses gilt auch für die Modifikation des flgdn. Absatzes.)

Der Verpflichtete kann jederzeit die Aufhebung oder Minderung der Rente fordern, wenn diejenigen Verhältnisse, welche die Zuerkennung oder Höhe der Rente bedingt hatten, inzwischen wesentlich verändert sind.

Ebenso kann der Verletzte, dafern er den Anspruch auf Schadensersatz innerhalb der Verjährungsfrist geltend gemacht hat (§ 8), jederzeit die Erhöhung oder Wiedergewährung der Rente fordern, wenn die Verhältnisse, welche für die Feststellung, Minderung oder Aufhebung der Rente maßgebend waren, wesentlich verändert sind.

Wenn im Momente der Urtheilsfällung die Folgen einer Körperverletzung noch nicht genügend klar vorliegen, so kann der Richter ausnahmsweise für den Fall des nachfolgenden Todes oder einer Verschlimmerung des Gesundheitszustandes des Verletzten eine spätere Rektifizirung des Urtheiles vorbehalten.

Der Berechtigte kann auch nachträglich die Bestellung einer Sicherheit oder Erhöhung derselben fordern, wenn die Vermögensverhältnisse des Ver-

Fehlt im schweizer. Gesetze.

pflichteten sich inzwischen verschlechtert haben.

Art. 7.

(Nach dem D.-R.-G. § 3 u. 9 kann Ersatz indirekten Schadens, also auch sogen. Schmerzensgeld, nur nach Maßgabe der Bundesgesetze, und zwar nicht bei der Anstalt als solcher gefordert werden.)

Bei nachgewiesener Arglist oder grober Fahrlässigkeit der Transportanstalt kann dem Verletzten oder dem Angehörigen des Getödteten, ganz abgesehen vom Ersatze erweislicher Vermögensnachtheile, eine angemessene Geldsumme zugesprochen werden.

Art. 8.

(Das deutsche R.-G. läßt bezüglich der Folgen der Sachbeschädigung die Landesgesetze, resp. das gemeine Recht, unverändert.)

Sind bei Gelegenheit der Tödtung oder Körperverletzung eines Menschen, für welche die Transportanstalt nach den obigen Bestimmungen verantwortlich ist, und im Zusammenhang mit dem betreffenden Unfalle Sachen, welche der Getödtete oder Verletzte unter seiner eigenen Obhut mit sich führte, ganz oder theilweise beschädigt worden oder abhanden gekommen, so ist auch hierfür Schadensersatz zu leisten.

(Das schweizer. Ges. bezieht sich demnach auch auf reine Sachschäden, ohne gleichzeitigen Personenschaden.)

Außerdem ist für Abhandenkommen, Zerstörung oder Beschädigung von Sachen, welche der Transportanstalt weder als Frachtgut noch als Reisegepäck anvertraut worden sind, Schadensersatz nur dann zu leisten, wenn ein Verschulden der Transportanstalt nachgewiesen wird.

Art. 9.

In den Fällen des Art. 8 ist der Schadensberechnung der wirkliche Werth der abhanden gekommenen, zerstörten oder beschädigten Sache zu Grunde zu legen, ein weiteres Interesse dagegen nur bei nachgewiesener Arglist oder grober Fahrlässigkeit der Transportanstalt zu ersetzen.

§ 8.

Die Forderungen auf Schadenersatz (§ 1—3) verjähren in zwei Jahren vom Tage des Unfalles an.

Gegen denjenigen, welchem der Getödtete Unterhalt zu gewähren hatte, beginnt die Verjährung mit dem Todestage.

Die Verjährung läuft auch gegen Minderjährige und diesen gleichgestellte Personen von denselben Zeitpunkten an, mit Ausschluß der Wiedereinsetzung.

Art. 10.

Die in diesem Gesetze gewährten Schadensersatzansprüche verjähren in zwei Jahren von dem Tage an, an welchem die Tödtung Verletzung Zerstörung oder Beschädigung, beziehungsweise das Abhandenkommen (Art. 8) stattgefunden hat.

Diese Verjährung wird nicht allein durch Anstellung der Klage, sondern auch durch die schriftliche Anbringung der Reklamation bei der Direktion der betreffenden Anstalt unterbrochen in der Meinung daß, so lange die Reklamation unerledigt bleibt, überhaupt kein Ablauf der Verjährung stattfinden kann.

Ergeht hierauf ein abschlägiger Bescheid, so beginnt vom Empfange desselben eine neue zweijährige Verjährung der Klage, welche durch eine neue Reklamation gegen jenen Bescheid nicht unterbrochen wird.

§ 6 Abs. 1, § 7 Abs. 1.

Das Gericht hat über die Wahrheit der thatsächlichen Behauptungen unter Berücksichtigung des gesammten Inhaltes der Verhandlungen nach freier Ueberzeugung zu entscheiden.

(Abs. 2 u. 3, welche das Verhältniß zur Landesgesetzgebung betreff. den Beweis durch Eid, öffentl. Urkunden und gerichtl. Geständniß bestimmen, sind durch die neue Reichscivilprozeßordnung gegenstandslos geworden.)

Das Gericht hat unter Würdigung aller Umstände über die Höhe des Schadens sowie darüber ob, in welcher Art und in welcher Höhe Sicherheit zu bestellen ist, nach freiem Ermessen zu erkennen.

Art. 11.

Bei Streitigkeiten über die aus diesem Gesetze entspringenden Schadensersatzansprüche hat das Gericht über die Höhe des Schadenersatzes und die Wahrheit der thatsächlichen Behauptungen nach freier Würdigung des gesammten Inhaltes der Verhandlungen zu entscheiden, ohne an die Beweisgrundsätze der einschlagenden Prozeßgesetze gebunden zu sein.

(Darunter sind die kantonalen Prozeßgesetze verstanden, welche betreff. mehr oder weniger freie Beweistheorie sehr von einander abweichen und nach der gegenwärtigen Bundesverfassung nicht durch ein Bundesgesetz ersetzt werden können. Vgl.. oben § 8 a. E. des Ref.)

§ 5.

Die in den §§ 1 u. 2 bezeichneten Unternehmer sind nicht befugt, die

Art. 12.

Reglemente, Publikationen oder spezielle Vereinbarungen, durch welche

Anwendung der in den § 1—3 enthaltenen Bestimmungen zu ihrem Vortheil durch Verträge (mittelst Reglements oder durch besondere Uebereinkunft) im Voraus auszuschließen oder zu beschränken.

Vertragsbestimmungen, welche dieser Vorschrift entgegenstehen, haben keine rechtliche Wirkung.

die Schadensersatzverbindlichkeit nach den Bestimmungen dieses Gesetzes zum voraus wegbedungen oder beschränkt wird, haben keine rechtliche Wirkung.

§ 9.

Die Bestimmungen der Landesgesetze, nach welchen außer den in diesem Gesetz vorgesehenen Fällen der Unternehmer einer in den §§ 1 u. 2 bezeichneten Anlage oder eine andere Person, insbesondere wegen eines eigenen Verschuldens für den bei dem Betriebe der Anlage durch Tödtung oder Körperverletzung eines Menschen entstandenen Schaden haftet, bleiben unberührt.

Die Vorschriften der § 3, 4, 6—8 finden auch in diesen Fällen Anwendung, jedoch unbeschadet derjenigen Bestimmungen der Landesgesetze, welche dem Beschädigten einen höheren Ersatzanspruch gewähren.

Art. 13.

Alle bundesgesetzlichen, kantonalgesetzlichen und reglementarischen Bestimmungen, sowie Publikationen und Vereinbarungen, welche mit den Bestimmungen dieses Gesetzes in Widerspruch stehen, sind aufgehoben.

(Der Vorbehalt der nicht widersprechenden Kantonalgesetze versteht sich, bis zum Inkrafttreten des eidgen. Obligationenrechtes, von selbst.)

§ 10.

Betrifft die Kompetenz des ehemaligen Reichsoberhandelsgerichtes.

Art. 14.

Betrifft Publikation und Inkrafttreten des Gesetzes.

Nach der vollständigen Wiedergabe des Textes ist es überflüssig, auf die Abweichungen des schweizerischen Gesetzes von den gemeinen Rechtsgrundsätzen noch besonders hinzuweisen. Nur kurz seien dieselben dahin resumirt:

1) In allen vom Gesetze berührten Fällen, also bei jeder Personen- oder Sachbeschädigung aus Eisenbahnbau oder aus Eisenbahn- oder Dampfschiffbetrieb ist die Unternehmung als solche (Gesellschaft, Staat, Einzelperson) haftbar für nachgewiesenes Verschulden irgend eines (definitiv oder ad hoc zugezogenen) Angestellten, und zwar in verschiedenem Maße, je nach dem Grade dieses Verschuldens.

2) Für Personen- und damit konnexen Sachschaden, welcher durch Eisenbahn- oder Dampfschiffbetrieb veranlaßt worden, ist die Unternehmung schon dann haftbar, wenn sie nicht höhere Gewalt oder Verschulden einer von ihr gänzlich unabhängigen Drittperson oder Selbstverschulden des Geschädigten (im weitesten Sinne) nachweist.

3) Die Herstellung des nach dem Gesetze für die Haftpflicht maßgebenden

Thatbestandes geschieht unabhängig von den positiven Regeln einer formellen Beweistheorie.

§ 10. Die Haftpflicht aus Fabrikbetrieb.

Wir sahen in § 8, wie durch Art. 34 der Bundesverfassung von 1874 dem Bunde gewisse Kompetenzen bezüglich der Fabrikgesetzgebung eingeräumt worden sind. Vorher hatten einzelne Kantone mit besonders entwickelter Fabrikindustrie von sich aus allerlei Vorschriften polizeilichen Charakters gegen gewisse Gefahren des Fabrikbetriebes aufgestellt, so z. B. gegen übermäßige Kinderarbeit (Zürich, St. Gallen, Thurgau), gegen besonders gesundheitsschädliche Fabrikationen wie Phosphorzündhölzchen u. dgl. (Bern), gegen sorglose Behandlung von Dampfkesseln u. s. w. Glarus (1864), Baselstadt (1869), Baselland (1868) u. Schaffhausen (1873) hatten umfassende Fabrikgesetze erlassen, worin u. a. die Verpflichtung des Fabrikbesitzers zu allen für Sicherheit und Gesundheit der Arbeiter erforderlichen Vorkehrungen ausgesprochen war. Glarus u. Baselstadt bestimmten einen 12stündigen Normalarbeitstag.

Diese kantonalen Bestimmungen waren aber bezüglich ihres Anwendungsgebietes so beschränkt und an sich großentheils so lückenhaft, daß bei Revision der Bundesverfassung alle Parteien, die von dem bisherigen politischen Uebergewichte der Großindustrie unabhängig waren, zum Zwecke wirksamen legislativen Schutzes der Fabrikbevölkerung, die Aufstellung einer Bundeskompetenz anstrebten. So entstand Art. 34 der neuen Bundesverfassung, welcher freilich seinem Wortlaute nach die Bundesgesetzgebung auf folgende Punkte beschränkt: 1) Verwendung von Kindern in den Fabriken; 2) Dauer der Arbeit erwachsener Personen; 3) Vorschriften zum Schutze der Arbeiter gegen einen die Gesundheit und Sicherheit gefährdenden Gewerbebetrieb. Allein bei der Ausführung dieses Artikels hielt sich die Gesetzgebung, welche allerdings auch auf die allgemeine Bundeskompetenz in Sachen des Obligationenrechts, somit auf die Befugniß zu einheitlicher Normirung des Lohndienst- oder Arbeitsvertrages und der civilrechtlichen Haftpflicht extra contractum abstellen konnte, nicht genau an die Rubriken des Art. 34. Vielmehr überwog schließlich bei Abfassung des Gesetzes die damals tonangebende demokratische Strömung und legte demselben die Tendenz einer ganz allgemeinen und weitgehenden Sicherstellung des Fabrikarbeiters gegen jede denkbare Vergewaltigung seitens des Fabrikbesitzers zu Grunde, und zwar mit einer Energie, deren Fruchtbarkeit und Zweckmäßigkeit sich erst wird zu bewähren haben.

Das Bundesgesetz, betreffend die Arbeit in den Fabriken vom 23. März 1877, in Kraft seit 1. Januar 1878, berührt in 5 Abschnitten folgende Punkte [1]):

1) allgemeine Bestimmungen über: a) den Begriff der Fabrik (Art. 1). Als solche gilt „jede industrielle Anstalt, in welcher gleichzeitig und

---

[1]) Der Text des Gesetzes findet sich in der amtl. Sammlung der schweiz. Bundesgesetze neue Folge III S. 241 ff. — Entw. u. Motive des Bundesrathes s. schweiz. Bundesbl. 1875 Bd. IV S. 573 f., 921 f. Die Berichte der Comissionen der gesetzgeb. Räthe das. 1876 Bd. II S. 786 f., IV S. 205 f., 689 f.

„regelmäßig eine Mehrzahl von Arbeitern außerhalb ihrer Wohnungen in ge„schlossenen Räumen beschäftigt wird.“ — b) die zum Schutze der Gesundheit und Sicherheit der Arbeiter dienenden Präventivmaßregeln (Art. 2—4): sanitarisch möglichst vollkommene Einrichtung und Unterhaltung der Arbeitsräume, sorgfältige Behandlung der Maschinen u. dgl. Für Errichtung Umbau und Eröffnung jeder Fabrik ist eine besondere Genehmigung der Kantonsregierung einzuholen und diese kann jederzeit die Beseitigung von Uebelständen, die sich erst nachträglich zeigen, verlangen. Erfolgen trotzdem erhebliche Verletzungen oder Tödtungen, so hat der Fabrikbesitzer hiervon unverzügliche Anzeige an die lokale Polizeibehörde zu erstatten. Auch auf die sanitarischen Verhältnisse der umliegenden Bevölkerung haben die kompetenten Behörden Rücksicht zu nehmen. — c) die civilrechtliche Haftpflicht des Fabrikbesitzers bei Körperverletzung und Tödtung von Arbeitern (art. 5). Hievon unten das nähere. — d) die sonstigen Rechtsverhältnisse zwischen Fabrikbesitzer und Arbeitern (Art. 6—14). Diese eingehenden Vorschriften enthalten in ziemlich bunter Mischung Normen theils civilrechtlicher Natur über den Arbeitsvertrag (Kündigungsfrist, Gründe vorzeitiger Lösung, Lohnzahlung), theils öffentlich rechtlicher Natur zum Schutze der Arbeiter gegen willkürliche Ausbeutung (Vorschrift einer detaillirten, behördlich zu genehmigenden Fabrikordnung; Normalarbeitstag von 11 Stunden, vor Sonn- und Feiertagen 10 Stunden, vorbehältlich bloße Hülfsarbeiten; Einschränkung resp. Verbot der Nacht- und Sonntagsarbeit, mit Vorbehalt besonderer Dispense).

2) Besondere Vorschriften über Frauenarbeit (Art. 15): absolutes Verbot der Sonntags- und Nachtarbeit; geschlossene Zeit von 8 Wochen für Gebärende; Ausschluß von gefährlicher Maschinenarbeit.

3) Besondere Vorschriften über die Arbeit Minderjähriger (Art. 16). Unter 14 Jahren absolutes Verbot. Im 15. und 16. Jahr Rücksicht auf Schul- und Religionsunterricht, so daß die gesammte Beschäftigung 11 Stunden nicht übersteigen darf. Unter 18 Jahren Verbot der Nacht- und Sonntagsarbeit, vorbehältlich besonderer Bewilligung für Knaben über 14 Jahren in gewissen Industriezweigen und gegen spezielle Garantien. Unkenntniß des Alters entschuldigt den Fabrikbesitzer nicht.

4) Vollzugs- und Strafbestimmungen (Art. 17—19): die Vollziehung geschieht durch die Kantonsregierungen, welche jedoch dem Bundesrathe über den Bestand der Fabriken statistische Nachweise zu liefern und über den Vollzug des Gesetzes jährlich Bericht zu erstatten haben. Zudem übt der Bundesrath eine direkte oberste Kontrole durch ständige Inspektoren und außerordentliche Inspektionen. Uebertretungen der (nicht rein civilrechtlichen) Gesetzesvorschriften werden, „abgesehen von den civilrechtlichen Folgen“ d. h. der Schadensersatzpflicht, durch die (kantonalen) Strafgerichte mit Bußen von 5—500 Frcs., im Wiederholungsfall mit Gefängniß bis 3 Monate bestraft. Die civile Schadensersatzpflicht ist in solchen Fällen, beim Schweigen des Gesetzes, nach den Grundsätzen des allgemeinen Civilrechtes über Deliktsobligationen (oben §§ 3—7) zu beurtheilen.

5) Schlußbestimmungen, betreffend Publikation und Inkrafttreten (Art. 20 und 21).

Der eine verfassungsmäßige Grundgedanke des Gesetzes, für Schutz der

Arbeiter gegen einen die Gesundheit und Sicherheit gefährdenden Gewerbebetrieb zu sorgen, hat seither noch weitere Ausführung erhalten durch das Bundesgesetz betreffend die Fabrikation von Phosphorzündhölzchen, vom 23. Dezember 1879, welches diesen Industriezweig im ganzen Gebiete der Eidgenossenschaft verbietet (Bundesges. n. F. V, 31 ff.).

Wir haben noch zum Schlusse einen Augenblick zu verweilen bei den Bestimmungen des Fabrikgesetzes über die Haftpflicht des Fabrikinhabers bei Tödtungen und Körperverletzungen der Arbeiter. Der hierauf bezügliche Art. 5 will die Materie nur provisorisch ordnen, bis zum Erlasse eines weiteren Bundesgesetzes über die Haftpflicht aus Fabrikbetrieb. Man dachte dabei an ein dem in § 9 besprochenen Eisenbahnhaftpflichtgesetze möglichst adäquates Spezialgesetz. Allein ein solches ist seither noch nicht zu Stande gekommen. Ueber den (nicht publicirten) ersten Entwurf schweben zur Stunde die Commissionalberathungen Sachverständiger. Ein baldiger Abschluß wäre zu wünschen, da der Art. 5 des Fabrikgesetzes das Gepräge eines provisorischen, kompromißweise entstandenen Flickwerkes allzu deutlich an sich trägt [1]).

Er lehnt sich, wie schon der Wortlaut zeigt, theils an § 2 des deutschen Reichsgesetzes betreffend die Verbindlichkeit zum Schadensersatze für die beim Betrieb von Eisenbahnen Fabriken u. s. w. herbeigeführten Verletzungen vom 7. Juni 1871, theils an einzelne Sätze des schweizerischen Bundesgesetzes betreffend die Haftpflicht der Eisenbahnen vom 1. Juli 1875 (s. oben).

Deutsches Reichsgesetz.	Schweizer. Fabrikgesetz.
§ 2.	Art. 5 a.
Wer ein Bergwerk zc. oder eine Fabrik betreibt, haftet, wenn ein Bevollmächtigter oder ein Repräsentant oder eine zur Leitung oder Beaufsichtigung des Betriebes oder der Arbeiter angenommene Person durch ein Verschulden in Ausführung der Dienstverrichtungen den Tod oder die Körperverletzung eines Menschen herbeigeführt hat, für den dadurch entstandenen Schaden.	Der Fabrikant [2]) haftet für den entstandenen Schaden, wenn ein Mandatar, Repräsentant, Leiter oder Aufseher der Fabrik durch ein Verschulden in Ausübung der Dienstverrichtung Verletzung oder Tod eines Angestellten oder Arbeiters herbeiführt. (Mit der Haftpflicht gegenüber unbetheiligten Dritten hat es das zum Schutze der Arbeiter erlassene Fabrikgesetz nicht zu thun.)

[1]) Der Entwurf des eidgen. Obligationenrechtes bestimmt über die Haftpflicht aus Dienstvertrag (Tit. V) nichts specielles, sondern behält die Specialgesetzgebung über „die Arbeit in den Fabriken" ausdrücklich vor (Art. 357).

[2]) Dieser Ausdruck soll den Inhaber (Unternehmer, Eigenthümer vulgo Besitzer) der Fabrik d. h. des Geschäftes als solchen bezeichnen, gleichviel ob physische oder juristische Person (Privatgesellschaft, Staat u. s. w.), also das nämliche Subjekt wie der vom D.-R.-G. gebrauchte Ausdruck „wer eine Fabrik betreibt".

Schweizer. Eisenbahnhaftpflichtgesetz Art. 2.
(Deutsches Reichsgesetz § 1.)
Wortlaut s. § 9 des Referates.

(Auf den ersten Blick könnte es scheinen, als ob die nebenstehende, dem § 1 des D.=R.=G. äußerlich nachgebildete, lit. b des Art. 5 die dem § 2 nachgebildete lit. a überflüssiig machen würde. Weshalb vor dem majus das minus? Aber bei näherem Zusehen ist dem nicht so. Art. 5 lit. b sagt nicht „beim Betriebe", sondern „durch den Betrieb". Damit will der Gesetzgeber solche Unfälle bezeichnen, die nicht in dem Verhalten einer dritten Person (wovon lit. a handelt), sondern unmittelbar in den leblosen Faktoren des Betriebes (Beschaffenheit der Maschinen u. dgl.) ihre Ursache haben. Derartige Unfälle sollen ohne weiteres, d. h. ohne den Nachweis eines speziellen Verschuldens, dem Fabrikherrn selbst imputirt werden, welcher demnach — lit. a und b zusammengehalten — sich von der Haft für irgendwelche beim Betrieb entstandene Verletzungen seiner Arbeiter nur befreien kann durch den Nachweis entweder höherer Gewalt oder Selbstverschuldens des Verletzten oder des persönlichen Verschuldens durch einen solchen Dritten für den er nicht gemäß lit. a verantwortlich ist, also namentlich eines gewöhnlichen Arbeiters. — (Daß dies alles nicht, ähnlich wie in Art. 2 des Eisenbahnhaftpflichtgesetzes, in Einem klaren und einfachen Satze gesagt wurde, hat seinen Grund darin, daß die mildernde lit. a erst in der Schlußberathung eingeschoben wurde und man es unterließ, ihren Gedanken mit lit. b redaktionell zu verarbeiten).

Schweizer. Fabrikgesetz Art. 5 b.

Der Fabrikant haftet gleichfalls, wenn, auch ohne ein solches specielles Verschulden, durch den Betrieb der Fabrik Körperverletzung oder Tod eines Arbeiters oder Angestellten herbeigeführt wird, sofern er nicht beweist, daß der Unfall durch höhere Gewalt oder eigenes Verschulden des Verletzten oder Getödteten erfolgt ist. Fällt dem Verletzten oder Getödteten eine Mitschuld zur Last, so wird dadurch die Ersatzpflicht des Fabrikanten angemessen reduzirt.

Schweizer. Eisenbahnhaftpflichtgesetz Art. 10, Abs. 1.
(Wesentl. gleichlautend s. oben.)

Fabrikgesetz Art. 5 c.

Obige Ersatzansprüche verjähren in zwei Jahren von dem Tage an, an welchem die Verletzung oder Tödtung stattgefunden hat.

Fehlt in den übrigen Gesetzen.

Durch nebenstehende lit. d wird eine analoge Haftpflicht statuirt für durch den Fabrikbetrieb erzeugte Krankheiten. Die sonderbare Fassung dieses neuen Satzes zeigt aber, wie unsicher man bei der Aufstellung desselben war. Der Exekutivbehörde wird es überlassen, an den Betrieb gewisser besonders gesundheitsschädlicher Industriezweige eine civile Haftpflicht aus den fatalen, aber regelmäßigen Folgen derselben zu knüpfen! Alles nähere bleibt in suspenso. Es wurde schon oben angeführt, wie die Gesetzgebung durch das Verbot der Fabrikation von Phosphorzündhölzchen seither andere Wege eingeschlagen hat.)

Fabrikgesetz Art. 5 d.

Der Bundesrath wird überdies diejenigen Industrien bezeichnen, die erwiesenermaßen und ausschließlich bestimmte gefährliche Krankheiten erzeugen, auf welche die Haftpflicht auszudehnen ist.

Eisenbahnhaftpflichtgesetz Art. 5—7, 11.

Wortlaut s. oben. —

(Das Quantitativ der Haftpflicht überläßt der provisorische Art. 5 des Fabrikges. völlig dem freien richterl. Ermessen. Ebenso die Beweisfrage. Für einstweilen sind mithin alle diesfälligen Normen des allgemeinen kantonalen Rechtes zwar aufgehoben, aber nicht in derselben Weise wie für den Eisenbahnbetrieb positiv ersetzt. Eine bestimmte bundesgerichtliche Praxis läßt sich noch nicht anführen.)

Fabrikgesetz Art. 5 Schlußsatz.

Im übrigen urtheilt der kompetente Richter über die Schadensersatzfrage, unter Würdigung aller Verhältnisse, nach freiem Ermessen.

Aus dem mitgetheilten Texte erhellt, daß die besondere Haftpflicht aus Fabrikbetrieb von derjenigen aus Eisenbahn- und Dampfschiffbetrieb sich unterscheidet dadurch, daß jene nur besteht:

a) zu Gunsten der eigenen Angestellten und Arbeiter des Haftpflichtigen, nicht gegenüber beliebigen Drittpersonen. Sie ist also, streng genommen, eine exzeptionell gesteigerte Haftpflicht e contractu, aus dem Arbeitsvertrage. — Auf Drittpersonen wird nur durch die Präventivbestimmungen, welche das Gesetz (Art. 3) zum Schutze der „umliegenden Bevölkerung“ nebenbei enthält, Rücksicht genommen. Deren Uebertretung kann freilich auch civile Schadensersatzpflicht zur Folge haben (Art. 19), aber nach den gewöhnlichen Regeln über obligationes ex delicto.

b) für das Verschulden eines beschränkteren Kreises von Drittpersonen, nämlich nur für dasjenige der (höheren) „Angestellten“, nicht für dasjenige der gewöhnlichen „Arbeiter“, gleichviel ob diese regelmäßig die Fabrik besuchen oder nicht.

c) für körperlichen Personenschaden, nicht auch für (konnexe oder selbständige) Sachbeschädigungen. Dagegen kann in Ausnahmefällen dem äußeren (mechanischen) Körperschaden gleichgestellt werden innere (organische) Krankheit.

Wegen dieser Unterschiede ist es wichtig, zwischen den beiden Gewerben die richtige Gränze zu ziehen. Die Frage z. B., ob Arbeit (Konstruktion, Reparatur) in den Maschinenwerkstätten der Eisenbahnen nach den Sätzen über Fabrik- oder Eisenbahnbetrieb zu beurtheilen sei, ist von der Litteratur und den Gerichten schon mehrfach im ersteren Sinne beantwortet worden [1]).

Das Verhältniß der Haftpflicht aus Fabrikbetrieb zu derjenigen aus dem allgemeinen Civilrechte bedarf keiner weiteren Beleuchtung.

Ueber die praktischen Resultate des Art. 5 wissen die amtlichen Berichte der eidgenössischen Fabrikinspektoren weiter nichts nennenswerthes zu melden als daß beinahe sämmtliche Fabrikbesitzer sich durch Verträge mit Unfallsversicherungsgesellschaften schnellstens gedeckt haben. Dies müssen sie freilich auf eigene Kosten thun, da Art. 10 Abs. 4 die Lohnabzüge zu „Specialzwecken“ verbietet.

Damit sind die nennenswerthen Bestimmungen schweizerischer Spezialgesetze über gewerbliche Haftpflicht erschöpft. Die Landwirthschaft findet nur eine beiläufige Rücksicht in dem (gemäß Verfassung Art. 25, s. oben § 8) erlassenen Bundesgesetze über Jagd und Vogelschutz vom 17. Sept. 1875 (Art. 21) nebst Vollzugsverordnung vom 12. April 1876 [2]), woselbst den Jägern die Beschädigung fremden Grundeigenthums als Jagdfrevel verboten, sie somit auch für den civilen Schaden haftbar gemacht werden.

---

[1]) cf. König in der von ihm redig. Zeitschrift des bernischen Juristenvereins XIII S. 126. Fick ebendas. S. 411 ff. Urtheile der Zürcher Gerichte ebendas. S. 473 ff. XIV S. 285 ff., 297 ff. Urtheil des Bundesgerichtes in der amtl. Samml. f. Entscheid. IV (1878) S. 283 ff.

[2]) Amtl. Samml. der Bundesges. n. F. II S. 39 ff., 156 ff.

VII.

Das Recht der Vereinigten Staaten in Bezug auf die Haftpflicht von Unternehmern für Verletzungen ihrer Arbeiter.

Von Dr. John H. Whiting, übersetzt von Dr. Henry W. Farnam.

Die gesetzliche Regelung der Haftpflicht von Unternehmern fällt den einzelnen Staaten, nicht der Centralregierung der Vereinigten Staaten anheim. An und für sich ist also die größte Mannigfaltigkeit hier möglich; je nach der lokalen Bedeutung von sozialen Fragen in der Politik der einzelnen Staaten könnte der Schutz der Arbeiter in zwei angrenzenden Landestheilen ebenso verschieden sein, als ob sie unter entgegengesetzten Regierungsformen ständen. In diesem Falle wäre die Darstellung des Amerikanischen Rechts eine sehr verwickelte Sache. Thatsächlich ist aber die Haftpflichtfrage noch nicht der Gegenstand besonderer Gesetzgebung geworden, so daß die Sätze des Gemeinen Rechts noch Geltung haben, und nur insofern eine Ungleichmäßigkeit stattfindet, als die Gerichte der einzelnen Staaten in der Auslegung der allgemeinen Normen und in ihrer Anwendung auf konkrete Fälle von einander abweichen.

Da nun von einer absichtlichen Verletzung der Arbeiter die Rede hier natürlich nicht ist, kommen einfach die Sätze über Nachlässigkeit in Anwendung. In dieser Beziehung bestimmt das Gemeine Recht, daß der Unternehmer verpflichtet ist, gewohnheitsmäßige und billig zu fordernde Sorgfalt anzuwenden, um Unfälle unter seinen Bediensteten zu verhindern, und daß, wenn in Ermangelung dieser Sorgfalt und ohne gleichzeitige Nachlässigkeit des Beschädigten ein Unfall eintritt, er für den Schaden haftet. Ein solcher Mangel an nöthiger Sorgfalt kann aber auf dreierlei Weise zu Tage treten: bei persönlicher Nachlässigkeit des Unternehmers; bei seiner Nachlässigkeit in Bezug auf die Gebäude, die Maschinen, das Rohmaterial oder die Hülfsmittel, die er für den Gebrauch seiner Arbeiter liefert; und endlich bei Nachlässigkeit in der Anstellung von unfähigen oder fahrlässigen Bediensteten. Dreifach sind also die Gesichtspunkte, die hier in Betracht kommen.

I. Was den ersten Grund der Haftung betrifft, so ist jeder für seine eigenen Handlungen verantwortlich, und das Verhältniß von Arbeitgeber und Arbeitnehmer begründet keine Ausnahme von der allgemeinen Regel. Wenn daher ein Arbeiter durch die Handlung des Unternehmers beschädigt wird, oder letzterer persönlich eine Arbeit beaufsichtigt und sie in einer bestimmten Weise verrichten läßt und es entsteht eine Beschädigung in Folge der Weise, in welcher die Arbeit verrichtet worden ist, so haftet der Unternehmer, obgleich, wenn die Arbeit in ebenderselben Weise in seiner Abwesenheit ohne besondere Anweisungen gemacht worden wäre, er allerdings nicht verantwortlich wäre.

II. An zweiter Stelle wird der Arbeitgeber gehalten, gewohnheitsmäßige und billig zu fordernde Sorgfalt in Betreff der Gebäude, Maschinen, Materialien und Hülfsmittel, die für den Gebrauch seiner Angestellten von ihm geliefert werden, anzuwenden. Er versichert sie nicht gegen alle Gefahren, auch steht er nicht dafür ein, daß die Gebäude ꝛc. absolut fehlerlos seien. Große Theile der Maschinen müssen schon ihrer Natur nach gefährlich sein. Aber er braucht auch nicht einmal die besten und sichersten ihrer Gattung zu liefern. Wenn sie von der Beschaffenheit und von der Qualität sind, die in dem betreffenden Gewerbszweig üblich sind, wird weiter nichts verlangt. Entsteht aber eine Beschädigung aus irgend einem Fehler, von welchem der Unternehmer Kenntniß hatte, oder bei genügender Aufmerksamkeit und der Anstellung von passenden Proben haben konnte, so haftet er. Ausgenommen ist nur der Fall, daß der Arbeiter gleiche Kenntniß, oder gleiche Mittel sich die Kenntniß zu verschaffen hat; dann wird das Risiko als zur Unternehmung zugehörig betrachtet. Es wird angenommen, daß der Arbeiter ebenso sehr auf seine Gefahr Rücksicht nimmt, wie der Arbeitgeber nehmen sollte, und wenn er mit Kenntniß der Gefahr in dem Dienste verweilt, so muß er seinen Lohn als genügende Entschädigung für die Gefahr betrachten; sie wird dann ein Theil des Arbeitsvertrags.

Dieses Prinzip wurde in einem Falle[1]) zur Anwendung gebracht, wo ein Bremser durch den Bruch der die Bremse ziehenden Kette verletzt wurde. Das Gericht sagt in seiner Entscheidung: „Arbeiter übernehmen das Risiko und die Gefahren des Geschäfts, in welches sie eintreten, und, obwohl der Unternehmer verpflichtet ist, passende und sichere Maschinen und Hülfsmittel für den Gebrauch der Angestellten zu liefern, so haftet er nicht, wenn er das thut, für einen Schaden, der aus dem Bruch oder dem Versagen der Maschinerie entsteht, außer wenn bewiesen wird, daß der Unternehmer sich Nachlässigkeit in Betreff derselben hat zu Schulden kommen lassen, entweder durch Handlung oder Unterlassung.“

Es besteht die Tendenz, Eisenbahnen mit besonderer Strenge zu dieser Verantwortlichkeit anzuhalten, weil es eben für die Bediensteten unmöglich ist, den Schienenweg, der vielleicht über Hunderte von Meilen sich erstreckt, oder die Wagen, die nach Tausenden zählen, zu untersuchen. Als daher eine Verletzung dadurch entstand, daß der Puffer eines Eisenbahnzuges zu kurz war, wodurch der Bremser, der das Koppeln vornehmen wollte, festgehalten wurde, wurde die Eisenbahngesellschaft für verantwortlich gehalten; als dagegen ein Bremser bei dem Zusammenkoppeln dadurch verletzt wurde, daß die Puffer von verschiedener Höhe waren, wodurch die Aufgabe sogar noch erschwert wurde, ließ man die Kompagnie nicht haften, da dies öfters vorkäme und daher zum Unternehmen selber gehörte.

Ebenfalls wurde in einem neueren Fall in Missouri entschieden, daß ein Bremser, der dadurch verletzt wurde, daß sein Fuß in der Zwangschiene an

---

[1]) De Groof vs. New-York Central and Andson River R. R. Co. 76 N. Y. 125.

einer Weichenstelle stecken blieb, zu keiner Entschädigung von der Gesellschaft berechtigt war, weil, obgleich sie eine bessere Schiene hätte gebrauchen können, sie doch die in solchen Stellen übliche Schiene hatte.

III. Die Nachlässigkeit eines Mitarbeiters ist eine der ergiebigsten Quellen von Unglücksfällen: es wird daher angenommen, daß der Arbeiter diese Gefahr übernimmt; aber der Unternehmer darf sie nicht dadurch steigern, daß er unfähige Leute anstellt oder in Dienst behält, sei es, daß sie ungelernt oder trunksüchtig, oder einfach fahrlässig sind, oder in Stellungen eingesetzt, denen sie nicht gewachsen sind. Ob diese Unfähigkeit zur Zeit der Anstellung existirte oder nachher eintritt, ist gleichgültig: wenn sie dem Unternehmer bekannt war, haftet er für jeden durch sie verursachten Unfall. Diese Regel unterliegt derselben Beschränkung, wie die vorhergehende in Bezug auf die Kenntniß des Beschädigten. Wie bei fehlerhafter Maschinerie, so auch bei nachlässigen oder unpassenden Mitarbeitern: wenn der Beschädigte den Unternehmer auf die Mangelhaftigkeit aufmerksam macht und um die Abstellung der Gefahr bittet, und wenn ihm versichert wird, daß das Fehlende hergestellt oder der Mann entlassen werden soll, und wenn er im Vertrauen auf diese Versicherung die Arbeit wieder aufnimmt, so wird seine Kenntniß der Gefahr den Anspruch auf Entschädigung nicht beeinträchtigen. Wenn er aber ohne Anzeige an den Unternehmer zu arbeiten fortfährt, so wird vorausgesetzt, daß er die Gefahr übernommen habe.

Auch in dieser Beziehung werden die Eisenbahngesellschaften zu einer strengeren Verantwortlichkeit gehalten, nicht, daß die Regel anders wäre, aber daß die Natur des Geschäfts größere Sorgfalt ihrerseits mit Rücksicht auf ihre Bediensteten erheischt. Daher folgende Entscheidung im Staate New-York [1]): Kläger war ein Lokomotivführer im Dienste des Angeklagten. Der ihm voraufgegangene Zug wurde mit einer ungenügenden Zahl Bremser expedirt, gleitete wegen dieses Mangels zurück und verletzte den Kläger. Das Gericht nun sagt: „Für seine eigene Nachlässigkeit haftet der Unternehmer seinem Bediensteten wie irgend einem Dritten. Es giebt gewisse Pflichten in Bezug auf die Sicherheit der Bediensteten, deren Ausführung dem Unternehmer anheimfällt, und er kann sich der Verantwortlichkeit für deren Unterlassung gegenüber seinen Bediensteten nicht dadurch entziehen, daß er angiebt, er habe die Ausführung einem anderen Bediensteten übertragen, der seinen Anweisungen nicht folgte oder die ihm anvertraute Pflicht auszuführen unterließ. Hierher gehört die Pflicht des Unternehmers, fähige Beamte anzustellen und seinen Bediensteten sichere Werkzeuge und Maschinen zur Verfügung zu stellen. Die Pflicht, jede billig zu fordernde Sorgfalt in Ausübung dieser Thätigkeiten anzuwenden, bleibt immer Pflicht des Unternehmers und Nachlässigkeit in deren Ausführung ist seine Nachlässigkeit, ob er selbst oder vermittelst anderer sich bethätigte." In diesem Falle machte die Vertheidigung geltend, daß die Absendung des Zuges ohne eine genügende Anzahl Bremser die Handlung des Rangirmeisters gewesen sei und daß dieser des verletzten Lokomotivführers Mitarbeiter sei. Das Gericht aber entschied, daß, da die Pflicht der Gesellschaft zustehe, ihr auch die Schuld zuzuschreiben sei.

Die relative Stellung der zwei Bediensteten hat keine Bedeutung für ihre Eigenschaft als Mitarbeiter. In einem neuern Fall in Pensylvania wurde dieses

---

[1]) Booth vs. Boston and Albany R. R. Co. 73 N. Y. 40.

Prinzip folgendermaßen ausgedrückt: „Es genügt, wenn sie in dem Dienst desselben Unternehmers und an einer gemeinsamen Arbeit beschäftigt sind und Pflichten und Dienste für dieselben allgemeinen Zwecke verrichten. Dieselbe Regel gilt auch, wenn der Beschädigte niederen Grades und unter der Kontrole und Aufsicht des Vorgesetzten ist, dessen Handlung die Beschädigung verursachte."

Sie müssen aber natürlich für einen gemeinsamen Zweck angestellt sein: wenn ein Fabrikarbeiter z. B. durch das nachlässige Fahren des Kutschers seines Unternehmers beschädigt wäre, würde die Haftung des Herrn gerade dieselbe sein, wie gegenüber einem Fremden. Die Gefahr überfahren zu werden, wäre kein Bestandtheil des Fabrikbetriebes. Wenn dagegen der Aufseher einer Werkstatt einem Arbeiter eine besonders gefährliche Handlung zuweist, wobei dieser beschädigt wird, dann ist die Fahrlässigkeit die eines Mitarbeiters und der Fabrikant haftet nicht, wenn nicht der Aufseher unfähig ist, seine Stelle zu bekleiden.

In dem angeführten Prozeß, Booth vs. Boston and Albany R R. Co., wurde allerdings die Regel aufgestellt, daß, wenn der Unternehmer die Wahl von Gehülfen oder den Ankauf und die Reparaturen von Maschinen dem Aufseher überträgt und durch dessen Fahrlässigkeit in diesen Beziehungen ein Angestellter beschädigt wird, der Unternehmer doch haftet. Das ist aber eine Neuerung, die wahrscheinlich durch die Allgemeinheit von Korporationen veranlaßt ist, da diese ihre Handlungen nothwendig vermittelst Stellvertreter vornehmen müssen und sich leicht aller Verantwortlichkeit entziehen könnten.

Im einzelnen Falle mag es zuweilen schwer fallen, praktisch zu bestimmen, unter welchen der drei aufgeführten Gesichtspunkte eine Schuld kommt, und die Haftung kann von der Beantwortung dieser Frage abhängen. In einem neuern Fall in Massachusetts hatte ein Kirchenkomité, welches Reparaturen am Kirchengebäude leitete, einem Zimmermann die Errichtung eines Gerüstes für den Gebrauch der Tündner übertragen. Durch fehlerhafte Zusammenstellung dieses Gerüstes wurde einer der Tündner beschädigt. Es wurde nun entschieden, daß das Gerüst in seiner fertigen Gestalt von der Kirche geliefert wurde und daß sie für dessen fehlerhaften Bau verantwortlich war; die Zimmerleute wurden nicht als die Mitarbeiter der Tündner angesehen. Wenn dagegen die Tündner das Gerüst errichtet hätten, wäre die Kirche für keine Fehler in dem Bau oder im Material desselben verantwortlich gewesen, außer wenn sie die Benutzung des bestimmten, fehlerhaften Stücks anbefohlen hätte.

In den drei entwickelten Fällen hängt die Haftung des Unternehmers von seiner Fahrlässigkeit ab, entweder in seinen Handlungen oder in seiner Wahl von Arbeitsmitteln und Stellvertretern. Zeigt er daher die Sorgfalt, die unter den jeweiligen Umständen billig zu verlangen ist, so ist er für die Folgen nicht verantwortlich.

Alle Unfälle, die nicht unter einen dieser drei Gesichtspunkte fallen, werden als die Folge persönlicher Nachlässigkeit seitens des Arbeiters angesehen oder als die Folge von Gefahren, die nothwendig mit dem Geschäft verbunden und als solche beim Vertrag mit in die Rechnung gezogen sind. Ein an sich gefährliches Unternehmen verlangt größere Sorgfalt seitens des Unternehmers und seitens des Arbeiters und giebt (so nimmt man an) einen höhern, der größern Gefahr entsprechenden Lohn, so daß der Unternehmer nur dann haftet, wenn er die gewöhnlichen, natürlichen Gefahren des Geschäfts steigert.

Da diese Haftung auf dem Gemeinen Recht beruht und von der Fahrlässigkeit des Unternehmers abhängt, so gelten auch die andern Bestimmungen des Gemeinen Rechts in Bezug auf Fahrlässigkeit. Insbesondere findet hier Anwendung der Satz, daß nicht nur den Unternehmer eine Schuld treffen muß, sondern auch der Arbeiter ohne eine zur Verletzung wesentlich beitragende Schuld sein muß.

Wir schließen mit der Beantwortung der vom Verein für Sozialpolitik gestellten Fragen.

1. Die Person, die thatsächlich eine Beschädigung zufügt, haftet, außer im Falle eines damnum absque injuria.

2. Die Haftpflicht ist die gleiche in allen Gewerben, nur daß, was in einem Falle genügende Sorgfalt ist, im andern grobe Fahrlässigkeit sein könnte.

3. In Bezug auf die persönlichen Handlungen des Unternehmers macht es keinen Unterschied, ob der Beschädigte ein Angestellter des Etablissements ist oder nicht, aber einem Fremden gegenüber würde der Unternehmer für die gewerbsmäßigen Handlungen seiner Arbeiter verantwortlich sein, gegenüber einem Arbeiter nicht, außer in den schon erwähnten Fällen.

4. Besondere Gesetze über die Haftpflicht existiren weder in den östlichen, noch in den mittlern Staaten, wahrscheinlich in keinem.

5. Die Beweislast trifft im Allgemeinen den Angestellten, d. h. er muß die Verletzung beweisen, und ebenfalls, daß sie durch die Fahrlässigkeit des Unternehmers geschehen ist. Dieser muß dann eine gleichzeitige Nachlässigkeit des Beschädigten beweisen, wenn er seine Vertheidigung darauf stützen will. In einigen Staaten muß der Kläger von Anfang an den Mangel an eigner Schuld beweisen.

6 und 7. So viel wir wissen, besteht keine Gesetzgebung weder über Unfallversicherungsgesellschaften, noch über die Meldung von Unfällen.

8. In verschiedenen Staaten existiren verschiedene Vorschriften in Bezug auf Eisenbahnen, Dampfkessel ꝛc. und in der Gesetzgebung der Vereinigten Staaten in Bezug auf Dampfboote. Eine Uebertretung dieser Vorschriften könnte als Beweis für Fahrlässigkeit dienen, aber sonst hängen sie mit diesem Gegenstand nicht näher zusammen.

VIII.

Zur Fortbildung des Haftpflichtgesetzes vom 7. Juni 1871.

Von Dr. J. Baron, ordentl. Prof. der Rechte in Greifswald.

Die Thatsache, daß die Bildung der deutschen Juristen im Privatrecht wesentlich auf romanistischer Grundlage ruht, darf von Niemandem, welcher an eine Kritik des bestehenden Rechts herantritt, außer Acht gelassen werden. Die Autorität des Römischen Rechts ist bei den deutschen Juristen eine so große, daß sie eine Neuerung, welche eine wesentliche Abweichung von Römischen Grundsätzen enthält, zum Theil für bedenklich erachten, jedenfalls aber sich des Maßes bewußt sein wollen, in welchem die Neuerung von dem Römischen Recht abweicht, und der Gründe, durch welche die Neuerung gerechtfertigt wird.

Bezüglich der Haftung des Arbeitgebers für Schäden, welche den Arbeiter bei der Arbeit betreffen, stellt nun das Römische Recht zwei Regeln auf:

1. Der Arbeitgeber haftet nur für eigne Schuld, nicht für fremde,
2. Der Arbeitgeber haftet nicht für Zufall.

Beide Regeln werden vom Römischen Recht nicht etwa als singuläre Vorschriften für den Arbeitsvertrag aufgestellt, vielmehr sind sie Anwendungen von generellen Vorschriften, d. h. von Grundsätzen, welche für das *gesammte* Gebiet der Obligationen, für alle Forderungen und Schulden gelten. *Allgemein* hingestellt sind die Regeln sehr einleuchtend, sehr leicht zu vertheidigen; in ihrer *speziellen* Anwendung auf den Arbeitsvertrag führen sie zu den ärgsten Härten.

1. Haftung für fremde Schuld.

Ich wende mich zur ersten Regel; sie ist diejenige, in welche das Haftpflichtgesetz vom 7. Juni 1871 Bresche gelegt, welche sie aber keineswegs umgestürzt hat. Die Regel ist der Ethik mit dem Recht gemein, und macht deshalb nicht bloß auf den erwägenden Verstand sondern zugleich auf die sittliche Empfindung großen Eindruck. Die Anforderung stellen wir an den Mann, daß er die Folgen seiner Handlungen überdenke, also auch für sie einstehe; aber wir verlangen nicht mehr von ihm; wir können von ihm nicht Rechenschaft für fremde Handlungen verlangen, da sie außer dem Bereiche seines Willens liegen. Um dieser allgemeinen Begründung willen findet die Regel im Kriminal- und im Civilrecht Anwendung.

Trotzdem fehlt es nicht an Ausnahmen; die Vielgestaltigkeit der Lebensverhältnisse läßt uns eben nicht zur vollen Konsequenz gelangen; es genügt uns, wenn wir in der Ausnahme eine praktische Anforderung der bürgerlichen Ordnung nachweisen, denn der Zweck der Rechtsvorschriften ist nicht, das Leben zu beherrschen sondern ihm zu dienen.

Sehr schmal ist der Umfang der Ausnahmen im Kriminalrecht. Denn da in der Strafe eine Buße liegt, welche eine verwerfliche Gesinnung treffen und dem empörten Gerechtigkeitsgefühl eine Sühne verschaffen soll, so ist es offenbar verkehrt, statt des Uebelthäters einen Anderen büßen zu lassen. Nichtsdestoweniger enthält das deutsche Vereinszollgesetz vom 1. Juli 1869 §§ 153, 154 die Vorschrift, daß die Strafe der Konfiskation jederzeit den Eigenthümer der defraudirten Waare trifft, selbst wenn die Defraudation durch seinen Diener, Lehrling, Markthelfer, Gewerbsgehilfen, Gatten, Kind, Gesind begangen worden ist. Der Grund hierfür liegt darin, daß bekanntlich in Steuersachen die Gewissenhaftigkeit der Menschen leider viel zu wünschen läßt; das Gesetz will also den Herrn zwingen, sich persönlich um die Steuerentrichtung zu kümmern, und es bestraft ihn dafür, daß er es unterlassen hat. So aufgefaßt ist die Ausnahme nur eine scheinbare.

Umfassender und für die soeben versuchte Erklärung unempfänglich sind die Ausnahmen im Gebiete des Civilrechts; denn die Haftung des Einen für den von einem Anderen verursachten Schaden enthält keinen solchen inneren Widerspruch wie die Bestrafung eines Anderen an Stelle des Verbrechers. Man braucht nur den Gedanken der Garantie hinzuzunehmen, und sofort verliert die Haftung alles Auffallende. Deutlicher gesprochen: das Verkehrsleben kennt einige Fälle, in denen Jemand freiwillig die Haftung für fremde Schulden verspricht, also ihre Tilgung zu rechter Zeit, am rechten Orte, in gehöriger Weise garantirt; es ist dies die Bürgschaft und die Pfandbestellung für einen Anderen; Niemand findet etwas Auffallendes darin, da jeder der Herr seines Willens ist, und der Verkehr dankt jenen Rechtsgeschäften die Befriedigung eines seiner dringendsten Bedürfnisse: der Sicherheit der Forderungen, für welche die Bürgschaft resp. das Pfand bestellt sind. Denkbar ist es nun, daß das Gesetz, wo die freiwillige Garantieübernahme fehlt, die Garantie zu einem immanenten Bestandtheil des Rechtsgeschäfts macht; denn nicht der Wille allein sondern auch eine höhere Ordnung oder (wie man früher sagte) die sog. Natur der Sache bestimmt die Pflichten der Menschen, schreibt die Grundsätze für ihr gesellschaftliches Verhalten vor. Eine solche Rechtsvorschrift bedarf also innerer Gründe; es brauchen aber dieselben nicht etwa zwingender Natur zu sein, auch Utilitätsgründe genügen, denn wenn (wie Jhering lehrt) die Rechtsvorschriften nach dem Zweckmäßigen zu gestalten sind, so ist der zwingende Grund nichts anderes als die höchste Darstellung des Utilitätsgrundes; zwischen beiden besteht bloß ein gradueller Unterschied.

Solcher Rechtsvorschriften finden sich nun mehrere im Römischen Recht, noch mehr in den modernen Partikularrechten; aber die auffallende Erscheinung bietet sich in ihnen (mit Ausnahme des Französischen Rechts, von welchem später die Rede sein wird): sie beziehen sich allesammt nicht auf den Arbeitsvertrag (locatio conductio operarum und operis). Es liegt außerhalb der Grenzen dieses Gutachtens, sie der Reihe nach zu behandeln, zumal wir dabei auf eine Fülle juristischer Kontroversen eingehen müßten; es genügt, den jedem Geschäftsmann bekannten und für den Verkehr bedeutendsten Fall herauszunehmen. Der Frachtführer nämlich haftet für den Schaden, welcher durch Verlust oder Beschädigung des Frachtgutes seit der Empfangnahme bis zur Ablieferung entstanden ist, sofern er nicht beweist, daß der Verlust resp. die Beschädigung durch höhere Gewalt oder durch die natürliche Beschaffenheit des Gutes oder durch äußerlich nicht erkennbare Mängel der Verpackung entstanden ist [1]). Also eine Haftung des Frachtführers nicht bloß für seine Leute sondern zugleich für jeden Dritten, — außer wenn dieselben eine höhere (d. h. unwiderstehliche) Gewalt angewendet haben [2]). Die Anomalie ist folgende. Die Waare ist durch Leute des Frachtführers resp. durch Dritte verloren gegangen resp. beschädigt worden; an diese müßte sich der Befrachter nach der Rechtskonsequenz halten; das Gesetz substituirt deren Haftung die des Frachtführers, und überläßt es dem Frachtführer, seinen Regreß an den Schuldigen zu nehmen. Die Anomalie besteht also in der Unterschiebung einer anderen Person, in der Uebertragung der Haftung von einer Person auf eine andere; nicht die Haftung überhaupt ist eine anomale sondern bloß die Hereinziehung des Frachtführers in die Haftung. Und der Grund der Anomalie? Er ist mehrfach, theils vorbeugend theils strafend theils das Verkehrsbedürfniß. Vorbeugend ist die Erwägung, daß der Frachtführer, wenn ihm die Haftung obliegt, sich persönlich um die Waare bekümmern wird; strafend ist die Rücksicht einerseits darauf, daß der Frachtführer vielleicht das Personal nicht sorgsam ausgewählt (sog. culpa in eligendo) [3]) resp. den dritten nicht gehörig überwacht hat; andererseits darauf, daß der Befrachter fast niemals in der Lage ist, diese Culpa des Frachtführers nachzuweisen; das Verkehrsbedürfniß endlich verlangt, daß die Forderung des Befrachters eine wirklich durchführbare sei, die Haftung des Personals aber macht seine Forderung zu einer undurchführbaren, sie bleibt eine papierne, weil das Personal in der Regel kein Vermögen hat. Addirt man alle diese Gründe, so ist die Anomalie genügend gerechtfertigt; in ökonomischer Fassung lautet sie: dem Frachtführer ist durch das Gesetz die Garantie für die unbeschädigte Ankunft der Waare auferlegt, außer wenn der Verlust resp. die Beschädigung in höherer Gewalt oder in der Waare selbst resp. in ihrer Verpackung ihren Grund haben.

Solche Argumentationen liegen mehr oder weniger den übrigen Vorschriften zu Grunde, welche das Römische Recht resp. die modernen Partikularrechte in ähnlicher Weise aufgestellt hat. Sie sind bereits so zahlreich, daß die heutige Wissenschaft des Privatrechts genöthigt war, einen neuen Rechtsbegriff aufzustellen: „Haftung für fremde Schuld" [4]). Aber es sind nur einzelne Fälle,

---

[1]) Deutsches Handelsgesetzbuch Art 395.

[2]) Höhere Gewalt kann auch in Naturereignissen liegen, z. B. Feuersbrunst; diese Art interessirt uns hier nicht.

[3]) Im Römischen Recht (l. 5 § 6 D. de obl. et act. 44, 7) heißt es deshalb: aliquatenus culpae reus est, quod opera malorum hominum uteretur.

[4]) Der Verfasser dieses Gutachtens hat im Archiv für civilistische Praxis Bd. 52, Nr. 2 den Nachweis unternommen, daß schon im Römischen Recht die Fälle der Haftung für fremde Schuld viel zahlreicher sind als die bisherige Theorie annahm. Wenn auch im Einzelnen dissentirend so trägt doch im Prinzip Windscheid in seinen Pandekten § 264 dieselbe Lehre vor.

unter denen (wie schon oben bemerkt) der Arbeitsvertrag fehlt; nur das läßt sich behaupten: die Fälle wurden immer zahlreicher, die modernen Partikularrechte gingen immer weiter über das Römische Recht hinaus [1]). Da hat endlich der Code civil den Wurf einer prinzipiellen Fassung gewagt, indem er im Art. 1384 den Grundsatz aufstellt:

on est responsable non seulement du dommage, que l'on cause par son propre fait, mais encore de celui, qui est causé par le fait des personnes, dont on doit repondre . . .

Als responsables führt der Artikel unter Anderen auf: les maitres et les commettans du dommage causé par leurs domestiques et préposés dans les fonctions, auxquelles ils les ont employés.

Als man aber bei uns das Haftpflichtgesetz vom 7. Juni 1871 erließ, so folgte man nicht dem französischen Vorbilde sondern man ging auf dem vom Römischen Recht resp. von den modernen Partikularrechten eingeschlagenen Wege weiter; man ordnete also die Materie nicht prinzipiell sondern man fügte zu den bisherigen landesgesetzlichen Fällen der Haftung für fremde Schuld einige weitere reichsgesetzliche Fälle hinzu. Die Gründe waren theils äußere theils innere.

Die äußeren Gründe waren folgende. Das Gesetz war theils durch eine Petition an den Reichstag theils durch eine gewisse Bewegung in der juristischen Literatur angeregt. Die Petition aus dem Anfang des Jahres 1868 [2]) bezog sich bloß auf die Beschädigungen in Fabriken, Bergwerken, Eisenbahnen, Dampf- und Segelschiffen. Noch enger war das Gebiet, mit welchem sich die juristischen Schriftsteller, wenngleich in auffallend zahlreichen Schriften, beschäftigten; Achenbach und Frantz behandelten lediglich den Bergbau, Weber übersetzte die Simonsche Haftpflicht der Eisenbahnen in England, Lehmann erörterte gleichfalls nur das Eisenbahnrecht [3]).

Der innere Grund war, daß man eine prinzipielle Regelung der Materie nur im Zusammenhang mit dem ganzen System des Obligationenrechts für möglich hielt. Vielleicht auch mochte der Umstand einwirken, daß gerade die Commission, welche 1865 und 1866 in Dresden sich mit der Ausarbeitung eines den deutschen Bundesstaaten gemeinsamen Obligationenrechts beschäftigte, den Grundsatz des französischen Art. 1384 verworfen, und sich dem römischrechtlichen Princip angeschlossen hatte. Jedenfalls war auch der Umstand von Einfluß, daß nach der damaligen Fassung des § 4 Nr. 13 der Reichsverfassung

---

[1]) Man vergl. für das Preußische Recht Koch, Preuß. Privatrecht § 574, und namentlich das Preuß. Eisenbahngesetz vom 3. November 1838 § 25, welches den anderen kontinentalen Gesetzen lange vorausgeeilt ist (Oesterreich 1869, Schweiz 1875); sowie die Preuß. Grundbuchordnung vom 5. Mai 1872 § 29, welche die subsidiare Haftpflicht des Staates für den Grundbuchbeamten einführt (ebenso schon früher das Baierische, Sächsische und Mecklenburgische Hypothekenrecht, vgl. Förster, Preuß. Grundbuchrecht S. 41).

[2]) Drucksachen des Reichstages 1868 Nr. 56.

[3]) Achenbach in Brassert's Zschr. f. Bergrecht Bd. 9, S. 104 ff., 410 ff. — Frantz, die Haftbarkeit und Entschädigungspflicht bei den Verunglückungen des Bergbaus 1869, und in Hildebrand's Jahrb. f. Nationalökonomie Bd. 2, S. 36 ff. — Simon, Haftpflicht der Eisenbahnen in England, übersetzt v. Weber 1868. — Lehmann, Körperverletzungen und Tödtungen auf deutschen Eisenbahnen und die Unzulänglichkeit des Rechtsschutzes. 1869.

das Reich zwar die Competenz über das gesammte Obligationenrecht besaß, daß man aber hiervon keinen Gebrauch machen wollte, soweit es sich um die Landwirthschaft handelte.

Demgemäß wollte der Preußische Antrag die Haftpflicht für fremde Schuld auf Eisenbahnen und Bergwerke beschränkt wissen [1]); erst der Bundesrath fügte die Steinbrüche, Gräbereien und Fabriken hinzu [2]); im Reichstage waren Amendements sowohl auf Streichung resp. Einschränkung als auf Erweiterung der „Fabrik" gestellt [3]); das schließliche Resultat war die Annahme der Bundesrathsvorlage.

Daß nun eine Ausdehnung des Haftpflichtgesetzes gegenwärtig an der Zeit sei, darüber ist man fast auf allen Seiten einig. Ich habe wenigstens bloß eine einzige dissentirende Stimme auffinden können, die des Reichstagsabgeordneten Heinrich, welcher 1878 im Reichstag bei Gelegenheit der Berathung des Antrages Hirsch im Namen der deutschkonservativen Partei erklärte, daß theils mit Rücksicht auf das in der Ausarbeitung begriffene deutsche bürgerliche Gesetzbuch, theils wegen der kurzen Dauer der Geltung des Haftpflichtgesetzes die Revision des letzteren aufgegeben werden solle [4]).

Welcher Umfang aber der Ausdehnung des Haftpflichtgesetzes zu geben sei: das ist bestritten; es handelt sich darum, entweder die Spezialisirung des § 2 des Haftpflichtgesetzes durch einige neue Fälle zu erweitern oder durch eine generelle Regelung die Haftpflicht auf alle Arbeitgeber auszudehnen. Gott sei Dank stehen auf beiden Seiten der Streitenden Männer der verschiedensten politischen und sozialen Richtungen, so daß man eine rein sachliche Debatte mit Sicherheit erwarten darf. Wenn wir von der Tagespresse absehen, so sind beide Ansichten hauptsächlich in den Reichstagsdebatten der Jahre 1878 und 1879 hervorgetreten; von wissenschaftlichen Arbeiten weiß ich nur den Referenten in der Generalversammlung des deutschen und österreichischen Leinen-Industrievereins vom 16. August 1873, Möller [5]), sowie einige Andeutungen des Vorstehers des preußischen statistischen Bureaus, Engel [6]), anzugeben. Aus der Praxis ist ein Bericht der allgemeinen Unfallversicherungsbank in Leipzig zu erwähnen [7]).

Im Reichstag waren die meisten Antragsteller [8]) und Redner 1878 der Ansicht, das Haftpflichtgesetz müsse auf andere Gewerbe ausgedehnt werden, welche mit besonderer Gefahr für Leben und Gesundheit verbunden seien; die Sozialdemokraten [9]) nannten speziell Holzschneidewerke, Bauten, landwirthschaftlichen Maschinenbetrieb sowie die Arbeiten, welche mit einem der gedachten Betriebe in unmittelbarer Verbindung stehen. Dahingegen sprachen 1879, wo

---

[1]) Drucks. des Bundesraths 1868 Nr. 92.

[2]) Drucks. des Bundesraths 1869 Nr. 130, Protokolle § 354. Drucks. des Reichstages 1871 Nr. 16.

[3]) Genauere Mittheilungen bei Eger, Reichshaftpflichtgesetz, 2. Aufl. S. 186 ff.

[4]) Stenogr. Berichte S. 853 ff. Ueber den verwandten Standpunkt des Abg. Stumm und des Reichskanzleramtspräsidenten Hofmann, s. unten S. 121 N. 1.

[5]) Arbeiterfreund herausg. v. Böhmert und Gneist Bd. 11 S. 486 f.

[6]) Zschr. der preuß. stat. Bureaus 1876 S. 145.

[7]) Abgedr. in Jacobi's Kommentar S. 17 f.

[8]) Anlagen zu den Verh. des Reichstages 1878 Nr. 28, 48, 133, 134.

[9]) Anlagen Nr. 128.

namentlich der Freiherr von Hertling die vorjährigen Ideen vertheidigte, die Abgeordneten Bebel [1]), Löwe und Hammacher für eine prinzipielle Regelung der Frage, d. h. für die Ausdehnung des Haftpflichtgesetzes „auf alle Gewerbsunternehmer ohne Ausnahme, Landwirthschaft, Schifffahrt, Handel u. s. w. inbegriffen", „auf sämmtliche Gewerbszweige des Reichs" [2]); ich gehe nicht fehl, wenn ich es als eine Ausdehnung auf den gesammten Arbeitsvertrag bezeichne, und ich betone, daß die Abg. Hammacher und Löwe zu den Großindustriellen gehören.

Ohne Zweifel liegt in diesen Anträgen und Reden das schönste Zeugniß für die segensreiche Wirksamkeit des Haftpflichtgesetzes; die Arbeiter, welche unter seinem Schutze stehen, werden von den davon ausgeschlossenen mit einem gewissen Neide betrachtet; denn was die Lage des Arbeiters zu allen Zeiten unbefriedigend macht, ist die Unsicherheit der Existenz; sie hat ihren Grund in vielen Umständen: in den Konjunkturen, in den Unglücksfällen, in Krankheiten, in der Kraftlosigkeit des Alters; vielleicht die schlimmste Ursache ist der Unglücksfall, da er wie der Blitz aus heiterem Himmel den unvorbereiteten, ahnungslosen Menschen trifft. Da hat nun das Haftpflichtgesetz gegen einen Theil der Unglücksfälle gewisse Arbeiter in ökonomischer Hinsicht gesichert; sollen die übrigen Arbeiter nicht die gleiche Aufbesserung ihrer Lage empfangen?

Es frägt sich nur, ob a l l e Arbeiter oder nur die in den Betrieben, mit welchen Gefahren für Leben und Gesundheit verbunden sind.

Für die Ausdehnung auf a l l e Arbeiter sprechen die drei Gründe, welche ich oben bei dem bedeutendsten bisherigen Falle der Haftung für fremde Schuld, dem Frachtführer, entwickelt habe. Sie lassen sich alle drei auf den gesammten Arbeitsvertrag (loc. cond. operarum und operis) übertragen:

1. Der vorbeugende Grund: es wird der Arbeitgeber bei Auswahl seiner Vertreter resp. der die Arbeit leitenden oder beaufsichtigenden Beamten um so aufmerksamer sein;

2. der strafende Grund: häufig wird eine culpa in eligendo des Arbeitgebers vorliegen, welche also schon nach allgemeinen Rechtsgrundsätzen dessen Verurtheilung verlangt; allein diese ist schwer nachzuweisen, da bei der Beurtheilung der Fähigkeiten und Gesammtleistungen eines Menschen die Meinungen bekanntlich sehr auseinandergehen;

3. der Verkehrsgrund: der Anspruch des Arbeiters, wenn er ihn nicht gegen den Arbeitgeber sondern bloß gegen dessen Beamten richten darf, bleibt meistens ein rein papierner, da die letzteren in der Regel ohne Vermögen sind.

Für die Beschränkung der Ausdehnung auf die mit Gefahr für Leben und Gesundheit der Arbeiter verbundenen Personen sind in den Reichstagsdebatten namentlich zwei Gründe geltend gemacht worden: das Bedürfniß, welches bei derartigen Betrieben besonders dringend ist, und die Schwere der Belastung, welche nicht von allen Gewerben getragen werden könne. Ich kann beide Gründe nicht anerkennen.

Der erste Grund (das besonders dringende Bedürfniß) ist, wenn man ihn genau betrachtet, zwar ein Grund für die Ausdehnung des Haftpflichtgesetzes,

---

[1]) Bebel in den stenogr. Berichten S. 142.
[2]) Stenogr. Berichte S. 143, 148, 150.

aber nicht ein Grund für die Beschränkung der Ausdehnung. Deutlicher gesprochen: es folgt aus demselben, daß man unverzüglich das Haftpflichtgesetz allen denjenigen Arbeitern zu Gute kommen lassen muß, deren Leben und Gesundheit besonders gefährdet ist; aber es folgt nicht daraus, daß man es den anderen Arbeitern nicht zu Gute kommen lassen soll. Man kann den Grund für das Jahr 1871 als einen entscheidenden anerkennen, man kann dies nicht mehr für unsere Tage thun. Dem Gesetzgeber von 1871 kann man es nicht zum großen Vorwurf machen, daß er die Haftung für fremde Schuld nur in Einzelfällen statuirte. Damals handelte es sich — gegenüber den bisherigen Vorschriften des Gemeinen und Preußischen Rechts — gleichsam um die Beschreitung eines neuen Weges; hier war Vorsicht zum Theil geboten zum Theil zu entschuldigen; der Bruch mit der bisherigen Rechtstheorie war jedenfalls in den dringendsten Fällen zu vollziehen, nämlich in denjenigen, wo Leben und Gesundheit der Arbeiter besonders gefährdet war. Heute aber hält man der damals gerechtfertigten Anschauung dreierlei entgegen:

1. Die Gefährlichkeit oder Ungefährlichkeit des Betriebes ist überhaupt nicht der entscheidende Punkt bei Normirung der Haftpflicht für fremde Schuld. Dieser Gegensatz äußert sich ganz wo anders, nämlich darin, daß in gefährlichen Unternehmungen sehr viele Unfälle kommen werden, in ungefährlichen sehr wenige. Wenn aber einmal in der ungefährlichen Unternehmung ein Unfall vorkommt, so ist kein Grund vorhanden, ihn juristisch anders zu behandeln als den in einer gefährlichen Unternehmung.

2. Schon 1871 wollte man, wie aus den Motiven und den damaligen Reichstagsdebatten erhellt, alle gefährlichen Unternehmungen dem Haftpflichtgesetz unterstellen. Noch sind nicht zehn Jahre verlaufen, und schon hat man sich überzeugt, daß die damals getroffene Spezialisirung (Eisenbahnen, Bergwerke, Steinbrüche, Gräbereien, Fabriken) eine ungenaue, nicht hinreichende gewesen ist. Wird man dies Mal glücklicher sein? Wird es gelingen, dies Mal eine vollständige Aufzählung der gefährlichen Unternehmungen zu finden? Die Wahrscheinlichkeit spricht nicht dafür; fast jede Spezialisirung leidet an einem Zuviel oder einem Zuwenig.

3. Es giebt überhaupt keinen Gegensatz von gefährlichen und ungefährlichen Unternehmungen, denn es giebt, wie der Abg. Hammacher ausführte, überhaupt kein „an und für sich gefährliches Gewerbe". „Die Fischerei ist an der einen Stelle ein sehr gefährlicher, an der anderen Stelle ihrer Natur nach ein harmloser, nicht mit Gefahr verbundener Gewerbebetrieb; ja, dasselbe könnte man vom Bergbau, von sehr vielen Fabriken behaupten; es giebt Bergbau- und Fabrikbetriebe, die gerade so gefahrlos sind als die gefahrloseste Fischerei; ein Gewerbe, das seiner ganzen Natur nach unter allen Umständen ein gefährliches für das Leben und die Gesundheit der Arbeiter genannt werden muß, existirt überhaupt nicht" [1]).

Der zweite Grund für die Beschränkung der Haftpflicht sollte, wie obenbemerkt, die Schwere der Belastung sein, welche nicht von allen Gewerben getragen werden könne. Ich kann mich nicht erwehren, diese Ansicht als eine

---

[1]) Worte des Abg. Hammacher.

gänzlich unbegründete zu erklären. Man vergesse doch nicht, einerseits daß es sich um eine Culpa des Betriebleiters, andererseits um Fälle handelt, welche rein vom Belieben des Unternehmers abhängen. Der Unternehmer hat es nämlich in seiner Hand, ob er selbst den Betrieb leiten oder ob er ihn einem Anderen übergeben will; begeht er selbst bei der Betriebsleitung eine Culpa, so haftet er dafür schon nach den regelmäßigen Rechtsvorschriften (also ganz abgesehen vom Haftpflichtgesetz); übergiebt er die Betriebsleistung einem Anderen und begeht dieser eine Culpa, so haftet der Unternehmer nach den regelmäßigen Rechtsvorschriften nicht sondern nur kraft Haftpflichtgesetzes. Und nun glaubt man behaupten zu dürfen, daß bei eigner Betriebleitung das Gewerbe die Haftung ertragen kann, hingegen bei der Betriebsleitung durch einen Anderen nicht? Das ist schlechterdings unlogisch, — man müßte denn nachweisen, daß die Leitung seitens des Unternehmers eine ungleich genauere und aufmerksamere ist als die durch den beauftragten Beamten, und dieser Nachweis ist nicht zu erbringen; denn so groß auch die Unterschiede zwischen dem Unternehmer und dem Beamten sein mögen: immer ist der letztere eine sittliche Persönlichkeit, die durch das Vertrauen des Unternehmers an ihren Platz gestellt worden ist, und ferner hat er ein Vermögensinteresse an dem gedeihlichen, ohne Unfälle sich entwickelnden Betrieb; kurz, auch in ihm sind alle Bedingungen vorhanden, um ihn zur Vermeidung der Culpa anzuspornen. — Fast möchte ich vermuthen, daß die Redner, welche im Reichstag jenes Argument ausgesprochen, einer Verwechslung nachgegeben haben; sie dachten nicht an die Haftung für fremde Schuld sondern an die für den Zufall; man braucht bloß sich der schlagenden Wetter im Steinkohlenbergbau zu erinnern, um sofort zuzustimmen, daß den hierdurch angerichteten Schaden der Bergwerksbesitzer schlechthin zu tragen nicht im Stande ist. — Wo es sich aber um fremde Schuld handelt, giebt die Nichtexistenz eines Gesetzes über Haftung für fremde Schuld zu den ärgsten Mißständen Anlaß, vornehmlich zu einer gesetzlichen Privilegirung des Großbetriebes vor dem Kleinbetrieb, während doch für den Wohlstand des Volks der Kleinbetrieb von unschätzbarem Werth ist; der kleine Unternehmer leitet den Betrieb selbst, und haftet demnach für die dabei (von ihm selbst) begangene Culpa, der große Unternehmer überläßt die Betriebleitung einem Beauftragten und haftet für die (von diesem) begangene Culpa nicht. Durch Mittheilungen, die ich von praktischen Richtern erhalten habe, weiß ich, wie ungleich die Lage von Arbeitern ist, die in demselben Fache, aber in verschiedenen Etablissements beschäftigt sind; das Rechtsgefühl wird an einem solchen Rechtszustand irre, und es bedarf eines Haftpflichtgesetzes, welches sie Alle in die gleiche rechtliche Lage bringt. Ja, wer verbürgt, daß nicht Jemand den Betrieb bloß deshalb in fremde Hände legt, um der Haftung für culpose Betriebleitung zu entgehen? — —

In den Motiven zu unserem Haftpflichtgesetz von 1871 ist noch ein dritter Grund angegeben, aus welchem deduzirt wird, daß man die Haftung für fremde Schuld auf einzelne Gewerbe beschränken, eine generelle (prinzipielle) Regulirung vorläufig unterlassen müsse:

„Ein soweit gestecktes Ziel (so heißt es) würde nur im Zusammenhange mit dem ganzen System des Obligationenrechts sich erreichen lassen."

Mir scheint es, daß die Aufgabe nicht soweit gefaßt und dem zukünftigen deutschen Civilgesetzbuch nicht vorgegriffen zu werden brauchte. Man konnte sich auf den Arbeitsvertrag beschränken (locatio conductio operarum und operis), man konnte also die Haftung des Beauftragten für seinen Substituten, überhaupt des Schuldners für seinen Vertreter völlig bei Seite lassen, man brauchte nicht dem Gesetze den vollen Inhalt des französischen Art. 1384 zu geben. Aber freilich war, wenn ich so sagen darf, die Stimmung in dem mit der privatrechtlichen Gesetzgebung beschäftigten Beamtenthum einem besonderen Gesetz über den „Arbeitsvertrag" nicht geneigt; man war weit davon entfernt anzuerkennen, daß es einer besonderen sozialen Gesetzgebung bedürfe; man glaubte die Rechtsverhältnisse des neugebildeten vierten Standes, der lediglich von der Arbeit und niemals vom Kapitalgenuß lebt, in den hergebrachten Formen und nach den hergebrachten Grundsätzen des allgemeinen Rechts beurtheilen zu können [1]); man fürchtete, in der Aufstellung besonderer Rechtssätze ein Anerkenntniß für die Berechtigung anderweiter besonderer Ansprüche des vierten Standes abzugeben. Daß dieser Arbeitsvertrag auf dem Gebiete des Verwaltungsrechts längst ganz gewaltige Eigenheiten aufzuweisen hatte (man denke an die Bestimmungen über das Trucksystem, über jugendliche Personen, über Frauenarbeit, über Hilfskassenwesen): das war unseren (wenn der Ausdruck gestattet ist) Privatrechtsjuristen entweder völlig unbekannt oder als das Privatrecht nicht berührend keiner Beachtung gewürdigt worden; wenn es hoch kam, so sah man diese Bestimmungen als Singularitäten an; daß die „Singularitäten" nachgerade ein System ergaben, daß sie sich alle als Evolutionen desselben Gedankens darstellten (des Gedankens nämlich, daß der Staat beim Arbeitsvertrage in die Freiheit der Kontrahenten intensiv eingreifen und jede Bedrückung des kapitallosen Arbeiters verhüten müsse): das blieb von den Privatrechtsjuristen unerkannt oder unbeachtet.

Da man mit diesem am weitesten verbreiteten und deshalb höchst bedeutsamen Theile unseres Juristenstandes rechnen muß, so erscheint es am Orte, die Ausdehnung der Haftung für fremde Schuld auf den ganzen Arbeitsvertrag aus Gründen rein juristischer Technik zu deduziren; es sind dies die Interpretationsschwierigkeiten des § 2 des Haftpflichtgesetzes resp. die Widersinnigkeiten, die bei der Interpretation sich ergeben.

Die Interpretationsschwierigkeiten [2]) hängen mit dem Worte „Fabrik" zusammen. Ist ein Hüttenwerk, ein Hammer, ein Hochofen eine Fabrik? Die Einen (darunter das Reichsoberhandelsgericht) bejahen es, wenngleich unter Anerkennung, daß der Zweifel berechtigt sei, Andere verneinen es. Ist eine Bierbrauerei eine Fabrik? Die Einen bejahen es schlechthin, die Anderen (darunter

---

[1]) Wie sehr man bestrebt war, jeden Anlaß einer sozialen Gesetzgebung zu unterdrücken, beweist schlagend der § 1 des G. v. 21. Juli 1869 betr. die Beschlagnahme des Arbeits- oder Dienstlohns. Bekanntlich handelte es sich darum, die Beschlagnahme des Arbeitslohnes vor seiner Fälligkeit zu verbieten; daraus macht die Ueberschrift des Gesetzes schon einen Arbeits- oder Dienstlohn (beim Dienstlohn war nicht das geringste praktische Bedürfniß vorhanden), der § 1 macht daraus „eine Vergütung für Arbeiten oder Dienste, welche auf Grund eines Arbeits- oder Dienstverhältnisses geleistet werden, sofern dieses Verhältniß die Erwerbsthätigkeit des Vergütungsberechtigten vollständig oder hauptsächlich in Anspruch nimmt." Wer erkennt hier noch den Arbeitslohn? Quantum mutatus ab illo!

[2]) Vgl. zum folgenden die Kommentare von Eger, Endemann, Jacobi, Frantz, Kah.

das Reichsoberhandelsgericht) erklären es für eine Thatfrage, abhängig von der Größe der Bierbrauerei. Auch eine Ziegelei erklärte das Reichsoberhandelsgericht dann für eine Fabrik, wenn sie „im Großen und fabrikmäßig“ betrieben wird,“ und es hielt den Umstand, daß sie als landwirthschaftliches Nebengewerbe betrieben wurde, für gleichgiltig. — Der Streit über die Interpretation der „Fabrik“ begann schon in den Debatten des Reichstags; es wurde ausgeführt, es müssen dem Richter gewisse Merkzeichen zur Feststellung der „Fabrik“ an die Hand gegeben werden', der Gesetzgeber müsse wissen, was er wolle, er dürfe nicht erklären, daß er die Merkmale einer Fabrik nicht aufzustellen vermöge und daß er deshalb ihre Feststellung dem Richter überlasse, er mache dadurch den Richter zum Gesetzgeber in jedem einzelnen Fall. In der zweiten Lesung gelang es dieser Anschauung, ein Amendement zur Annahme zu bringen, durch welche der Fabrik jede gewerbliche Anlage gleichgestellt wurde, in der dritten wurde die Regierungsvorlage hergestellt. So erklären denn die Interpreten wie die Fabrikinspektoren [1]) die gegenwärtige Gesetzesfassung für schwankend und unbestimmt, kurz für bedauerlich. Das Wort „Fabrik“ hat sogar nach einer gewissen Richtung hin zu einer Interpretation Anlaß gegeben, welche ich entschieden für unrichtig halte, die ich also dem Gesetzgeber nicht zur Last lege; Einige behaupten nämlich, daß die Haftung für fremde Schuld nur dann eintrete, wenn letztre am Betriebsorte („in der Fabrik“) geschehen ist, und das Reichsoberhandelsgericht hat, wenn auch verklausulirt, diese Meinung gebilligt, und die Haftung geleugnet, falls das vollständig fertige Fabrikat sich außerhalb der Fabrikräume bereits auf dem Transport befindet. Wo aber steht ein Wort hiervon im Gesetz?

Die Widersinnigkeiten entstehen aus dem in der Theorie und Praxis allmählich herausgebildeten Begriff der Fabrik [2]). Man legt nämlich auf den **Umfang** der zu be= resp. verarbeitenden Stoffe Gewicht, und erklärt jeden Großbetrieb für einen fabrikmäßigen. Wie muß dies auf das Rechtsgefühl der Menge zurückwirken? Aber selbst einen kunstgerechten, und über alle Anfechtung erhabenen Begriff der Fabrik vorausgesetzt: es giebt keinen Grund den Arbeiter in einer Dampfmühle, welcher das Getreide hinauf und das Mehl heraus zu transportiren hat, günstiger zu stellen als einerseits den Gutsarbeiter, welcher das Getreide mähen, dreschen oder in die Dampfmühle fahren muß, und andrerseits den Spediteurkutscher, welcher das Mehl in der Stadt zu den Bäckern hinschaffen muß. Alle drei sind in gleicher wirthschaftlicher Lage; ihre Herren sind es unter einander nicht minder. Mit solchen Rechtsgrundsätzen vertreibt man die Arbeiter aus dem Kleinbetrieb in den Großbetrieb, aus der Landwirthschaft in die Industrie [3]). Je mehr der Großbetrieb auf allen Gebieten der Industrie zunimmt, umsomehr stellt der Unternehmer zwischen sich und den

[1]) S. deren Jahresbericht f. d. Jahr 1876. S. 299. 30.

[2]) Auch noch sonst. So z. B. ist fortdauernd von den Gerichten erkannt, daß die Körperbeschädigung beim Entladen eines am Ziel angelangten, auf dem Geleise sich befindenden Waggons von der Eisenbahngesellschaft nicht getragen wird, wenn der Waggon stillsteht, wohl aber, wenn er wieder in Bewegung gerathen ist z. B. durch den Stoß einer Lokomotive. Ferner haftet der Arbeitgeber für das Versehen seiner Angestellten bei dem Steinebrechen zwar dann, wenn dies zum Zweck der Gewinnung von Steinen geschah, nicht aber, wenn zum Bau eines Tunnels u. dgl. m.

[3]) Besonders betont in dem Bericht der allg. Unfallversicherungsbank in Leipzig (in Jacobi's Kommentar S. 17 f.).

Arbeiter einen Beamten, und umsomehr bedarf es der Ausdehnung des Haftpflichtgesetzes. Ich habe schon oben darauf aufmerksam gemacht, daß die Gefährlichkeit der Unternehmung nicht zur ratio legis gemacht werden darf. Ich kann auch darauf kein Gewicht legen, daß der Arbeitsvertrag in den verschiedensten Berufsarten abgeschlossen wird, nicht bloß vom Großkapitalisten (Eisenbahnunternehmer, Bergwerksbesitzer, Fabrikanten), sondern auch vom Handwerksmeister, der einen Gesellen oder Lehrling engagirt und zwischen sich und sie einen Beamten (Werkführer, Obergesellen) dazwischen schiebt. Denn in so vielen Nüancen auch der Arbeitsvertrag auftreten mag: immer passen auf ihn die drei Momente, welche ich oben S. 106 bei Begründung der Haftung für fremde Schuld angegeben habe. Umgekehrt erhält man im Arbeitsvertrage einen bestimmt abgegrenzten juristischen Begriff, welcher Streitfragen wie die oben S. 109 f. erwähnten in der Rechtsprechung nicht aufkommen läßt, und die rechtliche Gleichheit unter den Kapitallosen herstellt, während dieselben nach unserem bisherigen Haftpflichtgesetz sich zum Theil einer gesetzlichen Fürsorge erfreuen, zum Theil aber schutzlos gelassen sind. Nur der eine Umstand dürfte als beschränkend ins Gesetz aufgenommen werden, daß die Haftung für fremde Schuld dann nicht eintreten solle, wenn der Arbeiter im eignen Raum die Arbeit vornimmt; m. a. W. die sog. Hausindustrie fällt aus dem Rahmen des Haftpflichtgesetzes heraus; dies wird häufig schon aus faktischen Gründen der Fall sein, nämlich deshalb weil es hier an einer Persönlichkeit, die zwischen dem Arbeitgeber und dem Arbeiter steht, zu fehlen pflegt; wo sie aber vorhanden sein sollte, ist ihre Einwirkung eine so geringe, und die Selbständigkeit des Arbeiters eine so große, daß damit eine Haftpflicht des Arbeitgebers unvereinbar erscheint. —

Ich werfe zuletzt noch einen Blick auf die fremden Gesetzgebungen; ich beschäftige mich hiermit nur sehr kurz, da mir mitgetheilt worden ist, daß der Verein für Sozialpolitik hierüber spezielle Gutachten eingefordert hat.

Was die beiden bedeutendsten industriellen Staaten, Frankreich und England, betrifft, so ist Frankreich, wie sich aus der obigen Darstellung ergiebt, uns weit voraus; es identifizirt den Vertreter mit dem Vertretenen in jeder Beziehung; eines besonderen Haftpflichtgesetzes bedurfte es dort nicht. Das Gleiche gilt von Italien, da dessen Gesetzbuch (Art. 1152) eine gleiche Bestimmung enthält. Dahingegen besteht in England die Haftung für fremde Culpa zwar gegenüber Dritten, nicht aber gegenüber dem eignen Arbeiter. Was dritte Personen anbetrifft', so ist sie durch ununterbrochene identische gerichtliche Entscheidungen hinsichtlich der Passagiere von Eisenbahnen festgestellt [1]); aber sie gilt nicht minder für Andere, denn wenn ein Kutscher auf der Straße Jemanden überfährt, so (heißt es in der Deposition eines von einem Parlamentsausschuß 1866 vernommenen Solicitor) ist der Dienstherr verantwortlich [2]). Den Arbeitern gegenüber haftet der Herr für seine Untergebenen, wenn ihm keine culpa in eligendo zur Last fällt, nicht; dies erklärten zwei Sachverständige vor den Parlamentsausschüssen 1870, 1873 übereinstimmend von Eisenbahnarbeitern [3]), ein dritter 1866 von Bergwerksarbeitern [4]);

---

[1]) Cohn, Engl. Eisenbahnpolitik Bd. 2, S. 241—270.
[2]) Achenbach in Zschr. f. Bergrecht Bd. 9, S. 421.
[3]) Cohn a. a. O. S. 265 f.
[4]) Achenbach a. a. O. S. 415—427.

der eine von ihnen fügte hinzu: we are on the footing of all other employers of labour, the man voluntarily undertakes a dangerous service [1])!! Bei solchen Anschauungen rückt die Gesetzgebung selbstverständlich nicht vom Flecke; im Jahre 1876 brachte das Parlamentsmitglied M. Macdonald (bekanntlich ein Arbeiter) eine employers liability bill ein, welche ungefähr dem § 2 unseres Haftpflichtgesetzes entsprach; die Bill gelangte zwar in die zweite Lesung, wurde aber zurückgezogen, als der Minister des Innern ihre Nothwendigkeit und Nützlichkeit anerkannt, und die Einsetzung einer Untersuchungskommission für die Sache zugesagt hatte [2]). Von Seiten des Ministerium Beaconsfield war nichts geschehen, um das von seinem Mitglied abgegebene Versprechen einzulösen; erst in der letzten, unter dem eben eingetretenen Ministerium Gladstone am 20. Mai 1880 verlesenen Thronrede ist die Vorlage eines Haftpflichtgesetzes zugesagt worden; mir fehlt es jedoch an Andeutungen darüber, in welchem Umfange und mit welchen Beweisvorschriften es ergehen solle. In Oesterreich wurde ein Gesetz am 5. März 1869 [3]) erlassen, in der Schweiz am 1. Heumonat 1875 [4]), welche eine Haftung der Eisenbahnen ganz in der Weise unseres deutschen Haftpflichtgesetzes § 1 einführen; sie unterscheiden also nicht zwischen Passagieren und Arbeitern, sondern behandeln beide gleichberechtigt. Für Bergwerke, Steinbrüche, Gräbereien, Fabriken belassen beide Gesetze es bei dem bestehenden Recht, d. h. Haftung für fremde Schuld findet nicht statt. In der Schweiz erging dann am 23. März 1877 ein Bundesgesetz betr. die Arbeit in Fabriken, dessen Art. 5 die Haftpflicht aus Fabrikbetrieb ordnet; danach haftet der Fabrikant a) für die Culpa des Fabrikleiters, Aufsehers u. s. w. b) auch ohne Verschulden bei Körperverletzung oder Tod, außer sofern er beweist, daß der Unfall durch höhere Gewalt oder eigenes Verschulden des Verletzten erfolgt ist; fällt dem Verletzten eine Mitschuld zu, so wird die Ersatzpflicht angemessen reduzirt. Der Bundesrath ist befugt, dieses Haftpflichtgesetz auf Industrien auszudehnen, welche erwiesener Maßen bestimmte gefährliche Krankheiten erzeugen. — — —

Nachdem ich im Prinzip mich dahin ausgesprochen habe, daß die in unserem Haftpflichtgesetz für einige Fälle statuirte Haftung für fremde Schuld allgemein auf den Arbeitsvertrag auszudehnen sei, so entsteht die weitere Frage, in welcher Weise die Ausdehnung erfolgen solle. Unser Haftpflichtgesetz scheidet bekanntlich die Eisenbahnen einerseits und die Bergwerke, Steinbrüche, Gräbereien, Fabriken andererseits. Bei den letzteren ist die Beweislast den allgemeinen Regeln entsprechend; der Beschädigte resp. dessen Erben müssen den Beweis führen, daß dem Vertreter des Arbeitgebers ein Versehen zur Last falle; dahingegen ist bei den Eisenbahnen der Kläger beweisfrei; der verklagten Bahn liegt, wenn sie die Abweisung der Klage erzielen will, der Beweis ob, daß höhere Gewalt oder eigenes Verschulden des Beschädigten den Unfall verursacht habe; in Folge dieser Normirung ist sogar die Haftung der Eisenbahnen eine größere: sie haften für jeden Zufall, welcher außerhalb der höheren Gewalt liegt. Der Grund für die

---

[1]) Cohn a. a. O. S. 265 Note 5.
[2]) Engel in der Zschr. des preuß. stat. Bureaus 1876 S. 145.
[3]) Abgedruckt in Goldschmidt's Zschr. f. Handelsr. Bd. 13, S. 538 f.
[4]) Meili, Haftpflicht der Postanstalten S. 106.

besondere Behandlung der Eisenbahnen wird in den Motiven darein gesetzt, daß nach dem jetzigen Stande der Technik und der großen Menge von Hilfsmitteln und Erfahrungen ernste Unfälle im Eisenbahnverkehr sich durch Sorgfalt im Betriebe in der Regel vermeiden lassen, so daß also bei einem vorkommenden Unfall ein Verschulden beim Betriebe vermuthet werden kann; ferner darin, daß der Arbeiter bei den Eisenbahnen keine selbstständige Thätigkeit übt, sondern wesentlich die dienstlichen Reglements und Anweisungen zu befolgen hat. Vielleicht ist aber noch ein dritter Grund aufzustellen; die Eisenbahnen haften nämlich nicht bloß dem Arbeiter sondern vornehmlich auch dem Reisenden; dieser aber hat gar keinen Einblick in den Eisenbahnbetrieb, keine Befugniß und keine Gelegenheit, sich darum zu bekümmern, so daß ihm eine Beweislast unmöglich auferlegt werden konnte; da man nun den Arbeiter nicht schlechter als den Reisenden behandeln wollte, so wurde auch ihm die Beweislast abgenommen.

In den Reichstagsverhandlungen spielt die Aenderung der Beweislast eine große Rolle. Die Sozialdemokraten verlangten eine Uebertragung der für Eisenbahnen geltenden Vorschriften auf alle mit Haftpflicht des Unternehmers verbundenen Fälle [1]). Alle anderen politischen Parteien waren einig, daß dem nicht stattgegeben werden könne; aber die meisten (Centrum, Nationalliberale, Fortschritt) waren der Ansicht, daß eine Aenderung in den Beweisvorschriften zu Gunsten der Arbeiter erfolgen müsse; einzig der Vertreter der conservativen Partei, der Abg. von Goßler, widersprach bei den Verhandlungen von 1879. Die Wichtigkeit der neuen Anträge wurde auf allen Seiten mit den treffenden Worten gezeichnet: wer beweispflichtig ist, ist im Großen und Ganzen derjenige, welcher den Schaden zu tragen hat.

Die Ansicht, welche in dem sozialdemokratischen Antrag geltend gemacht wird, kann mit wenig Worten widerlegt werden. Es handelt sich um die Ausdehnung einer ganz exceptionellen Bestimmung; ihre Uebertragung auf Eisenbahnen war 1871 schon deshalb gerechtfertigt, weil sie nach Art. 395 des Handelsgesetzbuchs beim Waarentransport gilt, wie sie ja auch außerhalb des Handelsrechts nach dem Gemeinen und den Partikularrechten gilt; es lag darin nichts anderes als Ausdehnung einer für Waaren geltenden Vorschrift auf Menschen; nur wurden unter den Menschen nicht bloß die transportirten Reisenden sondern auch die Eisenbahnarbeiter (resp. sonstige Angestellten) sowie überhaupt jeder dritte, der beim Betrieb der Bahn zu Schaden kommt, verstanden; man wollte diese nicht in eine schlechtere Lage versetzen als die Reisenden. Heut kann höchstens davon die Rede sein, die gleiche Bestimmnng bei der

---

[1]) S. den Antrag Nr. 128 in den Anlagen der Reichstagsverhandlungen von 1878. Ebenso Jacobi in seinem Kommentar sowie der daselbst S. 15 f. angeführte Bericht der allg. Unfallversicherungsbank in Leipzig; ferner ein Aufsatz von Stenz im Staatssozialisten von 1880 Nr. 4. — Daß in der Schweiz nach Art. 5 des Bundesg. v. 23. März 1877 bei Tod oder Körperverletzung durch Fabrikbetrieb dieselbe Bestimmung wie bei Eisenbahnen gilt, ist bereits oben S. 112 erwähnt. Hier ist noch ein Gesetzesvorschlag des Italienischen Deputirten Pietro Pericoli vom 17. März 1879 anzuführen; welcher bei der Ausführung von nuove opere, terreni o miniere eine Haftung nicht bloß des Baumeisters resp. Unternehmers sondern auch des proprietario del fondo einführen und ihm den Beweis auferlegen will, daß höhere Gewalt oder Nachlässigkeit des Verletzten vorliege (Sessione 1878/1879 documenti della camera dei deputati Nr. 191).

Rhederei zu treffen; denn die Behauptung in den Motiven unseres Haftpflichtgesetzes von 1871, daß die Art. 451. 478. 479 unseres Handelsgesetzbuches die gleiche Bestimmung bereits enthalten, ist nicht richtig; dort haftet der Rheder für die Schuld des Schiffers resp. der Schiffsbesatzung gegenüber dem Reisenden resp. einem Dritten, er haftet aber nicht (wie § 1 des Haftpflichtgesetzes verordnet) für denjenigen Zufall, der außerhalb der höheren Gewalt liegt.

Die anderen, die Neuregulirung der Beweislast betreffenden Anträge resp. Reden der einzelnen Reichstagsabgeordneten bewegen sich sämmtlich in derselben Richtung; man verlangt die Regelung der Beweislast: „in einer der Natur des einzelnen Gewerbebetriebs entsprechenden Weise". Man verstand darunter Folgendes. Der § 107 der alten Gewerbeordnung (jetzt § 120 der Gewerbenovelle) verpflichtet den Unternehmer, alle diejenigen Einrichtungen herzustellen und zu unterhalten, welche mit Rücksicht auf die besondere Beschaffenheit des Gewerbebetriebes und der Betriebstätte zu thunlichster Sicherheit gegen Gefahr für Leben und Gesundheit nothwendig sind. Am klarsten sprach nun der Abg. Freiherr von Hertling [1]) es aus, daß man hieran anknüpfen müsse; man müsse „entweder die ganze Beweislast dem Unternehmer auferlegen, dann aber gewisse Präsumtionen aufstellen, die zu seinen Gunsten sprächen, oder dem Arbeiter den Beweis zumuthen, dann aber gewisse Präsumtionen statuiren, die ihm die thatsächliche Führung des Prozesses erleichtern." Deutlicher gesprochen: entweder müsse man dem Unternehmer den Beweis auferlegen, daß er alle nach § 120 der Gewerbenovelle erforderlichen Einrichtungen getroffen und unterhalten habe und ihn bei Nichtführung des Beweises verurtheilen, oder umgekehrt von dem Arbeiter den Beweis erfordern, daß jene Einrichtungen nicht vorhanden gewesen seien, und bei Führung des Beweises den Unternehmer verurtheilen. Der Abg. Hirsch sprach sich unumwunden für die erste Alternative aus [2]). Etwas weiter ging der Abg. Lasker, der den Arbeiter selbst bei dem Vorhandensein der Einrichtungen siegen lassen wollte, wenn er nachwies, daß er trotz derselben ohne sein Verschulden verunglückt sei; der Abg. Lasker verlangte also eine Haftung des Unternehmers für den Zufall [3]).

Von der Haftung für den Zufall werde ich im zweiten Theile meines Gutachtens handeln. Was aber jenen von Hertling'schen Vorschlag anbetrifft, so trat ihm der Abg. von Goßler entgegen. „Die Lösung der Beweisfrage (führte er aus) ist überhaupt nicht auf dem speziellen Gebiete der gewerblichen Unternehmungen zu lösen sondern auf dem Boden des Gemeinen Rechts; das Preußische Landrecht enthalte den generellen Grundsatz, daß, wenn Jemand ein auf Schadenszufügung abzielendes Polizeigesetz vernachlässige, er für allen Schaden hafte, welcher durch die Beobachtung des Gesetzes hätte vermieden werden können. Nun giebt der § 120 der Gewerbenovelle dem Bundesrath, eventuell den Landesbehörden die Befugniß, spezielle Schutzmaßregeln für ganze Industriezweige obligatorisch zu machen, kurz Ausführungsverordnungen zum § 120 der Gewerbenovelle zu erlassen; denke man sich nun neben einer solchen Ausführungsverord-

[1]) Verhandlungen von 1879 S. 138. Verh. von 1878 S. 843. Ueber die heutige Stellung des Abg. von Hertling s. unten S. 116.

[2]) Verhandlungen von 1878 S. 840.

[3]) Verhandlungen von 1878 S. 851.

nung die oben erwähnte Vorschrift des Preußischen Landrechts, so gelange man schon im Gebiete des sog. regelmäßigen Rechts zu einer Regulirung der Beweislast, die die Schadensklage des Arbeiters durchführbar mache".

Ich muß diesen Ausführungen des Abg. von Goßler in ihrem vollen Umfange und rückhaltslos beitreten. Es ist leicht, ihnen eine strengwissenschaftliche Formulirung zu geben. Jener § 120 der Gewerbenovelle konstituirt eine sog. obligatio ex lege als Theil des Arbeitsvertrages; das Gesetz legt in den Arbeitsvertrag einen gewissen Inhalt, der gänzlich unabhängig von den Abreden zwischen Arbeitgeber und Arbeitnehmer ist, den Inhalt nämlich, daß der Arbeitgeber zur Herstellung und Unterhaltung aller derjenigen Einrichtungen verpflichtet ist, welche zu thunlichster Sicherheit des Lebens und der Gesundheit des Arbeiters nothwendig sind. Wenn nun der Arbeiter mit der Behauptung auftritt, daß er durch den Mangel der gesetzlich vorgeschriebenen Einrichtungen zu Schaden gekommen sei, so liegt nach bekannten Rechtsgrundsätzen dem Arbeitgeber der Nachweis ob, daß jene Einrichtungen vorhanden gewesen seien, letzterer muß darthun, daß er seiner gesetzlichen Verpflichtung nachgekommen ist; denn es handelt sich im voliegenden Falle nicht um eine sog. Deliktsklage sondern um eine mit gesetzlichem Inhalt erfüllte Kontraktsklage, und es hat nach feststehenden Rechtsgrundsätzen ein jeder Kontraktsschuldner, welcher von der Pflicht zu erfüllen resp. von der Pflicht Schadensersatz wegen Nichterfüllung zu leisten befreit sein will, den Beweis zu liefern, daß er Alles gethan resp. nichts unterlassen habe, um die Erfüllung zu ermöglichen; da dem Arbeitgeber gesetzlich die Pflicht obliegt, Schutzmaßregeln zu treffen, so ist er zugleich zum Schadenersatz für die Unterlassung derselben verpflichtet, und er befreit sich hievon nur durch den Nachweis, seiner Pflichterfüllung, d. h. durch den Nachweis, daß jene Schutzmaßregeln zur Zeit der Schadenszufügung bestanden haben; sogar der Nachweis, daß sie ohne seine Schuld nicht bestanden haben, würde nicht genügen, er durfte den Betrieb nicht anfangen resp. nicht fortsetzen, wenn die Schutzmaßregeln nicht vorhanden waren; bloß vis maior würde ihn entschuldigen [1]).

Ich erkläre daher mit dem Abg. von Goßler es für überflüssig, die von v. Hertling, Hirsch und Lasker verlangten Vermuthungen aufzustellen; ihre gesetzliche Aufstellung würde wahrscheinlich in ein Unrecht gegen den Arbeitgeber ausschlagen; der Richter würde wahrscheinlich annehmen, daß jene Präsumtionen ein besonderes anomales Recht des Arbeitsvertrages enthalten, und er würde wahrscheinlich dem Arbeiter den Nachweis erlassen, daß seine Beschädigung mit der Unterlassung der Schutzmaßregel im Kausalzusammenhang stehe, er würde den Arbeitgeber schon verurtheilen, wenn Beschädigung und Fehlen der Schutzmaßregel feststehen, und er würde das geistige Bindeglied zwischen beiden (den ursachlichen Zusammenhang) ganz übersehen; das rein empirische post hoc — propter hoc würde die ausnahmslose Grundlage der Haftpflichtsentscheidungen bilden; der Abg. Stumm erklärte, wenn auch in übertriebener Weise, so doch mit einigem Recht, daß die Aufstellung von Präsumtionen praktisch auf dasselbe hinauskomme, wie wenn man den Bergbauunternehmer denjenigen Vorschriften

---

[1]) Vielleicht ist die Bemerkung am Platze, daß es sich hier um eine Haftung des Arbeitgebers handelt, die über die Grenzen unseres Haftpflichtgesetzes hinausgeht; vgl. Achenbach in der Zschr. f. Bergrecht Bd. 9 S. 115 f. 415; Entsch. des Preuß. Obertr. Bd. 14 S. 98 f.

unterstelle, die der § 1 des Haftpflichtgesetzes über Eisenbahnen getroffen hat[1]). Der Abg. von Hertling hat übrigens in der Reichstagssitzung vom 27. Februar 1880[2]) seine bisherige Ansicht zum größten Theile aufgegeben, er erklärt die Aufstellung bestimmter Präsumtionen für nicht mehr nöthig außer beim Bergbau; die Rechtsprechung des Reichsoberhandelsgerichts hat ihn von dem Zureichen der allgemeinen Beweisvorschriften überzeugt.

Noch muß ich aber eine Frage beantworten, die sich dem Leser inzwischen sicherlich aufgedrängt hat. Warum (so wird man fragen) hat die Praxis bisher von der Goßler'schen Theorie keinen Gebrauch gemacht? Die Antwort lautet dahin: weil der § 120 der Gewerbenovelle bisher ein Monolog des Gesetzgebers geblieben ist. Der § 107 der Gewerbeordnung von 1869, aus welchem der § 120 der Gewerbenovelle hervorgegangen ist, enthielt nichts davon, daß der Bundesrath Ausführungsvorschriften erlassen solle; der § 120 ertheilte dem Bundesrath, eventuell den Landesbehörden die Befugniß, solche zu erlassen; allein bisher sind sie seitens des Bundesraths überhaupt noch nicht ergangen, seitens der Landesbehörden (großentheils vor 1878) in höchst fragmentarischer, der großartigen Ausdehnung der Industrie, der Mannigfaltigkeit der Betriebe keineswegs entsprechender, kurz in höchst unzureichender Weise. Bei dieser Sachlage ist es völlig erklärlich, daß die Praxis der Gerichte den Beweis vom Arbeiter erfordert, daß der Schaden durch eine Culpa des Arbeitgebers resp. seines Angestellten entstanden sei. Darin zeichnet sich das Englische Recht aus; es hat die einzelnen Schutzmaßregeln sogar gesetzlich (in den sog. Fabrikgesetzen) festgestellt, und es hat dabei eine Vorschrift getroffen, welche eine so außergewöhnliche Fürsorge für den Arbeiterstand involvirt, daß ich sie wörtlich hierher setze:

> 7 und 8 Vict. cap. 15 sect. 24 und 25[3]): Einer von Ihrer Majestät Staatssekretären kann auf Grund des Berichtes und der Anempfehlung eines Inspektors diesen Letzteren ermächtigen, eine odere mehrere gerichtliche Klagen im Namen und zu Gunsten einer Person einzuleiten, von welcher der Inspektor gemeldet hat, daß sie durch eine Maschinerie[4]) in einer Fabrik eine körperliche Verletzung erlitten habe, um für diese Person und zu Gunsten derselben Schadensersatz zu erlangen[5]). Jeder Schadensersatz, welcher durch eine auf diese Weise angestrengte richterliche Klage zahlbar gemacht wird, soll nach Empfang derselben sobald, als es eben angeht, der Person, zu deren Gunsten er erhoben wurde, ausbezahlt oder anderweitig zu Nutz und Vortheil der besagten Person in der vom Staatssekretär gebilligten Weise verwendet werden . . . . —

Der Jahresbericht von 1876 des Fabrikinspektors für Pommern, Hertel, theilt Mißbräuche mit, welche vielleicht zu einer Rezeption oder zur Nachahmung der englischen Vorschrift führen werden; er behauptet, daß die Arbeitgeber die

[1]) Stenogr. Berichte der Reichstagsverh. von 1878 S. 844.
[2]) Stenogr. Berichte der Reichstagsverh. von 1880 S. 158.
[3]) v. Bojanowski, die Englischen Fabrik- und Werkstättengesetze S. 76. 77.
[4]) Der Ausdruck „Maschinerie" begreift die Transmission, 19 und 20 Vict. cap. 38 sect. 5.
[5]) Für Begründung des Schadensersatzes ist es (wie Bojanowski hinzufügt) gleichgiltig, ob das Gesetz die Einfriedung erfordert oder nicht.

Entschädigungssummen, welche sie von den Unfallversicherungsgesellschaften erhalten, zuweilen gar nicht, zuweilen nur zum Theil dem Beschädigten resp. dessen Erben auszahlen, und er verlangt eine gerichtliche Kontrolle.

Ein Vorgang der letzten Wochen darf nicht übergangen werden. Der Bundesrath wollte von der ihm durch § 120 der Gewerbenovelle übertragenen Befugniß Gebrauch machen; um nun zunächst die Stimme der Industriellen zu vernehmen, publizirte er im Reichsanzeiger am 1. März d. J. den Entwurf der von ihm zu erlassenden Verordnung. Der sowohl durch seinen Vorsitzenden (Staatsminister Delbrück) wie durch die Stellung vieler Mitglieder ausgezeichnete Verein für Gewerbfleiß in Berlin ließ ihn durch eine Kommission vorberathen; diese sowohl (Berichterstatter Dr. Grothe) wie später das Plenum des Vereins verwarfen ihn als einen vergeblichen Versuch einer Generalisirung; man verlangte Detailvorschriften für die einzelnen Gewerbe, ja für einzelne Etablissements; gleichzeitig erklärte man, daß die Sicherheit der Arbeiter viel mehr „durch eine richtige Handhabung des Haftpflichtgesetzes", „durch eine noch weitere Durchführung des Haftpflichtgesetzes", „durch eine möglichst weit ausgedehnte Ausbildung des Haftpflichtgesetzes" gefördert werde als durch Vorschriften über die Erleuchtung der Arbeitsräume, über Festigung und Ebnung des Fußbodens, über Treppen Aufzüge, Einfriedigung von Maschinen und dergl. Es ist nicht meines Amtes, mich über die Angemessenheit des bundesräthlichen Entwurfs auszusprechen; was aber jene Aeußerungen hinsichtlich des Haftpflichtgesetzes anbetrifft, so hoffe ich im Obigen nachgewiesen zu haben, wie sehr die Durchführung der Haftpflicht des Arbeitgebers durch eine Ausführungsverordnung zu § 120 der Gewerbenovelle gewinnen würde. Durch die Debatten des Plenum des Vereins zieht sich Ein Gedanke; man fürchtete, wenn die Ausführungsverordnung erlassen sei, die präventionelle Thätigkeit der Polizei, man acceptirte hingegen die reprimirend auftretende Thätigkeit der Gerichte, man erklärte sich selbst zufrieden, wenn der Richter den Arbeitgeber scharf behandeln sollte. Es ist die alte Geschichte: ein Jeder verlangt die Freiheit und unterwirft sich der Strafe (im vorliegenden Falle: der Haftung) für den Fall, daß er die Freiheit mißbrauche. Aber gerade im Gebiet der gewerblichen Thätigkeit hat die Gesetzgebung (selbst die Gewerbeordnung und die Novelle) diesem Verlangen nicht nachgeben können. Es scheint mir eine falsche Politik, die Reichsregierung am Erlaß der Ausführungsverordnung zu § 120 zu hindern; man muß vielmehr dafür sorgen, daß die Verordnung der Freiheit und Einträglichkeit des Gewerbebetriebes nicht schade. Ist sie erlassen, so wird kein Richter den Gewerbeunternehmer, der sie befolgt hat, zum Schadensersatz an beschädigte Arbeiter verurtheilen; denn er kann von ihm keine größeren Schutzmaßregeln verlangen als der Bundesrath; der Gewerbeunternehmer erlangt (wie der Unterstaatssekretär Jacobi in den Debatten des Plenum des Vereins mit Recht hervorhob) durch den Erlaß der Ausführungsverordnung eine Sicherheit, die er nicht unterschätzen sollte. Und was die polizeilichen Ueberwachungen und Eingriffe betrifft, so habe ich durch Erkundigungen unter der Hand gehört, daß man in Berlin beabsichtigt, einen Verein zum Zweck der privaten Durchführung der Ausführungsverordnung zu gründen[1]) (ähnlich dem bekannten Dampfkesselrevisionsverein); die Vereins-

[1]) Ein solcher Verein besteht zu Mülhausen im Elsaß seit 1867 (Jacobi, Kom. zum Haftpflichtgesetz S. 16).

beamten sollen die Revision der Etablissements übernehmen, und ihre Zeugnisse öffentlichen Glauben erhalten; mit dem Verein soll zugleich eine Unfallversicherung auf Gegenseitigkeit verbunden werden. Ein vortrefflicher Gedanke! Die Revision wird alsdann als ein Akt der Selbstverwaltung erscheinen, sie wird — was für die Autorität des Arbeitgebers gegenüber den Arbeitern von großer Wichtigkeit ist — den Charakter einer polizeilichen Ueberwachung des Arbeitgebers verlieren; außerdem wird der Vereinsbeamte sicherlich mehr des suaviter in modo eingedenk sein als der Polizeibeamte resp. der Fabrikinspektor. Der vortreffliche Gedanke muß aber in die That umgesetzt werden; ist dies geschehen, so zweifle ich nicht, daß die bundesräthliche Ausführungsverordnung auf derartige Vereine volle Rücksicht nehmen wird; aber dadurch wird die Ausführungsverordnung selbst nicht überflüssig, vielmehr wird sie den Revisionen der Vereinsbeamten eine feste Grundlage geben. —

Es ist bisher die Beweislast besprochen worden bei Unfällen, welche aus dem Mangel der nöthigen Schutzeinrichtungen entspringen; hierbei ergab sich die Lage des Arbeiters als nicht besserungsbedürftig. Aber eine große Anzahl von Unfällen hängt nicht mit dem Fehlen von Anlagen zusammen; der Arbeiter muß eine Culpa des Arbeitgebers resp. seines Angestellten darthun; das ist der Punkt, über welchen Beschwerde geführt wird; zumal dann wenn der Arbeiter bei dem Unfall das Leben verloren hat, mithin gleichsam der Hauptzeuge weggefallen ist. Ich kann die Beschwerde nicht als begründet anerkennen; ich sehe nichts in der sozialen Stellung des Arbeiters, was ihn berechtigte, ein Privilegium in der Beweisfrage zu beanspruchen; die Behauptung, daß er als armer Mann keinen Rechtsanwalt finden werde, der seinen Prozeß führt, ist durch die Vorschriften der Reichscivilprozeßordnung § 106 ff. über das Armenrecht widerlegt. Durch das ganze Recht zieht sich die Regel, daß der Kläger beweisen müsse; Ausnahmen (sog. Rechtsvermuthungen) finden nur dort statt, wo für eine gewisse Thatsache eine hohe Wahrscheinlichkeit spricht, und davon ist in unserem Falle nicht die Rede, im Gegentheil ist es eine unbestreitbare Thatsache, daß sehr viele Unfälle durch die Unvorsichtigkeit, ja durch den Leichtsinn der Arbeiter herbeigeführt werden[1]). Wenn man ohne diese Voraussetzung der Wahrscheinlichkeit eine Rechtsvermuthung aufstellt, so führt man eine Haftung für den Zufall ein; ob und in welcher Weise dem Arbeitgeber eine solche auferlegt werden kann, werde ich später prüfen; ist sie gerecht, so muß man sie direkt aussprechen, und man darf sie nicht unter einer anomalen Beweisvorschrift verstecken. Ich gebe gern zu, daß bei manchen Unfällen die Zerstörung eine so große ist, daß der Beweis über die Schuld oder Schuldlosigkeit absolut unmöglich ist; allein daraus folgt nicht, daß man die Schuld präsumiren darf. Nur das ist die Aufgabe der Gesetzgebung, die Zahl solcher Unfälle möglichst zu vermindern, und deshalb mache ich auf Folgendes aufmerksam.

Die neuere civilprozessualische Gesetzgebung ist bestrebt, nach allen Richtungen materiell richtige Entscheidungen herbeizuführen; man begnügt sich nicht mehr, wie früher, die sog. „formelle Wahrheit“ im Civilprozeß zu finden; man schafft

[1]) Rede der Abg. Stumm und Hirsch im Reichstag v. 1878 (stenogr. Ber. S. 844. 856).

Einrichtungen, welche die Aufdeckung der materiellen Wahrheit befördern. In dem Fall der Beschädigung des Arbeiters ist dies um so nothwendiger, als ein gutes Stück des sozialen Friedens davon abhängt; sicherlich übertrieben, aber nicht ohne ein Körnchen Wahrheit behauptete der Reichstagsabgeordnete Bebel [1]), daß wenn der verunglückte Arbeiter auf Grund des gegenwärtigen Haftpflichtgesetzes kein Recht bekomme, sich dies durch die ganze Branche hindurchspreche, harte Urtheile hervorrufe und Aufregung verursache. Die Einrichtung, welche dem Uebel abhilft, kann nur in der sofortigen Untersuchung des Unfalls durch die Polizei bestehen; sie trägt auch zur Beruhigung der Gemüther bei; sie liefert endlich das statistische Material, welches für die Unfallsversicherungen unentbehrlich, für die Gesetzgebung der Zukunft sehr nützlich ist; denn es liegt auf der Hand, daß die oben besprochene bundesräthliche Ausführungsverordnung zu § 120 der Gewerbenovelle in einer solchen Statistik ihre feste Grundlage erhalten werde. Um die Untersuchung des Unfalls durch die Polizei möglichst rasch eintreten zu lassen, hat man vorgeschlagen, dem Betriebsführer eine Anzeigepflicht aufzuerlegen; sämmtliche preußische Fabrikinspektoren sowie der Vorsteher des preußischen statistischen Bureaus, Engel, haben sich in diesem Sinne ausgesprochen [2]).

In Preußen besteht die Anzeigepflicht bei denjenigen Unfällen, welche in Bergwerken unter oder über Tage den Tod oder die schwere Verletzung einer Person herbeigeführt haben [3]). Ebenso im Eisenbahnwesen [4]). Viel weiter gilt sie in Sachsen nach einer Verordnung vom 1. August 1878 [5]); hiernach muß jede Tödtung sofort, jede Beschädigung, welche den Arbeiter länger als 72 Stunden an der Arbeit behindert, binnen vier Tagen der Polizei und dem Fabrikinspektor bei Strafe angezeigt werden; die Untersuchung erfolgt durch die Polizei, soweit nöthig unter Zuziehung des Fabrikinspektors. Auch in der Schweiz verpflichtet ein Bundesgesetz von 1878 die Fabrikbesitzer, von jeder in ihren Fabriken vorkommenden Tödtung oder erheblichen Körperverletzung Anzeige zu machen. Endlich in England besteht die Anzeigepflicht in einem sehr weiten Maße [6]); die Anzeige muß erfolgen, wenn Jemand das Leben eingebüßt hat oder wenn körperliche durch die Maschinerie oder durch Explosion oder Entweichen von Gas, Dampf oder Metall veranlaßte Beschädigungen vorliegen, und zwar von solcher Bedeutung, daß die verletzte Person verhindert ist, innerhalb 48 Stunden nach Eintritt des Unfalls zur Wiederaufnahme ihrer Beschäftigung in die Fabrik zurückzukehren. Für die „Fabrik" hat das Englische Recht aber keine begriffsmäßige Bestimmung; es zählt dazu nicht bloß Maschinerien, die mit

---

[1]) Verhandlungen v. 1879 S. 142.

[2]) Preuß. Statistik Heft 46 p. X. XI.

[3]) Preuß. Berggesetz v. 24. Juni 1865 § 204 ff.

[4]) Preuß. Statistik Heft 46 p. X. Hierselbst ist auch die ausländische Gesetzgebung bezüglich der Anzeigepflicht bei Unglücksfällen im Bergwesen erörtert.

[5]) Gesetz- und Verordnungsblatt f. d. Königreich Sachsen 1878 S. 194.

[6]) v. Bojanowski, die Engl. Fabrik- und Werkstättengesetze S. 74 f., S. 218. 219. Hierzu muß hinzugefügt werden das konsolidirte Fabrikgesetz v. 27. Mai 1878 (an act to consolidate and amend the law relating to factories and workshops; 41 and 42 Victoriae cap. 16 sect. 31, 32). Ich kenne dasselbe leider nur aus dem Auszug im yearbook of general information for the year of our lord 1879 pag. 229 sq.

Dampf, Wasser oder sonstiger mechanischer Kraft betrieben werden[1]), sondern auch Anstalten zur Erzeugung von Thonwaaren, Zündhölzchen, Perkussionszündhütchen, Patronen, Tapeten, zum Barchendschneiden[2]), Schmelzöfen, Kupferhammer, Eisenhammer, Eisen-, Kupfer-, Messinghütten, Fabrikation von Papier, Glas, Tabak, Buchdruckerpressen, Buchbinderei[3]), Druckereien, Bleichereien, Färbereien[4]). Bei der Berathung der Gewerbenovelle vom 17. Juli 1878 wurden in der Kommission Versuche gemacht, die Anzeigepflicht in Deutschland einzuführen; man lehnte zwar desfalsige Anträge ab, nicht aber deshalb, weil man das Bedürfniß nicht anerkannt hätte, sondern theils weil die Fassung der Anträge auf Bedenken stieß, theils weil sich die Ansicht geltend machte, daß die Anzeigepflicht nicht bloß für die unter die Gewerbeordnung fallenden sondern auch für ähnliche Betriebe einzuführen sei[5]). So berechtigt das letzte Bedenken war, so fällt es weg, wenn man, wie in diesem Gutachten vorgeschlagen wird, die Haftpflicht für fremde Schuld auf den gesammten Arbeitsvertrag ausdehnt; so wenig sich jene Haftpflicht auf die unter die Gewerbeordnung fallenden Gewerbe beschränken würde, so wenig möchte die Anzeigepflicht in die Gewerbeordnung gehören.

Die Reichsregierung hat übrigens in der Sitzung des Reichstags vom 27. Februar 1880 die demnächstige Vorlegung eines die Anzeigepflicht regelnden Gesetzentwurfs versprochen[6]). Ich darf einen Vorgang der letzten Wochen nicht mit Stillschweigen übergehen. In dem schon oben genannten Berliner Verein für Gewerbfleiß hatten Dr. Martius und Genossen im Beginn des Jahres einen Gesetzentwurf betr. die Anzeige der in Fabriken und ähnlichen Betrieben vorkommenden Unfälle vorgelegt. Die zum Zweck der Berathung gewählte Kommission hat in ihrem Berichte (abgefaßt von Dr. Grothe) vom 24. März 1880 den Entwurf abgelehnt; sie hat sich vielmehr für eine Erweiterung der bestehenden Gewerbegesetze und des Haftpflichtgesetzes erklärt, damit die hauptsächliche Absicht des Gesetzentwurfs „Erweiterung und Vervollständigung der Unfallsstatistik" erreicht werde. Ich bekenne, daß diese Aeußerung mir unverständlich geblieben ist. Wahrscheinlich befürchtet man wieder Polizeiplackereien. Um dem Erlaß des Gesetzes vorzubeugen, beabsichtigt man (so wird mir geschrieben) lokale Unfallversicherungsvereine auf Gegenseitigkeit zu bilden; die Mitglieder sollen zur Anzeige an den Verein verpflichtet werden; die Vereine resp. ihre Beamten sollen staatliche Anerkennung erhalten (wie die Dampfkesselrevisionsvereine) und die Untersuchung der Unfälle soll durch die Vereinsbeamten erfolgen. Durch die Bildung dieser Vereine würde ohne Zweifel ein schönes Stück Selbstverwaltung geschaffen, allein es würde dadurch das Gesetz über die Anzeigepflicht nicht überflüssig gemacht werden; es kann nur verlangt werden,

---

[1]) 7 u. 8 Vict. cap. 15 sect. 73 bei Bojanowski S. 110 f.; ferner 24 und 25 Vict. cap. 117 sect. 4 bei Bojanowski S. 152 f., ferner 30 u. 31 Vict. cap. 103 sect. 3 No. 5 bei Bojanowski S. 166.

[2]) 27 u. 28 Vict. cap. 48 bei Bojanowski S. 162 f.

[3]) 30 u. 31 Vict. cap. 103 sect. 3 bei Bojanowski S. 165 f.

[4]) 33 u. 34 Vict. cap. 62 sect. 4 bei Bojanowski S. 206.

[5]) Vgl. den Kommissionsbericht S. 25 f.

[6]) Stenogr. Berichte v. 1880 S. 159.

dem Gesetze eine solche Fassung zu geben, daß es gegenüber den Mitgliedern der Vereine außer Wirksamkeit tritt, und hierzu wird sich der Gesetzgeber gern verstehen.

Zwei Worte über den § 4 des Haftpflichtgesetzes.

Derselbe bestimmt, daß, wenn der Beschädigte gegen den Unfall bei einer Versicherungsanstalt (Knappschaftskasse, Pensionskasse) versichert war, und der Arbeitgeber wenigstens die Hälfte von dem, was der Arbeiter an Beiträgen leistet, seinerseits beiträgt, die ganze Leistung jener Versicherungsanstalt dem Arbeitgeber zu Gute kommen, und auf die von ihm zu leistende Entschädigung abzurechnen sei.

Der § 4 entstammt nicht der Regierungsvorlage des Jahres 1871, sondern einem Antrage der damaligen sogen. freien Kommission; schon bei der Berathung im Reichstag wurden die entgegengesetztesten Urteile über ihn laut; das ist nicht minder heut der Fall, und ich halte es deshalb nicht an der Zeit, in die Diskussion der Frage einzutreten, ob er aufgehoben werden solle oder nicht; man wird vielmehr noch ein Decennium verstreichen lassen müssen, ehe man sich darüber entscheidet, ob die an den Paragraphen geknüpften Hoffnungen oder Befürchtungen sich erfüllt haben.

Dahingegen läßt sich eine spezielle an den § 4 anknüpfende Frage behandeln. Der Paragraph giebt dem Arbeitgeber einen Fingerzeig, um ihm die Haftpflicht auf alle Fälle erträglich zu machen, es ist der Hinweis auf die Unfallversicherung; die Haftung für fremde Schuld löst sich somit in die Zahlung einer Versicherungsprämie auf; sofort entstand eine Reihe von Unfallversicherungsgesellschaften theils auf Gegenseitigkeit theils auf feste Versicherungsprämien, denen man zum Theil das Zeugniß einer bedeutenden Wirksamkeit nicht vorenthalten darf [1]). Die Versicherung ist einerseits in den freien Willen des Arbeitgebers gesetzt, andrerseits macht er sich durch die Versicherung nicht von seiner Haftpflicht frei, d. h. die Zahlungsunfähigkeit der Versicherungsanstalt trifft den Haftpflichtigen, nicht den Arbeiter. Nun ist in neuester Zeit von zwei Seiten her (von Adickes [2]) und Bebel [3])) der Gedanke angeregt worden, an Stelle

---

[1]) Genaueres über die einzelnen s. in dem von Neumann herausgegebenen Jahrbuch für das deutsche Versicherungswesen (Lebens-, Renten- und Unfallversicherung). Die Meinungen sind übrigens getheilt; man macht es den Unfallsversicherungsgesellschaften zum schweren Vorwurf, daß sie in sehr vielen Fällen einen Prozeß provoziren, sie zahlen erst dann, wenn der Arbeiter den Arbeitgeber verklagt und ein obsiegliches Urtheil erstritten hat; man behauptet, daß, falls keine Unfallsversicherungsgesellschaften existirten, der Arbeitgeber ohne Prozeß seine Haftpflicht anerkennen und dem Arbeiter die Entschädigung freiwillig auszahlen würde. Nach der Autorität der Männer, welche den Vorwurf ausgesprochen haben, ist an seiner Richtigkeit nicht zu zweifeln. Vielleicht dürfte dem Uebel dadurch abgeholfen werden, daß im Versicherungsvertrag ein Schiedsgericht konstituirt wird. Vergl. auch die Ausführungen des Abg. Stumm und des Präsidenten des Reichskanzleramts Hofmann, welche wegen dieses Mißstandes der weiteren Fortbildung des Haftpflichtgesetzes entgegentraten und der Einrichtung einer Invalidenversorgung den Vorzug gaben (Reichstagsverh. von 1878 S. 846 f., von 1879 S. 141, 150).

[2]) Tübinger Zeitschr. f. d. ges. Staatswissenschaft 1879 S. 634.

[3]) Reichstagssitzung v. 26. Febr. 1879 (Stenogr. Berichte S. 143); natürlich verlangt Bebel die Leitung der Versicherungskasse durch den Staat.

der Haftung für den Schaden vielmehr den Arbeitgeber gesetzlich zur Versicherung des Arbeiters gegen Unfälle zu verpflichten; als Grund führen sie die Zahlungsunfähigkeit der kleinen Arbeitgeber bei größeren Schädensfällen an. Der Grund gewinnt an Gewicht, wenn nach meinen Ausführungen die Haftpflicht auf den gesammten Arbeitsvertrag ausgedehnt werden sollte. Nichtsdestoweniger kann ich dem Vorschlag nicht beitreten. Eine Durchführung der Versicherungspflicht auf gerichtlichem Wege ist offenbar unzulässig: man kann nicht vom Arbeiter verlangen, daß er zu diesem Zwecke die Klage gegen den Arbeitgeber anstelle. Es bliebe also nur übrig, die Verwaltungsbehörden mit der Durchführung zu beauftragen, und dies würde fortwährende staatliche Einmischungen nöthig machen, welche sich nur solche Unternehmer gefallen lassen würden, die schon in anderen Beziehungen der staatlichen Aufsicht unterstehen z. B. Bergwerksbesitzer, Eisenbahngesellschaften. Auch der Abg. von Hertling[1]) hat sich gegen die Substitution der obligatorischen Unfallversicherung erklärt; sein Grund ist freilich ein anderer als der meinige, er befürchtet davon eine Verminderung der Präventivwirkung des Haftpflichtgesetzes.

II. Haftung für Zufall.

Bekannt ist die römische Rechtsregel: casus a nullo praestantur, kein Schuldner steht für den Zufall ein. Sie ist die Anwendung eines größeren, durch das ganze Römische Recht sich hindurchziehenden Gedankens; des Gedankens nämlich, daß der Mensch keine Macht über die Natur besitzt, daß er vielmehr unter der Herrschaft ihrer Gesetze steht, und daß er demgemäß es in Demuth hinzunehmen hat, was sie ihm auch schicke, es sei ein Gewinn oder ein Verlust. Ein Beispiel klärt ganz besonders auf. Wenn ein öffentlicher Fluß sich ein neues Bett gräbt, so theilen sich nach Römischem Recht die angrenzenden Eigenthümer des verlassenen Flußbetts in das letztere, diejenigen Eigenthümer, über deren Grund und Boden der Fluß nunmehr fließt, verlieren das Eigenthum daran; jene machen einen Gewinn, diese erleiden einen Schaden; das Römische Recht denkt nicht daran, eine Ausgleichung eintreten zu lassen und den verlierenden Grundeigenthümern das verlassene Flußbett zuzusprechen. Während dieser Fall dem Gebiet der dinglichen Rechte angehört, so ist ein zweiter, dem Obligationenrecht entnommener nicht minder belehrend; ich meine den Satz: periculum est emtoris, d. h. geht die verkaufte Sache vor der Uebergabe durch reinen Zufall unter, so trifft den Käufer der Schaden, und er muß den Kaufpreis dem Verkäufer zahlen; er hat sich nämlich zur Zahlung des Kaufpreises für die verkaufte Sache verpflichtet, und er muß es ertragen, daß eine höhere Gewalt die Sache zerstört hat.

Leichte Abweichungen von dem dargestellten Prinzip finden sich wohl in dem Römischen Recht, allein sie sind so spärlich, daß man sich nicht wundern darf, wenn die heutige Rechtswissenschaft sie fast gar keiner Beachtung würdigt. Ich aber kann an ihnen deshalb nicht vorübergehen, weil mir scheint, daß ein neues Rechtsprinzip in ihnen die treibende Kraft ist.

---

[1]) Verh. des Reichstags von 1880 S. 158.

Der erste Fall ist folgender. Es bittet Jemand einen Anderen um ein Darlehn; da dieser kein baares Geld besitzt, so giebt er ihm eine Sache zum Verkauf, den Erlös solle er als Darlehn behalten; die Sache geht vor dem Verkauf durch reinen Zufall unter; den Schaden trägt der Darlehnssucher (außer wenn der Eigenthümer der Sache schon vor dem Stellen des Gesuchs die Absicht hatte, sie zu verkaufen)[1]. Nach der oben angegebenen Regel müßte der Schaden entschieden vom Eigenthümer getragen werden; wenn er im vorliegenden Fall dem Darlehnssucher auferlegt wird, so kann dies nur darin begründet sein, daß der beabsichtigte Verkauf lediglich in dessen Interesse geschehen sollte, daß er allein den Anlaß zum Verkauf, also zur Entstehung der Gefahr gegeben hatte. Daher erklärt sich leicht die entgegengesetzte Entscheidung für den Fall, daß der Eigenthümer den Verkauf schon früher beabsichtigte, denn dann hatte der Darlehnssucher nicht den Anlaß zur Entstehung der Gefahr gegeben.

Der zweite Fall ist folgender. Es giebt Jemand dem Herrn eines Sklaven eine gewisse Summe mit der Auflage, daß er den Sklaven freilassen solle, der Herr reist mit dem Sklaven nach dem Sitze der Behörde, um den Freilassungsakt vorzunehmen; unterwegs stirbt der Sklave; wenn nun die Reise nicht den Anlaß zum Tode gab, so muß der Herr die empfangene Geldsumme herausgeben, nicht aber braucht er es dann, wenn der Sklave durch Mörderhand oder durch Ueberfahren sein Leben verloren hat[2]. Auch hier basirt die Entscheidung auf der Erwägung, daß die Reise lediglich im Interesse desjenigen erfolgt war, der den Sklaven freigelassen wissen wollte, daß er allein Anlaß zur Entstehung der Gefahr gegeben hat. Vielleicht beruhen diese Entscheidungen auf der Umkehr einer anderen römischen Rechtsregel: commodum eius esse debet, cuius est periculum[3]. Wenn nämlich der Vortheil aus einem zufälligen Ereignisse demjenigen zufällt, welcher den daraus entstehenden Schaden trägt, so kann man weiter schließen, daß, wer den Vortheil hat (in dessen Interesse das Geschäft vorgenommen ist), den dabei entstehenden zufälligen Schaden tragen muß.

Wie dem auch sei: mir scheint, daß dem modernen Rechtsbewußtsein der zweite, in wenigen Beziehungen bereits im Römischen Recht existirende Grundsatz weit mehr entspricht als der erste. Zum Beweise berufe ich mich auf das Preußische Recht[4].

Das Allgemeine Preußische Landrecht verwendet das verlassene Flußbett zunächst zur Entschädigung derjenigen, über deren Grund und Boden sich der Fluß ein neues Bett gegraben hat[5]. Es kennt nicht den Grundsatz: periculum est emtoris, der Käufer braucht den Kaufpreis nicht zu zahlen, wenn die Sache vor der Uebergabe untergegangen ist[6]. Es verpflichtet den Mandanten, den zufälligen Schaden, welcher den Mandatar bei Ausführung des Mandats getroffen hat, zu ersetzen[7], wenn er (der Mandant) bestimmte Vorschriften über

---

[1] l. 11 § 1. D. de reb. cred. 12, 1. Vgl. auch die Basiliken l. 23. tit. 1. cap. 4.
[2] l. 5 § 4. D. de cond. causa data 12, 4.
[3] l. 10 D. de reg. iuris 50, 17.
[4] Vgl. auch die Ausführungen von Pfaff, zur Lehre von Schadenersatz und Genugthuung nach Oesterr. Recht 1880 S. 9—11.
[5] A.L.R. I, 9 §§ 270. 271.
[6] A.L.R. I, 11 §§ 95. 100.
[7] A.L.R. I, 13 § 81.

die Ausführung ertheilt hatte; diese landrechtliche Bestimmung erging auf Grund der Meinung vieler gemeinrechtlicher Rechtslehrer, denen die römische Bestimmung [1]), wonach der Mandant niemals für Zufall haftet, nicht gefiel. Noch darüber hinausgehend verpflichtet die preußische Gesindeordnung im § 86 die Herrschaft [2]), für Kur und Verpflegung des Dienstboten zu sorgen, wenn dieser sich durch den Dienst oder bei Gelegenheit desselben eine Krankheit zugezogen hat; diese Verpflichtung besteht nach der richtigen (aber bestrittenen) Ansicht [3]) nur so lange, als das Dienstverhältniß dauert.

Ich glaube auch den inneren Grund angeben zu können, weshalb unsere Rechtsanschauung von der römischen abweicht. Wir müssen selbstverständlich auch heut anerkennen, daß der Mensch über die Gesetze der Natur keine Macht hat, aber wir besitzen in den Versicherungsanstalten eine den Römern unbekannte Institution, wodurch wir im Stande sind, die durch Zufall eintretenden Schäden gegen Zahlung einer erträglichen Gebühr von uns abzuwenden. Zwar existiren diese Anstalten nicht auf allen Gebieten; da sie aber auf unzähligen Gebieten existiren, so hat sich unsere Rechtsanschauung ganz im Allgemeinen (also auch dort, wo Versicherungsanstalten nicht vorhanden sind) verändert. — —

Auf den Arbeitsvertrag angewendet, so glaube ich behaupten zu müssen: es widerspricht unserem Rechtsgefühl, den Arbeiter allein den ohne seine Schuld eingetretenen Unfall tragen zu lassen; als schuldlos erscheint unserem Rechtsgefühl auch der Arbeiter, welcher bloß mit geringer Schuld (etwa aus Uebereilung, Ungeschicklichkeit) gehandelt hat. Bereits existirt auf demjenigen Gebiete, welches schon zu Zeiten des Mittelalters ein Proletariat entwickelte, auf dem Gebiete des Bergwesens, eine Einrichtung, in welcher unser modernes Rechtsgefühl zur Geltung gebracht worden ist; die bergwerklichen Knappschaftsvereine fungiren in dreifacher Weise: als Krankenkasse, als Pensionskasse, als Unfallskasse. Und es besteht bereits seit Jahren eine Bewegung, die darauf abzielt, allen Arbeitern die Sicherheit gegen Unfälle zu verschaffen. Der bekannte Stumm'sche Antrag bezweckt geradezu eine Uebertragung der Knappschaftsvereine auf alle industriellen Arbeiter Deutschlands. Der Kommentator des Haftpflichtgesetzes Jacobi [4]) verlangt, daß, wer die Elementarmächte in seinen Dienst nimmt (indem er die Maschine mit Dampf bewegt) oder wer in den Kampf mit ihnen eintritt (als Bergwerksunternehmer), die Gefahren des Wagnisses nach allen Richtungen, also auch für seine Arbeiter tragen müsse. Das bereits oben erwähnte Möller'sche Referat verlangt die Haftung des Arbeitgebers für allen Schaden, der dadurch entsteht, daß der Arbeiter bei seinen dienstlichen Verrichtungen unfreiwillig den Tod oder eine Körperverletzung erleidet. Möller macht unserem Haftpflichtgesetze den Vorwurf, daß es den Rechtsgrund, auf dem die Verpflichtung des Arbeitgebers beruht, verkenne; der wahre Rechtsgrund sei „die Rücksicht auf den sozialen Frieden, welche fordert, daß Arbeitgeber und Arbeiter sich als Glieder eines Organismus fühlen, in welchem dem Mächtigeren und

[1]) l. 26 § 6 D. mand. 17, 1.

[2]) Nachweisungen bei Förster, Preuß. Privatr. § 141 N. 122 und bei Dernburg, Preuß. Privatr. § 182 N. 17.

[3]) Vgl. hierüber den Kommentar von Koch ad h. l.

[4]) Kommentar S. 15. Aehnlich Löning, die Haftung des Staates aus rechtsw. Handlungen seiner Beamten S. 90; vgl. auch Binding, Normen 1, 167.

Reicheren die Pflicht obliegt, für den Schwächeren und Aermeren, der ihm seine Kraft widmet, unter allen Umständen zu sorgen, um so wieder in neuer veredelter Form die Bande zu knüpfen, welche früher in Form der Zunft alle Berufsgenossen verknüpften." So ehrenwerth die Gesinnung ist, welche in diesen Worten liegt, so wenig enthalten sie ein brauchbares Rechtsprinzip — dies schon aus dem Grunde, weil durch Auferlegung der schrankenlosen Haftpflicht der „reiche" Arbeitgeber sehr leicht zum armen Mann gemacht werden würde.

Ich knüpfe vielmehr an den schon oben geäußerten Gedanken an: wenn ein zufälliger Schaden bei einer Gelegenheit entsteht, welche Jemand veranlaßt hat, so muß er ihn tragen, auch wenn ihn gar keine Schuld trifft. Machen wir davon beim Arbeitsvertrag Gebrauch, so ergiebt sich das Resultat, daß der Schaden zwischen Arbeitgeber und Arbeiter vertheilt werden muß; denn der Arbeitsvertrag gehört zu den sogen. zweiseitigen Geschäften, er bezweckt den Vortheil beider Theile, beide Kontrahenten wollen und sollen daraus einen Nutzen ziehen, beide Theile haben Anlaß zum Schaden gegeben: der Arbeitgeber, indem er die Arbeit verrichten ließ, der Arbeiter, indem er sie übernahm. Zur Bestätigung der Richtigkeit des von mir aufgestellten Rechtssatzes dient gewiß der Umstand, daß die preußischen Knappschaftskassen, die (wie ich schon früher bemerkte) auch als Unfallskassen fungiren, von den Beiträgen sowohl der Werksbesitzer als der Werksarbeiter unterhalten werden; freilich sind die Beiträge beider nicht gleich, nach dem preußischen Berggesetz § 175 brauchen die Beiträge der Werksbesitzer bloß die Hälfte der Arbeiterbeiträge zu betragen, allein in der Praxis hat es sich gezeigt, daß nur, wo die Werksbesitzer den gleichen Beitrag wie die Arbeiter leisten, die Knappschaftskasse allen ihren Verpflichtungen mit Sicherheit nachkommt. Auf der anderen Seite zu weit geht die Forderung Hiltrop's [1]), daß die für die Unfallskasse erforderlichen Beiträge von den Werksbesitzern allein getragen werden sollen; aus ihr würde folgen, daß der Arbeitgeber den ganzen durch den Unfall entstandenen Schaden zu leisten hätte, und dies läßt sich mit Rechtsgründen nicht belegen. Auch Engel vertheidigt dieselbe Meinung wie Hiltrop, nur verlangt er nicht die Arbeitgeber gesetzlich zu verpflichten, er erklärt es als ihrer moralischen Pflicht und ihrem eignen Interesse entsprechend [2]).

Trotz der Beschränkung auf die Hälfte habe ich noch ein Bedenken; da es nämlich Unverstand ist, die die goldenen Eier legende Henne zu tödten, so darf jene theilweise Haftung des Arbeitgebers nimmermehr dahin führen, den letzteren zu ruiniren; die Gesetzgebung muß auf ein Mittel sinnen, dieses Resultat abzuwenden. Das Mittel ist die Unfallversicherung.

Ich meine aber nicht etwa die Gründung einer „allgemeinen Unfallversicherungskasse in Berlin" (Hiltrop) oder die Ausdehnung der Knappschaftsvereine auf alle Arbeiter (Stumm). Solch großartige Maßregeln verlangen nicht bloß

---

[1]) Schriften des Vereins für Sozialpolitik Bd. 5 S. 109. Hiltrop hat leider seine Ansicht nicht näher begründet. Er führt jedoch S. 113 zwei kleine Knappschaftsvereine an (den Halberstädter und Brandenburger), die ausschließlich durch Beiträge der Werksbesitzer unterhalten werden; andrerseits verpflichten die beiden großen westphälischen Knappschaftsvereine den Werkbesitzer bei jedem größeren Unfall bloß zu einem Beitrag von 100 Thlr.

[2]) Zschr. des preuß. stat. Bureaus 1876 S. 146.

entsprechende, Jahre lang sich hinziehende Vorbereitungen sondern sie scheitern an dem Streite, der unsere Gesellschaft und also auch unsere Volksvertretungen in zwei Lager theilt: an dem Streit über die Betheiligung des Staates an wirthschaftlichen Angelegenheiten, über die Berechtigung und die Erfolge des Voluntarismus[1]). Wer heut einen solchen Vorschlag macht, muß große Geduld besitzen; er wird Jahre, vielleicht Jahrzehnte warten müssen[2]). In der vorliegenden Materie würde ein solcher Vorschlag um so weniger gerechtfertigt sein, als die Erfahrungen nach Erlaß des Haftpflichtgesetzes uns den rechten Weg unzweifelhaft weisen. In Folge des § 4 des Gesetzes (dessen ich schon oben gedachte) hat sich eine Reihe von Unfallversicherungsgesellschaften entweder gegen feste Prämien oder auf Gegenseitigkeit gebildet, und die bei denselben versichernden Arbeitgeber können deshalb stets einen sie treffenden Haftpflichtfall mit Leichtigkeit ertragen. Diese Gesellschaften versichern nicht bloß gegen die unter das Haftpflichtgesetz fallenden Fälle sondern überhaupt gegen alle Unfälle, ohne Unterschied ob sie kulpos oder kasuell entstanden sind. Mein Vorschlag geht nun dahin, die Haftung des Arbeitgebers für kasuelle Unfälle dadurch zu mildern, daß er sich davon durch Versicherung des Arbeiters bei einer (im Gesetz näher zu charakterisirenden) Versicherungsanstalt befreit. Ich bin also für eine geringere Haftung des Arbeitgebers bei Zufall als bei Schuld seiner Beamten; im letzteren Falle kommt ihm nur das zu Gute, was die Anstalt wirklich leistet; im ersteren Fall macht er sich nach meinem Vorschlag durch die Versicherung an sich frei, so daß der Banquerott der Versicherungsanstalt nicht ihn sondern den Arbeiter trifft. Der Grund meiner Meinung ist ein dreifacher. Einmal sind zufällige Ereignisse noch weit schadenbringender als die durch Versehen herbeigeführten, und man darf nicht den Einen dadurch versorgen, daß man den Anderen an den Bettelstab bringt. Sodann aber kann man wohl einen Arbeitgeber mit seinem Vertreter völlig identifiziren, das Versehen des letzteren völlig dem ersteren zur Last legen, aber der Zusammenhang zwischen dem bloßen Anlaß zum Unfall und dem Unfall ist nicht ein so inniger wie der zwischen dem Arbeitgeber und seinem Vertreter. Endlich haben wir es mit einem neuen Rechtsgrundsatz zu thun, der im bisherigen Recht nur sehr wenig vorgebildet ist, und welcher, um sich den Beifall zu erringen, in möglichst erträglicher Form auftreten muß, eine Versicherungsgebühr ist aber — wenn mit dem Schaden selbst verglichen — stets erträglich. Ich bemerkte schon, daß das Gesetz die Versicherungsanstalt wird charakterisiren müssen, um nicht Leichtsinn oder gar Umgehung des Gesetzes seitens des Arbeitgebers zu befördern; es wird also die Minimalhöhe des Grundkapitals zu bestimmen und dessen volle Einzahlung anzuordnen sein u. dergl. m., kurz besondere Normativbestimmungen für Unfallversicherungsanstalten werden aufgestellt werden müssen. — In dieser Einschränkung ist die Haftpflicht für den Zufall eine dem Arbeitgeber durchaus erträgliche Last; nach einer Mittheilung bei Jacobi (Kommentar S. 18 Note 9) gewährt die allgemeine Unfallversicherungsbank in Leipzig für Maschinenfabriken

[1]) Beide Momente ergeben sich aus der letzten Behandlung der Sache, dem Bericht der 8. Kommission über den Antrag Stumm (deutscher Reichstag 1879 Nr. 314).

[2]) Man lese die Erklärungen des Regierungskommissars in dem in voriger Note bezeichneten Kommissionsbericht.

zum Satze von $1^3/_4$ pro Mille Versicherung gegen alle Unfälle nicht haftpflichtiger Art, d. h. eben gegen zufällige Unfälle; nach den Ergebnissen der preußischen Statistik waren 1875 27275 Arbeiter mit einem Kapital von 184,267,273 Mark gegen alle Unfälle versichert; die Prämie wurde bis auf einen verschwindenden Beitrag der Arbeiter von 17000 Mark nur von den Arbeitgebern mit 778,000 Mark gezahlt. — Nach dem neuesten Ausweis waren am 31. December 1879 bei der Allgemeinen Unfall-Versicherungsbank in Leipzig gegen Verbindlichkeiten aus der gesetzlichen Haftpflicht 4999 Mitglieder mit 242,771 Personen, in der deutschen Unfall-Versicherungsgenossenschaft in Leipzig gegen Nichthaftpflicht-Unfälle 2712 Mitglieder mit 103,867 Personen oder 211,568,603 Mark Versicherungssumme versichert.

Die Darstellung ergiebt, daß ich auf dem Wege der juristischen Prinzipien nur zu einer halben Versicherung des Arbeiters gegen zufällige Unfälle gelange. Soll man die Ergänzung derselben dem freien Belieben des Arbeiters überlassen [1])? Soll man einen Zwang dazu einführen [2]), und zwar (fragt es sich weiter) in der Form des Kassenzwangs (wie bei den sogen. eingeschriebenen Hilfskassen) oder der Zwangskassen (wie bei den bergwerklichen Knappschaftsvereinen)? Auch die Ansicht ist ausgesprochen worden, daß die Arbeiterversicherung, soweit die Arbeitgeber nicht dafür gesorgt, im Interesse der Armenverwaltung zur Gemeindesache gemacht werden sollte [3]). Auf diese Punkte gehe ich nicht ein, weil ich meinem Gutachten einen streng objektiven, von den verschiedenen ökonomischen Strömungen unserer Zeit unabhängigen Inhalt geben will; ich operire lediglich mit dem Arbeitsvertrag; in seinem juristischen Gehalt habe ich eine unbestrittene Grundlage für die Fortbildung der Gesetzgebung, welche von allen wirthschaftlichen Parteien anerkannt werden muß; was darüber hinaus liegt, lasse ich absichtlich bei Seite, um mir die gute Meinung auch derer zu erhalten, die meinen wirthschaftlichen Standpunkt nicht theilen. Nur die einzige thatsächliche Bemerkung darf ich nicht unterdrücken, daß für die Bergarbeiter die Zwangskassenform im Knappschaftsverein besteht, von welchem ich oben berichtet habe, einerseits daß er auch eine Versicherung gegen Unfälle begreift, andererseits daß die Beiträge sowohl von den Werksbesitzern als von den Arbeitern geleistet werden.

Ich setze nun den Fall, daß es bei demjenigen verbleibt, was nach der obigen Ausführung der Arbeitgeber thun soll, d. h. bei der Versicherung des Arbeiters gegen zufällige Unfälle zur Hälfte. Auch diese würde ein großer Gewinn sein. Die Arbeitgeber würden den größten Eifer auf Herstellung und

---

[1]) Dies ist der Standpunkt von Brentano (Arbeiterversicherung gemäß der heutigen Wirthschaftsordnung 1879), Hirsch (die gegenseitigen Hülfskassen) und Wöllmer (Invalidenpensionskassen und die Gesetzgebung 1879).

[2]) Dies ist der Standpunkt von Adickes in der Tübinger Zschr. f. d. gesammte Staatswissenschaft 1879 S. 599—640. In den Verhandlungen der 8. Kommission des Reichstags v. 1879 sind natürlich beide Standpunkte eifrig verfochten worden; s. die Drucksache Nr. 314 S. 3—12.

[3]) So Engel in der Zschr. des preuß. stat. Bureaus v. 1876, S. 145. Aus einer Mittheilung in den Reichstagsverhandlungen 1879 S. 152 (Handelskammer von Mannheim) möchte ich fast schließen, daß einige Gemeinden in der That die Versicherung von Gemeindewegen abschließen.

Instandhaltung solcher Einrichtungen verwenden, durch welche die Gefahren für Leben und Gesundheit ihrer Arbeiter möglichst vermieden werden; sie würden den Kampf mit der vis maior aufzunehmen versuchen; die Unfallversicherungsgesellschaften würden dem gleichen Ziele zustreben; es würde den Unfällen vorgebeugt, Leben und Gesundheit der Arbeiter vielfältig erhalten werden, und wo dies trotzdem nicht gelungen, würde das Elend der Einzelnen gelindert und der Armenetat wahrscheinlich gänzlich entlastet werden. Der letzte Punkt ist zu betonen. Jeder Unfall, für den der Arbeitgeber nicht einsteht, trifft die Gemeinde; der Arbeitgeber bestreitet in solchem Falle einen Theil der Produktionskosten aus öffentlichem Seckel; und wie bedeutsam dieser Theil ist, geht daraus hervor, daß einzelne Gemeindevorstände bereits die öffentliche Aufforderung erlassen haben an die Arbeitgeber, ihre Leute zu versichern, an die Arbeiter, nur bei solchen, die dieser Aufforderung nachgekommen sind, Arbeit zu nehmen [1]).

Erreicht wäre bei der Durchführung meines Vorschlags nicht alles Wünschenswerthe, aber ein großer Schritt wäre vorwärts gethan. Nirgends so sehr wie im sozialen Gebiet bewährt sich das Sprichwort, daß das Bessere der Feind des Guten ist; hier kann man immer nur stückweise reformiren. Das Haftpflichtgesetz von 1871 ist, an den obigen Ausführungen gemessen, ein Zwerg, und doch hat es sich als überaus kräftig erwiesen, und in dem von ihm umschriebenen Kreise mächtig gewirkt. Ein neues Gesetz, welches meinen Ausführungen entspräche, würde zwar die gerechten Anforderungen des Alters und Siechthums nicht erfüllen, es würde sogar die durch die Arbeit selbst herbeigeführten Krankheiten (Bleivergiftung, Phosphornekrose u. dergl. m.) nicht treffen; nichtsdestoweniger würde es ein großes Stück wirthschaftlichen Elends beseitigen auf einem Gebiete, wo es urplötzlich über die Menschen hereingebrochen ist und deshalb um so weniger ertragen werden kann.

Ich hebe noch hervor, daß ein Gesetz, welches die theilweise Haftpflicht des Arbeitgebers für den Zufall statuirt, auch demjenigen Arbeiter zu Gute kommt, welcher das Versehen des Arbeitgebers resp. seines Beamten nicht nachweisen kann; und ich erachte dies für die einzig gerechte Beurtheilung des Falles. Zweifelhafte Ansprüche ziemt es sich durch einen Vergleich zu erledigen; so ungerecht die bisherige Nichthaftung des Arbeitgebers ist, so ungerecht wäre es, ihn unbeschränkt haften zu lassen, bis er einen thatsächlich unmöglichen Gegenbeweis liefert; die Theilung ist hier am Orte. Wir gelangen demnach zu einer Haftungsskala, welche den verschiedenen Nüancen der thatsächlichen Vorgänge entspricht: der Arbeitgeber haftet in vollem Maße bei eigner Schuld oder bei einer Schuld seines Angestellten; er haftet zur Hälfte bei zufälligen Unfällen oder bei nicht nachweisbarer Schuld; er haftet gar nicht bei grober Schuld (Leichtsinn) des Arbeiters. Vielleicht wird auch der Abg. Stumm an dieser Skala Gefallen finden; denn wenn er ausführte, daß die Entschädigung des Arbeiters denselben leichtsinnig bei der Arbeit

---

[1]) Vgl. das Schreiben des Bürgermeisters von Mettmann in der Rheinprovinz v. 2. März 1875, abgedr. in der Zschr. des preuß. stat. Bureaus 1876 S. 145 Note *.

mache und ihn zur Vernachlässigung aller Vorsicht verführe[1]), so paßt dies eben nur auf die volle Entschädigung.

Ich fasse die Resultate meines Gutachtens in folgende Sätze zusammen:

1. Der § 2 des Haftpflichtgesetzes ist auf den gesammten Arbeitsvertrag (locatio conductio operarum und operis) auszudehnen.
2. Die Ausführungsverordnung zu § 120 der Gewerbenovelle ist ungesäumt zu erlassen; desgleichen ein Gesetz über die Anzeigepflicht bei Unfällen. In beiden ist geeignete Rücksicht auf Vereine zu nehmen, welche sich zu ihrer Durchführung auf dem Wege der Selbstverwaltung bilden (ähnlich den Dampfkesselrevisionsvereinen).
3. Es ist ein Gesetz zu erlassen, worin dem Arbeitgeber (bei loc. cond. operarum und operis) die Haftung für zufällige Unfälle zur Hälfte auferlegt wird; von dieser Haftung befreit er sich durch Versicherung der Arbeiter bei einer Anstalt, über deren nähere Charakterisirung Normativbestimmungen gesetzlich aufzustellen sind.

[1]) Reichstagsverhandlungen von 1878 S. 845.

Anhang.

1. Nachtrag zu dem Aufsatze: Die Haftpflicht nach englischem Rechte.

2. Bericht über verschiedene Ansichten, betr. die Haftpflichtfrage.

1.

Nachtrag

zu dem Aufsatze: Die Haftpflicht nach englischem Rechte.

Das britische Gesetz, dessen Entwurf in dem vorerwähnten Aufsatze, S. 17, mitgetheilt ward, ist inzwischen, am 7. September d. J. veröffentlicht worden; es folgt hier in Uebersetzung:

Gesetz zu Ausdehnung und Regelung der gewerblichen Unternehmern obliegenden Verpflichtung zu Leistung von Schadenersatz an solche aus der Zahl der in ihnen beschäftigten Arbeiter, welche eine Körperbeschädigung erfahren haben, vom 7. September 1880 — 43 u. 44 Vict. cap. 42—.

(Gesetz, betr. die Haftpflicht gewerblicher Unternehmer von 1880).

Von J. M. der Königin, im Beirath und mit Zustimmung der in dem gegenwärtigen Parlamente versammelten geistlichen und weltlichen Lords sowie der Gemeinen und kraft deren Genehmhaltung, wird verordnet was folgt:

1. Verbesserung der Rechtsvorschriften.

Wofern nach dem Zeitpunkte, zu welchem dieses Gesetz in Wirksamkeit tritt, ein Arbeiter eine Körperbeschädigung erfährt:

1) aus Anlaß irgend eines Mangels in der Beschaffenheit der mit dem Gewerbebetriebe des Unternehmers in Verbindung stehenden oder der eben dabei in Gebrauch befindlichen Arbeitsvorkehrungen, Geräthschaften, maschinellen Anlagen oder Inventarstücke; oder
2) aus Anlaß des nachlässigen Verhaltens irgend einer in dem Dienste des Unternehmers befindlichen Person, welcher irgend wie Aufsichtsbefugnisse übertragen sind, und zwar in der Zeit, während welcher diese Person in der Ausführung ihrer Aufsichtsbefugnisse begriffen ist; oder
3) aus Anlaß des nachlässigen Verhaltens irgend einer in dem Dienste des Unternehmers befindlichen Person, deren Befehlen oder Weisungen der

Arbeiter zu der Zeit als die Beschädigung stattfand, nachzukommen verpflichtet war und auch nachkam, sofern die fragliche Beschädigung aus dem gedachten Verhalten hervorgegangen ist; oder

4) aus Anlaß von Handlungen oder Unterlassungen, welche irgend eine in dem Dienste des Unternehmers befindliche Person in Befolgung der Vorschriften oder Anordnungen des Unternehmers, oder in Befolgung solcher besonderen Instruktionen bewirkt oder begeht, welche irgend eine zu dem Behufe von dem Unternehmer mit Autorität ausgerüstete Person erlassen hat; oder

5) aus Anlaß des nachlässigen Verhaltens irgend einer in dem Dienste des Unternehmers befindlichen Person, welche bei Eisenbahnen die Verantwortung oder die Kontrole für bezw. über irgend welche Signale, Weichen, Zugmaschinen oder Züge hat,

haben der Arbeiter, oder, falls die Beschädigung das Ableben desselben herbeiführt, die gesetzlichen persönlichen Vertreter des Arbeiters und die aus Anlaß des Todesfalls berechtigten Personen eben denselben Rechtsanspruch auf Schadenersatz und eben dieselben Rechtshülfen gegen den Unternehmer, wie wenn der Arbeiter nicht ein Arbeiter des Unternehmers, oder nicht in dessen Diensten befindlich, oder nicht zu dessen Gewerbsunternehmen verdungen gewesen wäre.

2. Ausnahmen in Ansehung der verbesserten Rechtsvorschriften.

Ein Arbeiter ist nach Maßgabe dieses Gesetzes zu irgend welchen Rechtsansprüchen auf Schadenersatz oder zu Rechtshülfe gegen den Unternehmer in jedem der folgenden Fälle nicht berechtigt; nämlich:

1) nach Unterabschnitt Eins in Abschnitt Eins, es sei denn, daß die dort erwähnten Mängel hervorgegangen sind aus oder unentdeckt, oder unabgestellt geblieben sind wegen der Nachlässigkeit des Unternehmers oder einer in dem Dienste des Unternehmers befindlichen Person, welcher von dem Unternehmer die Verpflichtung auferlegt ward, danach zu sehen, daß die Arbeitsvorkehrungen, Geräthschaften, maschinellen Anlagen oder Inventarstücke in zweckentsprechendem Zustande sich befanden.

2) Nach Unterabschnitt Vier in Abschnitt Eins, es sei denn, daß die Beschädigung durch irgend welche Ungehörigkeiten oder Mängel in den vorerwähnten Vorschriften, Anordnungen oder Instruktionen herbeigeführt ward; mit dem Vorbehalt jedoch, daß — wofern Vorschriften oder Anordnungen von Seiten eines der königlichen ersten Staatssekretaire oder des Handelsamts, oder eines sonstigen Regierungsdepartements nach Maßgabe oder Kraft eines Gesetzes genehmigt oder angenommen worden sind —, solche Vorschriften oder Anordnungen für die Zwecke dieses Gesetzes als ungehörig oder mangelhaft nicht angesehen werden dürfen.

3) So oft der Arbeiter die mangelhafte Beschaffenheit oder das nachlässige Verhalten kannte, welches seine Beschädigung herbeiführte und er innerhalb einer angemessenen Frist dem Unternehmer oder einer ihm (dem Arbeiter) in dem Dienste des Unternehmers übergeordneten Person davon Anzeige zu erstatten oder erstatten zu lassen verabsäumte, es sei denn daß, nach seiner (des Arbeiters) Wahrnehmung, die fragliche mangel=

hafte Beschaffenheit, oder das nachlässige Verhalten dem Unternehmer oder der erwähnten übergeordneten Person bereits bekannt waren.

3. Abgrenzung der als Schadensersatz einziehbaren Summe.

Der nach Maßgabe dieses Gesetzes als Schadensersatz einziehbare Geldbetrag darf diejenige Summe nicht übersteigen, welche sich anschlagsmäßig als der während dreier Jahre vor dem Eintritt des schädigenden Ereignisses erarbeitete Verdienst einer solchen Person ermitteln läßt, die innerhalb der fraglichen Jahre in ebenderselben Lebensstellung, in der nämlichen Beschäftigung und in dem nämlichen Bezirke in Arbeit stand, woselbst der Arbeiter zu der Zeit beschäftigt war, als die Beschädigung stattfand.

4. Frist zu Einziehung des Schadensbetrages.

Klagen, nach Maßgabe dieses Gesetzes, behufs Einziehung des Betrages zu Ausgleichung einer erlittenen Beschädigung dürfen nicht anders rechtshängig gemacht werden, als wenn die Anzeige davon, daß eine Beschädigung stattgefunden hat, binnen sechs Wochen nach dem Eintritte des die Beschädigung verursachenden Unfalls erstattet, die Klage selbst aber binnen sechs Monaten, oder, wenn ein Todesfall vorliegt, binnen zwölf Monaten, von eben demselben Zeitpunkte an gerechnet, angestellt wird; stets jedoch mit dem Vorbehalte, daß bei dem Eintritt eines Todesfalls das Unterbleiben der Anzeige dann die Anbringung der Klage nicht ausschließen soll, wenn nach richterlichem Ermessen genügender Grund dazu vorhanden war, daß die Erstattung der Anzeige unterblieb.

5. Strafgelder können von Entschädigungsgeldern nach Maßgabe dieses Gesetzes in Abzug gebracht werden.

Von Entschädigungsgeldern, welche einem Arbeiter oder den Vertretern eines Arbeiters oder solchen Personen zugebilligt wurden, die durch Vermittelung eines Arbeiters oder durch einen solchen vertreten einen Klagegrund nach Maßgabe dieses Gesetzes für sich in Anspruch nehmen, ist zulässig diejenigen Strafgelder, und zwar entweder ganz oder theilweise, in Abzug zu bringen, deren Zahlung an den betreffenden Arbeiter, dessen Vertreter oder die gedachten zur Klage berechtigten Personen kraft eines sonstigen Gesetzes zu erfolgen hatte; wofern aber ein Arbeiter, oder dessen Vertreter, oder solche Personen nach Maßgabe dieses Gesetzes eine Klage anstellen, die durch Vermittlung eines Arbeiters oder durch einen solchen vertreten, einen Klagegrund nach Maßgabe dieses Gesetzes für sich in Anspruch nehmen, und wofern die aus Anlaß des nämlichen Klagegrundes nach Maßgabe eines sonstigen Gesetzes verbüßten Strafgelder, ganz oder theilweise, zuvor noch nicht gezahlt wurden, sind der Arbeiter, dessen Vertreter, oder jene Personen nicht berechtigt mit Bezug auf denselben Klagegrund nach Maßgabe eines sonstigen Gesetzes irgend welche Strafgelder oder Theilbeiträge von solchen in Empfang zu nehmen.

6. handelt von dem Verfahren vor Gericht und ist hier in Wegfall gebracht.

7. Verfahren bei der Zustellung von Anzeigen betreffs Beschädigungen.

Anzeigen betreffs Beschädigungen nach Maßgabe dieses Gesetzes müssen den Namen und den Wohnort der beschädigten Person enthalten, auch die Ursache der Beschädigung in der Sprache des gewöhnlichen Lebens, und ferner den Tag angeben, an welchem die Schädigung sich zutrug; sie sind dem Unternehmer oder, bei dem Vorhandensein von mehr als einem Unternehmer, einem derselben zuzustellen.

Die Zustellung kann durch Ausreichung der Anzeige an oder in dem Wohnhause oder dem Geschäftsraume derjenigen Person, an welche sie gerichtet ist, bewirkt werden.

Die Anzeige kann auch durch die Inanspruchnahme der Post mittelst eines eingeschriebenen Briefes bewirkt werden und hat die Adresse des Briefes auf diejenige Person, in deren letztbekanntem Wohnhause oder Geschäftsraume zu lauten, an welche die Anzeige zugestellt werden soll; wird die Anzeige durch Inanspruchnahme der Post zugestellt, so gilt die Zustellung als zu der Zeit bewerkstelligt, zu welcher ein die Anzeige enthaltender Brief im gewöhnlichen Laufe der Post ausgereicht worden wäre, und der Nachweis betreffs der stattgehabten Zustellung einer derartigen Anzeige soll als genügend erbracht angesehen werden, wenn dargethan wird, daß die Anzeige ordnungsmäßig adressirt und eingeschrieben ward.

Falls eine Mehrheit von Personen, ohne Unterschied ob mit Korporationsrechten versehen oder nicht, als Unternehmer auftritt, ist die Anzeige in der Art zuzustellen, daß sie entweder in dem Geschäftsraume ausgereicht, oder mittelst der Post in einem eingeschriebenen, an den Geschäftsraum adressirten Brief gesendet wird; sollte mehr als ein Geschäftsraum vorhanden sein, so kann die Sendung an einen derselben erfolgen.

Anzeigen nach Maßgabe dieses Abschnitts dürfen, etwa darin enthaltener Mängel oder Ungenauigkeiten wegen, nicht als ungültig angesehen werden, es sei denn, daß der Richter, welcher die Klage zu behandeln hat, die aus der in der Anzeige erwähnten Beschädigung hervorgeht, der Ansicht ist, daß der fragliche Mangel oder die fragliche Ungenauigkeit dem Beklagten bei dessen Einlassung auf die Klage nachtheilig und daß der Mangel oder die Ungenauigkeit absichtlich irreleitend seien.

8. Begriffserläuterungen.

Sofern die Wortstellung nicht ein Anderes erfordert, bedeutet

der Ausdruck „eine Person, welcher irgend wie Aufsichtsbefugnisse übertragen sind", eine solche, deren ausschließliche oder hauptsächliche Verpflichtung in Beaufsichtigung besteht und welche unter gewöhnlichen Umständen mit stofflicher Arbeit nicht befaßt ist;

begreift der Ausdruck „Unternehmer" jede Mehrheit von Personen in sich, ohne Unterschied, ob mit Korporationsrechten versehen oder nicht;

bedeutet der Ausdruck „Arbeiter" Eisenbahnangestellte und sonstige Personen, auf welche das Unternehmer- und Arbeitergesetz von 1875 Anwendung findet.

9. Beginn der Wirksamkeit des Gesetzes.

Dieses Gesetz soll vor dem 1. Januar 1881, welcher Tag in diesem Gesetz als der Beginn der Wirksamkeit desselben in Bezug genommen ist, nicht in Geltung treten.

10. Abgekürzter Titel.

Dieses Gesetz darf als das Gesetz, betreffend die Haftpflicht gewerblicher Unternehmer von 1880 angeführt werden und soll bis zum 31. Dezember 1887 und bis zu dem Ende der dann nächsten Parlamentssitzung jedoch nicht länger in Kraft bleiben, es sei denn, daß das Parlament ein Anderes verfügt und sämmtliche nach Maßgabe dieses Gesetzes vor jenem Zeitpunkt eingeleitete Klagen sollen Fortgang finden, wie wenn dieses Gesetz nicht erlöschen würde.

2.

Bericht über verschiedene Ansichten, betr. die Haftpflichtfrage.

Von A. Held.

Als Secretär des Vereins für Socialpolitik lag es mir ob, verschiedene praktische Sachverständige um Gutachten zu bitten. Dabei begegnete mir mehrfach das bekannte Schicksal, daß die betreffenden Herren zwar ebenso freimüthig als belehrend ihre Ansicht aussprachen, aber entweder nicht geneigt oder durch Zeitmangel außer Stande waren, diese Ansichten zu Papier zu bringen und unter ihrem Namen zu veröffentlichen.

In einigen Fällen hatte ich ganz besonderen Grund, das zu bedauern, weil die geäußerten Ansichten mir sehr der Beachtung werth erschienen; und da ich nicht annehmen kann, daß dieselben in den anderen Gutachten völlig gleichartig zum Ausdruck gelangen werden, so beschloß ich, mit Erlaubniß meiner Autoritäten, die von diesen geäußerten Meinungen und mitgetheilten Thatsachen in meinen Worten zu Papier zu bringen. Dieses geschah selbstverständlich ehe ich die Arbeit irgend eines der Herren Gutachter bekommen und gelesen hatte.

Die folgenden Zeilen sind also kein von mir erstattetes Gutachten, sondern eine Wiedergabe fremder Ansichten, die jedoch mit meinen eigenen Anschauungen sich in großer Harmonie befinden, so daß sich mit der Darstellung der Ansichten meiner Gewährsmänner der Ausdruck eigener Meinung, namentlich in Bezug auf die sociale Bedeutung der gemachten Vorschläge und ihre Motivirung, zwanglos verbinden kann und wird.

In der Reichstagssitzung vom 26. Februar 1879 sagte der Staatsminister Hofmann betreffs der Frage der Regelung der Haftpflicht:

„Sollen wir nun — das ist die Frage — lieber auf dem Wege der Invalidenversorgung — die ein sociales Band zwischen Arbeitgeber und Arbeiter knüpft — Abhilfe schaffen, oder sollen wir es thun auf dem Wege der Verschärfung des Haftpflichtgesetzes, welches in jedem einzelnen Falle der Anwendung den Arbeiter in einen juristischen Gegensatz, in eine feindliche Stellung zu dem Arbeitgeber treten läßt?"

Es handelte sich in dieser Reichstagssitzung darum, die Interpellation des Abgeordneten v. Hertling zu beantworten; die Regierung wollte und konnte aber eine bestimmte Antwort noch nicht geben, und daher schloß der Vertreter der Regierung mit einer Frage. Diese Frage aber ist in der That so formulirt, daß sie die große Schwierigkeit, welche bei jedem Versuche der Regulirung der Haftpflicht aufsteigt und welche bisher noch Niemand völlig zu heben vermochte, klar ausspricht.

Einerseits nämlich besteht für alle Diejenigen, welche unsere industriellen Verhältnisse vorurtheilsfrei und doch mit humanem Sinne betrachten, der Grundsatz, daß es unbillig sei, den Arbeiter ohne Hilfe für solche Unfälle resp. Beschädigungen leiden zu lassen, welche aus der Natur der betreffenden industriellen Thätigkeit hervorgehen — anderseits ist jedes dem verletzten Arbeiter gegebene Recht auf Entschädigung, das durch Prozeß erstritten werden kann resp. muß, eine Quelle von Erbitterung und Feindseligkeit, welche die Verhältnisse zwischen Arbeit und Kapital vergiftet. —

Was den ersteren Grundsatz betrifft, so steht es erfahrungsgemäß fest, daß in vielen Industriezweigen eine Gefahr für Leib und Leben der Arbeiter besteht, welche die durchschnittliche Gefahr des Verunglückens in allen menschlichen Thätigkeiten weit übersteigt. Wir reden dabei ausdrücklich nur von sogenannten acuten Verletzungen, d. h. Tödtungen oder chirurgischen Beschädigungen, welche zwar nicht nothwendig bei der Arbeit eintreten müssen, welche aber factisch in einer großen Anzahl von Fällen mit einer ungewöhnlichen Häufigkeit eintreten und auf welche allein — im Gegensatz zu den langsam wirkenden gesundheitsschädlichen Einflüssen von Giften, Staub ꝛc. — die Frage der Haftpflicht sich zur Zeit bezieht. Herr v. Hertling wollte zwar die Haftpflicht auch auf die anderen Beschädigungen ausdehnen, es wird aber gut sein, zunächst nur von der ersteren zu sprechen.

Dieselben haben allezeit im Bergbau die Aufmerksamkeit auf sich gelenkt, was höchst natürlich ist, wenn man bedenkt, daß die Lebensgefährlichkeit dieses Gewerbes der des Kriegsdienstes nahe kommt. Berühmt sind ferner für ihre Gefährlichkeit in Bezug auf Unfälle die Seeschifffahrt und der Eisenbahndienst. Aber auch im Baugewerbe und in der gesammten Großindustrie, welche mechanische Kräfte benutzt und gewaltige, von Dampf oder Wasser getriebene Maschinen aufstellt, ist der Arbeiter einer ungewöhnlichen Gefahr ausgesetzt, welche sich auf immer weitere Kreise erstreckt, indem neue Productionszweige, z. B. auch die Landwirthschaft, Maschinen in verstärktem Umfang anwenden [1]).

---

[1]) s. darüber Engel, Zeitschr. des königl. Preuß. Stat. Büreau's 1876 S. 140: „Nicht die rohen Elementarkräfte des Feuers, des Wassers, des Windes allein sind es, welchen so viele Menschen zum Opfer fallen: sondern die in den Dienst der Industrie, des Handels und des Verkehrs genommenen Kräfte durchbrechen jetzt so häufig ihre Schranken, daß Ereignisse der traurigsten Vernichtung von Menschenleben gleichsam zur stehenden Rubrik der öffentlichen Nachrichten geworden sind. — — Der Grund dieser Erscheinung ist leicht einzusehen. Mag auch der nächstliegende mehr oder minder auf Unvorsichtigkeit, Unbedachtsamkeit, Leichtsinn ꝛc. zurückzuführen sein, so wäre doch die Voraussetzung gewagt, daß dergleichen Charaktereigenschaften früher nicht, oder auch nur im minderen Grade, als Ursachen thätig gewesen wären; eher dürfte das Gegentheil zutreffen. Der nähere Grund ist ohne Zweifel der, daß alle Productionszweige jetzt viel intensiver betrieben und auf einem gegebenen Raume viel mehr Menschen zusammengedrängt werden, und daß Letztere deshalb und aus hundert anderen

In den Jahren 1876—1879 ereigneten sich in den Berliner Fabriken 1132 Unglücksfälle, welche zu der Kenntniß des Fabrikinspectors gelangten. Da keine Anzeigepflicht besteht, so kann man die wirkliche Zahl der Unglücksfälle auf das Doppelte, d. h. auf über 500 per Jahr, annehmen. Und da die Zahl der Berliner Fabrikarbeiter im Jahresdurchschnitt rund 60,000 betrug, so ergiebt sich, daß immerhin gegen 1 % der Berliner Fabrikarbeiter jährlich verunglückt.

Von diesen Unglücksfällen sind nur etwa 7,5 % derart, daß der Arbeiter bei gewöhnlicher Sorgfalt, namentlich bei Befolgung der gegebenen Vorschriften, sie hätte vermeiden können. 32,5 % sind die Folge von speciellen örtlichen Verhältnissen, Transmissionen u. dergl., und nur in der starken Hälfte dieser Fälle, d. h. in ca. 17 % aller Fälle, hat der Arbeiter bei jetzigem Gesetz die Möglichkeit, vom Fabrikanten Entschädigung zu erhalten. Der ganze Rest der Fälle, d. h. 60 % der bekannten und wahrscheinlich ein größerer Theil aller Fälle ist derartig, daß sie als Folge von Zufall und solcher Unachtsamkeit betrachtet werden müssen, welche nach dem Gesetz der großen Zahlen als unvermeidliche Zugabe der Fabrikarbeit erscheint. D. h. es handelt sich um Mangel an Vorsicht in einem Grade, wie er beim Durchschnittsmenschen nicht anders erwartet werden kann.

Sagen wir also rund: $^3/_4$ % [1]) der Fabrikarbeiter verunglücken jährlich, ohne daß sie Entschädigung bekommen, und ohne daß man sich dabei beruhigen kann, daß sie selbst daran die Schuld tragen. In diesen Fällen verlangt unser sittliches Gefühl, daß die Industrie als solche, deren Einrichtung im Ganzen oder Einzelnen an den Unglücksfällen schuld ist, für die Sache aufkomme. — Dieses sittliche Gefühl steht keineswegs in einem feindlichen Gegensatz zu dem

---

Motiven gezwungen sind, ein Maximum von Thätigkeit in einem Minimum von Zeit und Raum zu entfalten. — — —"

Ebenda S. 143: „Es ist schwer zu sagen, ob die rapide Vermehrung der Zahl der Verunglückungen von Jahr zu Jahr die Folge einer sorgfältigeren Registrirung derselben, oder einer wirklichen Zunahme, oder beider Ursachen zugleich ist.

Man zählte in Preußen 1869 — 6169,
1870 — 6048,
1871 — 6554,
1872 — 6737,
1873 — 7084,
1874 — 7317

Verunglückungen mit tödtlichem Ausgange, ohne die Kriegsverunglückungen. Mehr als zwei Drittheile davon entfallen auf Verunglückungen Erwerbsthätiger, und davon wieder mehr als die Hälfte auf Verunglückungen im Beruf."

[1]) Diese und die vorangehenden Zahlen sind Schätzungen, welche weiter gehen als das, was in den Jahresberichten der Fabrikinspectoren pro 1878, S. 19 ff. angegeben ist. Diese Schätzungen beruhen auf gewissenhaft geprüften Angaben der besten Sachverständigen. Immerhin sind es Schätzungen — durch welche das Bedürfniß nach einer completen amtlichen Statistik erst recht dringend erscheint. Es existirt zwar eine amtliche Statistik der zu öffentlicher Kenntniß gelangenden Verunglückungen, welche namentlich dadurch von Werth ist, daß sie die relative Gefährlichkeit der verschiedenen Erwerbszweige nachweist, aber in Bezug auf die absolute Zahl namentlich der leichteren Verletzungen noch immer nicht ausreichend ist. (s. Statistische Korrespondenz IX., angeschlossen der Zeitschr. des königl. Preuß. Stat. Bureau's. 1878. Heft I.)

Stande der Fabrikanten. Wir schieben ihnen die Entschädigungspflicht nur zu, weil sie den Hauptvortheil von der ganzen Industrie haben, weil sie als Herren der Industrie naturgemäß eine größere Verantwortung tragen müssen als der dienende Arbeiter, und weil es ihre Sache ist, solche Preise der Produkte zu erzielen, daß sie für die gesammten Kosten der Industrie inclusive dieser Entschädigungen aufkommen können. Man müßte andernfalls Löhne von solcher Höhe verlangen, daß die Arbeiter sich gegen alle Unfälle versichern können — was für die Fabrikanten auf dasselbe hinauskäme. Immer muß der Ertrag der Industrie durch Vermittlung des Kapitals der Fabrikanten die Entschädigung leisten, da das offenbar gerechter ist, als wenn wir den verunglückten Arbeiter hilflos verkommen lassen, oder ihn, resp. seine Nachkommen, der Armenpflege überlassen, d. h. die Last der Gesammtheit aufbürden, ohne Unterscheidung, wer als Producent resp. Konsument den Vortheil von der gefährlichen Industrie hat.

In Anbetracht der anderen Gutachten, welche gerade unser Haftpflichtgesetz behandeln durften, erscheint es unnöthig, auszuführen, daß unser bestehendes Gesetz den in Vorstehendem ausgeführten Grundsatz nur äußerst unvollständig verwirklicht.

Wenden wir uns zu dem zweiten oben ausgesprochenen Satz, so bedarf es ebenfalls keines besonderen Beweises mehr dafür, daß jeder Prozeß über Entscheidung bei einer Verunglückung in der Industrie höchst schädliche moralische Folgen hat, und daß das Recht zu solchem Prozeß dem Arbeiter, wenn er beweisen muß, sehr wenig nutzt, oft schadet. Besonders gesteigert sind diese Mißstände durch die Unfallversicherungen, welche nur auszahlen, wenn der Arbeitgeber verurtheilt ist, welche also alle Tendenz zu gütlichem Vergleich vernichten. Es genügt in dieser Hinsicht auf die Berichte unserer Fabrikinspectoren, namentlich die der Berliner, zu verweisen und die Autorität des Abgeordneten Stumm zu citiren, der in der Reichstagssitzung vom 9. April 1878 aussprach, daß im Bergbau in 90 % aller Unglücksfälle die Frage, wen eine Verschuldung treffe, unbeantwortbar sei und sich aufs Schärfste über die Unfallversicherungen äußerte.

Demnach ist das Problem folgendes: Wie kann man bewirken, daß die Industrie als solche für die Verunglückungen ihrer Arbeiter, die nicht durch unzweifelhafte Schuld der Letzteren entstehen, aufkommt, ohne daß in jedem einzelnen Falle Prozesse entstehen und ohne daß eine ungebührliche Leichtigkeit, in allen Fällen Entschädigung zu erlangen, den Arbeiter zu Leichtsinn verführt?

Die Frage, für welche Gewerbszweige dieses Problem überhaupt zu lösen sei, überlasse ich andern Gutachtern und beschränke mich auf die Frage nach der Art von Organisation, die in allen in Betracht kommenden Gewerbszweigen als zweckmäßig erscheint.

Die Lösung des Problems kann nur durch Korporationen der Gewerbetreibenden erfolgen, und zwar hier durch solche, zu deren Gründung der Staat die entscheidende Anregung geben kann — und muß.

Es ist zwar schon eine Lösung des Problems praktisch versucht, nämlich die Versicherung aller Arbeiter gegen alle, auch die nicht haftpflichtigen Unglücksfälle, bei Unfallversicherungsanstalten, und es ist offenbar nur eine Erweiterung dieses Systems durch Zwang, wenn Bebel in der Reichstagssitzung vom 26. Februar 1879 vorschlug, daß alle Gewerbsunternehmer für alle in ihrem Betriebe vorkommenden Unglücksfälle haften und behufs der Tragung dieser Haftpflicht einer centralisirten staatlichen Versicherungskasse beitreten sollen.

Wir erkennen es in Uebereinstimmung mit vielen Fabrikinspectoren gerne als einen großen Fortschritt und als eine relativ sehr gute Einrichtung an, wenn die Unternehmer ihre Arbeiter gegen alle Unfälle versichern, allein es ist vorerst nicht zu erwarten, daß dies freiwillig allgemein geschieht. Auch bleibt immer der Mißstand, daß bei dem Wechsel der Technik und der Schutzvorrichtungen sich bei dieser Versicherung, wie bei aller Versicherung von Arbeitern, das Verhältniß zwischen der von den Versicherten zu zahlenden Prämie und der von der Gesellschaft zu leistenden Entschädigung, sehr schwer richtig und billig feststellen läßt. Und jedenfalls wird durch diese Einrichtung nur ein Mißstand in der Industrie durch ein äußeres Mittel entfernt und keine Organisation von weitergreifender Bedeutung geschaffen. Durch den Bebel'schen Vorschlag würde allerdings die Verallgemeinerung des Systems gesichert — dafür würde jede Spur einer segensreichen Einwirkung der freien Humanität der Arbeitgeber, oder des Zusammenwirkens beider Parteien, verloren gehen. —

Es liegt daher nahe, das Problem statt durch eine Staatskasse oder Unfallversicherungsgesellschaften durch eine den Hilfskassen analoge Institution zu lösen.

Versicherungsgesellschaften und Arbeiterhilfskassen haben nämlich zwar den gemeinsamen Zweck, Entschädigung beim wirklichen Eintritt von Gefahren zu sichern, welche einen ganzen Stand bedrohen, aber in bestimmter Zeit factisch nur Einzelne treffen. Zwischen beiden besteht aber ein Unterschied, insofern als bei eigentlichen Versicherungsgesellschaften das Verhältniß zwischen Prämie und Entschädigung kontractlich und auf Grund genügender Erfahrungen feststeht, so daß ein persönliches Verhältniß zwischen den Versicherten untereinander und mit dem Versicherer nicht entsteht, sondern Alles sich nach kontractmäßigen Zahlungen erledigt. Eine eigentliche Hilfskasse dagegen ist ein Verband von Personen, welche sich gegenseitig helfen wollen, welche sich durch gemeinsame Gefahr persönlich verbunden fühlen und daher auch die Einzahlungen nach Bedürfniß erhöhen resp. vermindern oder dafür Ausstand gewähren.

In der Wirklichkeit geht ja Beides in einander über. Aber das steht wohl fest, daß alle Arbeiterversicherung eine natürliche Tendenz hat, sich dem Wesen der Hilfskasse mit ihrem näheren Zusammenhange der Betheiligten und ihrer größeren Dehnbarkeit der Verpflichtungen zu nähern. Der Grund ist die mangelhaftere statistische Grundlage der Berechnungen und das leichte Eintreten zeitweiliger Zahlungsunfähigkeit des Versicherten — und die wohlthätige Folge davon ist, daß Arbeiterhilfskassen überhaupt ein Anfang gewerblicher Korporationen werden können.

Weithin hat der Gedanke Anerkennung gefunden, daß Alles gethan werden müsse, um die Unsicherheit der Existenz des Arbeiters und seiner Familie zu heben und dadurch eine der schlimmsten Seiten des Zustandes proletarischer Arbeiter zu entfernen. Von Seiten humaner Besitzender werden Fabrikkassen und selbst größere Cassen (z. B. von dem Verein Concordia) gegründet, und unser Gesetz von 1876 strebt wenigstens die Krankenkassen zu verallgemeinern. Indessen eine Kasse, die nur Krankenunterstützung gewährt, ist nicht geeignet, das Gefühl des persönlichen Zusammenhangs der Mitglieder stark zu entwickeln, die Fabrikkassen ꝛc. haben keine Aussicht, allgemein zu werden, und laboriren vielfach daran, daß sie factisch die Freizügigkeit der Arbeiter beschränken. Die Frage, wie Hilfskassen, welche Alters-, Invaliden-, Wittwen- und Waisen-, Begräbniß-Unterstützungen zahlen, verallgemeinert werden können resp. sollen, bleibt also noch eine offene. Fraglich ist nicht nur, wie man sie ins Leben rufen solle, sondern auch, wie sie eingetheilt resp. abgegrenzt werden sollen, und fraglich ist vor Allem, ob Freiwilligkeit oder Zwang walten solle.

Meines Erachtens ist principiell gegen Zwang, namentlich gegen die Form des Kassenzwanges nichts Stichhaltiges einzuwenden, wenn man einmal solche Kassen für segensreich hält und ihre Verallgemeinerung auf freiwilligem Wege nicht erwartet. Die Anhänger der Freiwilligkeit weisen zwar immer auf die großen Erfolge der Englischen friendly societies hin. Aber nicht nur, daß solche Analogien von Land zu Land nichts beweisen — man darf auch nicht vergessen, daß ein erklecklicher Theil dieser gerühmten Gesellschaften nur Sterbekassen und schlecht verwaltet sind und daß trotz derselben die Last der öffentlichen Armenpflege gerade in England enorm ist.

Indessen so sehr ich principiell mit dem Zwange einverstanden bin, so muß ich gestehen, daß seine Ausführung die größten Schwierigkeiten hat. — Macht man Zwangskassen, so werden diese sich leicht in obrigkeitliche Annexe der Armenpflege, ohne socialen Werth, verwandeln. Kassenzwang aber setzt die Leute, die Neigung und Geschick zur Gründung und Leitung von Kassen haben, voraus, und diese müssen doch erst allmälig erzogen werden. Will man aber successive vorgehen, welche unlösbare Schwierigkeiten entstehen in Bezug auf die Abgrenzung der zunächst dem Zwange zu unterwerfenden Kategorien? Wie läßt es sich überhaupt motiviren, Arbeiter, speciell Fabrikarbeiter, dem Kassenzwang zu unterwerfen, kleine selbstständige Meister aber nicht, obwohl ihre Lage oft noch gefährlicher ist und sie sich factisch von Arbeitern gar nicht trennen lassen? Wie sollen Fabrikarbeiter auf dem Lande behandelt werden, die zugleich grundbesitzend sind?

Dagegen hilft auch die von Stumm so sehr benutzte Analogie der Knappschaftskassen Nichts, da es sich hier um ein ungewöhnlich geschlossenes Gewerbe mit alten Traditionen handelt. Man denke dagegen an unsere flottirenden Fabrikarbeiter!

Ich glaube daher, daß die „obligatorischen Alters- und Invalidenkassen“ für alle Fabrikarbeiter nach Analogie der Knappschaften vorläufig ein frommer Wunsch bleiben werden [1]).

Aber sollen wir deshalb die Hände in den Schooß legen, wo doch gerade eine dem Arbeiter drohende Gefahr, die des Verunglückens, gebieterisch gesetzliche Regelung heischt? Ist nicht gerade hier der Punkt gegeben, wo die Gesetzgebung ansetzen kann und muß, um evidente Mißstände zu entfernen und zugleich einen von keiner Seite anfechtbaren Grundstein des Hilfskassen- und Korporationswesens zu legen?

[1]) Ich gestehe, daß meine Meinung über Kassenzwang sich namentlich seit dem Hilfskassengesetz von 1876 geändert hat, weil es sich bei dieser Gelegenheit zeigte, was für eine Art von Zwang und durch welche Organe ein solcher heute bei uns allein ausführbar erscheint.

Diese Frage ist um so mehr zu bejahen, als die Gefahr der Invalidität durch Unfälle für den Arbeiter größer ist, als die der Erwerbslosigkeit durch Altersschwäche. D. h. es ist ganz in der Ordnung, daß wir die einfache Altersversorgung vorläufig in den Hintergrund stellen.

In der VIII. Commission des Reichstags (Bericht vom 26. Juni 1879) ist zwar darüber gestritten worden, ob Fabrikarbeiter den Armenetat der Kommunen mehr oder weniger als andere Stände belasten. Für Berlin läßt sich dieser Streit entscheiden. Nach einer Vorlage des Berliner Magistrats an die Stadtverordnetenversammlung, welche ihrerzeit auch in Abgeordnetenkreisen circulirte, sind in den Jahren 1875/79 jährlich im Durchschnitt nur 335 Personen der Armenpflege verfallen, welche nach ihrer Berufsbezeichnung überhaupt Fabrikarbeiter sein können, von denen aber ein guter Theil doch factisch dem Handwerk angehört und von denen jedenfalls 112 unter 50 Jahre alt waren, bei denen also normale Abnutzung der Arbeitskraft nicht der Grund der Verarmung sein kann.

Man kann daher annehmen, daß in Berlin jährlich höchstens 100 Fabrikarbeiter, d. i. 0,15 % aller Armen, in die Lage kommen, in der sie eine Alterspension beanspruchen konnten, während man, wie oben angeführt, die Zahl der jährlichen Verunglückungen von Arbeitern auf das Fünffache dieser Zahl schätzen muß. Die Kosten der Unterstützung der rein durch Alter erwerbsunfähig gewordenen darf man auch nicht überschätzen, obwohl diese Unterstützungen länger dauern als die im Falle von Verunglückungen. Die Bedürfnisse der Altersschwachen sind geringer als die von Verunglückten und können durch Aufnahme der Alten in den Haushalt erwachsener Kinder relativ billig befriedigt werden. Der Grund dieser Erscheinung ist einfach der, daß Erwerbsunfähigkeit in Folge normalen Eintritts von Altersschwäche bei der Abneigung des tüchtigen Arbeiters gegen Unthätigkeit und bei der überaus vielseitigen Verwerthbarkeit des mechanischen Arbeiters relativ selten ist. Die totale Arbeitsunfähigkeit fällt meistens mit Krankheit oder Verunglückung zusammen. Es erscheint daher berechtigt, der Altersversicherung als solcher keine zu große und selbstständige Bedeutung beizulegen. Sie kann im Anschluß an die Organisation der Krankenkassen geordnet werden. — So lange keine Krankheit oder Verletzung, sondern nur Altersschwäche vorliegt, wird durch die persönliche Sorge von Arbeitgebern oder Familienmitgliedern irgend eine leichtere und durchaus wünschenswerthe Erwerbsgelegenheit für den alten Arbeiter in der großen Majorität der Fälle zu finden sein. Was aber die Minorität von Fällen betrifft, in denen dies nicht der Fall ist, so bedürfen sie zwar der Hilfe, aber die Organisation derselben ist keine große Frage ersten Ranges.

Anders steht es mit den häufigeren Verunglückungen, die zugleich einen aufregenden Charakter haben, und im Falle ungenügender Hilfe den Klassenhaß besonders zu schüren geeignet sind.

Wenn ein Arbeiter verunglückt, so bedarf er:

1. der Unterstützung für die Bezahlung von Kurkosten;
2. der Unterstützung von Weib und Kind während seiner Erwerbsunfähigkeit resp. nach seinem Tode;
3. der fortlaufenden Unterstützung nach etwa eingetretener dauernder Vernichtung oder Verminderung seiner Erwerbsfähigkeit.

Fassen wir diese dreierlei Unterstützungen unter dem Namen „Entschädigung" nach eingetretenem Unglücksfall zusammen, so ist klar, daß die Organisation von Hilfskassen, die solche Entschädigung gewähren sollen, wesentlich von der gesetzlichen Regulirung der Haftpflichtfrage abhängt. Insofern ist es nicht richtig, wenn der Reichstagsabgeordnete Stumm am 27. Februar 1879 sagte: „Die Frage der Ausdehnung der Haftpflicht zu der Frage der Invalidenkassen verhält sich wie ein Sandkorn zu einer Kegelkugel."

Wenn wir uns auf den Standpunkt stellen, daß der Arbeiter für die nicht durch seine nachweisliche persönliche Verschuldung, nicht durch Uebertretung der allgemein selbstverständlichen oder speciell befohlenen Vorsicht entstandenen Unfälle nicht persönlich verantwortlich sei, sondern dafür die Industrie als solche aufkommen solle, so folgt, daß es natürlich ist, wenn die Beiträge zu Invalidenkassen ganz oder zum größten Theil von den Arbeitgebern gezahlt werden — ganz wenn die betreffenden Kassen, wie gewöhnlich, für vom Arbeiter nachweislich verschuldete Unfälle nicht eintreten.

Auf diesen Gedanken gründet sich nun ein mir von geschätzter sachverständiger Seite mitgetheilter Vorschlag, den ich seinem sachlichen Inhalte nach getreu wiedergebe:

1) Der Fabrikant soll im Falle der Verunglückung eines Arbeiters die volle Entschädigung allein zu tragen haben, außen wenn
   a) er nachweist, daß Trunkenheit, Ungehorsam gegen Vorschriften oder sonst ein grobes Vergehen des Arbeiters an dem Unfall Schuld ist,
   b) oder wenn der Arbeiter ohne Anzeige des Unfalls die Arbeit verläßt.
2) Ueber die Frage, ob ein Fall, in dem der Fabrikant zu zahlen hat oder nicht, vorliegt, sowie über die Höhe der Entschädigung, entscheidet ein Schiedsgericht, aus beiden Parteien gleichmäßig zusammengesetzt, — vorbehaltlich des Rechtswegs.
3) Der Fabrikant muß die zur Erfüllung seiner Verpflichtungen nöthigen Mittel sicher stellen, und zwar entweder durch Deponirung eines Kapitals, oder durch Beitritt zu einem Verband von Fabrikanten.

   Diese Verbände müssen von Kommissionen, die aus Arbeitern und Arbeitgebern gleichmäßig zusammengesetzt sind, verwaltet werden, indem sie die Beiträge der einzelnen Fabrikanten bestimmen, die speciell schuldhaften Fabrikanten zur Rückerstattung der vom Verbande gezahlten Entschädigung anhalten und Reservekapitalien bilden.

   Die Verbände und die sie verwaltenden Kommissionen müssen unter staatlicher Aufsicht stehen.
4) Die Kommissionen können für ihren Verband nach Maßgabe des Staatsgesetzes und in Verbindung mit dem Gewerberath (Fabrikinspectoren) Schutzvorschriften erlassen und deren Durchführung überwachen.
5) Alle Beitragspflicht der Fabrikanten zu Kranken- und anderen Kassen soll aufhören. Diese Kassen sollen trotz Krankenkassenzwanges unter staatlicher Aufsicht den Arbeitern allein überlassen werden.

Dies der mir mitgetheilte Vorschlag. Derselbe verspricht Aufhören der störenden Wirksamkeit der Unfallversicherungen, Zunahme der Schutzvorrichtungen und bessere Benutzung derselben durch die Arbeiter, rasche Entscheidung in allen zweifelhaften Fällen, Sicherung des Arbeiters auch bei Zahlungsunfähigkeit des Fabrikanten — vor Allem aber Wegfall aller Prozesse, indem Selbstverwaltung der ganzen Angelegenheit durch die Betheiligten eintritt, und zwar in einer Weise, daß die beiden Parteien einander näher kommen, und eine gute Stimmung in beiden Lagern erzeugt wird. Die Verbände könnten sich frei nach Gefahrklassen entwickeln und abzweigen und im Laufe der Zeit erstarkend die Alters-, Wittwen- und Waisenversorgung mitübernehmen. —

Der Autor des Vorschlags kann seine pecuniäre Durchführbarkeit leicht beweisen. Es wird zwar bei allen ähnlichen Vorschlägen stets eingewendet, unsere heimische Industrie vertrüge solche Belastung nicht gegenüber der Concurrenz des Auslands. Derartige Einwände sind aber bei allen Vorschlägen, die sich darauf beschränken, dem Arbeiter ein menschenwürdiges Dasein zu sichern, total nichtig und bedeutungslos und ebenso wie gegenüber der Fabrikgesetzgebung nur Ausgeburten und Ausflüchte eines niedrigen Egoismus oder kleinlicher Herrschbegierde. All' solche Lasten werden nämlich in der Regel durch größere Leistungsfähigkeit und Arbeitslust des menschlicher situirten Arbeiters reichlich aufgewogen. Und in unserem Falle handelt es sich um Lasten, welche das Volk ja doch in irgend einer Weise tragen muß, wenn es den verunglückten Arbeiter und seine Familie nicht einfach zu Grunde gehen lassen will. — Geschieht aber letzteres, d. h. kann eine Industrie ohne diese Consequenz nicht existiren, so sind wir ohne Bedenken bereit, auf den Segen ihrer Existenz zu verzichten.

In unserem Falle steht die Sache noch so, daß die Mehrbelastung der Fabrikanten nur eine sehr geringe sein würde.

In Berlin müssen die Fabrikanten $^1/_5$, die Arbeiter $^4/_5$ zu den Krankenkassen beitragen, welche von beiden Parteien verwaltet werden, aber so, daß natürlich die Arbeiter die Majorität haben. Die Krankenkassenverwaltung wurde daher ein Tummelplatz socialdemokratischer Agitation, und dies Zusammenwirken der beiden Parteien erwies sich bei dieser Normirung nicht als segensreich. Nach der Vorlage des Stadtmagistrats an die Stadtverordneten vom 16. August 1879 Anlage E I leisteten die Fabrikanten zu diesen Krankenkassen 1878 einen Zuschuß von 100,268,85 M.

Versucht man festzustellen, was dem gegenüber die Berliner Fabrikanten jährlich zu bezahlen hätten, falls sie einen Verband nach angegebener Art stifteten, so ergiebt sich:

1876/79 sind im Jahresdurchschnitt der bekannten Fälle 247 Arbeiter, ohne eigene Schuld, in Folge von Unfällen in Summa 1477 Wochen lang krank gewesen. Nimmt man, wie oben, an, das sei etwa die Hälfte aller Fälle, so ergiebt sich, daß jährlich rund 500 Fabrikarbeiter in Folge von Unglücksfällen in Summa 3000 Wochen krank werden. Die Krankheitskosten betragen daher, die Woche zu 20 M. gerechnet . . . . . 60,000 M.

Nehmen wir dazu an, daß jährlich (52 Wochen hindurch) 50 ganz erwerbsunfähig Gewordene mit 20 M. pro Woche zu verpflegen und daß jährlich 20 Todesfälle eintreten, von denen jeder eine Entschädigung von 1500 M. für die Hinterbliebenen erfordert, so ergiebt das . . . . 82,000 M.

Summa 142,000 M.

Die Mehrausgabe der Fabrikanten gegenüber ihren (in Berlin niedrigen) Beiträgen zu den Krankenkassen würden also bei hohem Anschlag der Kosten des neuen Verbands doch unter 50 % betragen.

Die Krankenkassen würden von den Kurkosten der nunmehr dem Verband anheimfallenden Unglücksfälle befreit und dadurch von etwa 24,000 M. jährlich entlastet, die Arbeiter hätten also in Anbetracht der nunmehr wegfallenden Fabrikantenbeiträge in Summa eine größere Mehrlast auf sich zu nehmen als die Fabrikanten — sie gewönnen dadurch aber Sicherheit von unschätzbarem Werth.

Es würde sich wohl auch in anderen Bezirken leicht nachweisen lassen, daß die Ausführung unseres Vorschlags keine unerschwinglichen pecuniären Opfer erheischt.

Ehe ich nun ausführe, welchen großen Nutzen die Ausführung dieses Vorschlages bringen würde, sei es gestattet, ein paar kleine Modificationen desselben im Detail resp. Zusätze dazu vorzubringen:

Das ad 2 erwähnte Schiedsgericht müßte natürlich in Bezug auf die Höhe der Entschädigungssummen an gesetzliche Maxima gebunden sein. Es würde in den Fällen, daß ein Verband vorhanden ist, mit der diesen Verband verwaltenden Kommission zusammenfallen. Das Eintreten in Verbände läßt sich für große Fabriken wie Krupp, oder eigenartige, wie Siemens und Halske[1]), nicht erzwingen, solche Fabriken sind überhaupt gewissermaßen Industriereiche von einer gewissen Selbstständigkeit und können und müssen auch die Versicherung für sich allein organisiren. Ihnen kann aber durch das Gesetz vorgeschrieben werden, daß sie in ihrem Bereiche eine Kommission ganz nach Analogie des Falles eines Verbandes bilden, so daß wir dann keinen Unterschied zwischen Schiedsgerichten und Kommissionen mehr hätten — sondern überall Kommissionen, in denen die Vertreter der Fabrikanten und Arbeiter gleich viele Stimmen haben und die entweder aus den Betheiligten einer oder mehrerer Fabriken gewählt werden.

An die Stelle des Vorschlages, daß nach der Entscheidung des Schiedsgerichts den Parteien der Recurs an die Gerichte zusteht, möchte ich den andern stellen, daß die Kommissionen unter dem Präsidium des Gewerberaths ihre Sitzungen halten sollen, so daß letzterer im Falle von Stimmengleichheit entscheidet, die Sprüche dann aber unbedingt vollstreckbar sind. Damit wäre auch die staatliche Aufsicht der Verbände erledigt, für die es natürlich Normativbestimmungen über die Wahl der Kommissionsmitglieder ꝛc. geben müßte.

Eine Erweiterung der Thätigkeit dieser Verbände und Kommissionen, die man wohl Invalidenverbände und Unfallkommissionen nennen könnte, durch Uebernahme des Alters-, Wittwen- und Waisenversorgungswesens kann ich nicht für zweckmäßig halten. Dafür ergiebt sich von selbst eine anderweitige Erweiterung ihrer Thätigkeit.

Die Invalidenverbände müssen nämlich natürlicher Weise nicht nur nach Gefahrklassen, sondern auch — enger oder weiter — örtlich begrenzt sein, schon wegen des Vorsitzes des Gewerberaths und weil bei den Entscheidungen der Kommissionen örtliche Sachkunde und oft Ocularinspection nöthig sein wird. Wanderungen des Arbeiters sind dabei unschädlich, weil der Arbeiter selbst zu dem Verbande Nichts einzahlt und überall wieder einen Verband trifft.

[1]) Bericht des Fabrikinspectors für Berlin pro 1878.

Alters- und Wittwenkassen müssen dagegen, sollen sie gut und sicher sein, in erster Linie nach Gewerben abgegrenzt sein, weil die Abnutzung der Arbeitskräfte und die Lebensdauer nach Gewerben sehr verschieden sind, und müssen sich auf größere Bezirke erstrecken, möglichst auf ganze Länder, soll Sicherheit durch große Zahlen gegeben werden. Andernfalls müßte eine complicirte Einrichtung getroffen werden, daß der aus einer localen Kasse austretende Arbeiter ohne Verlust in eine andere übertreten kann — was sehr schwierig zu machen ist und möglichst durch verzweigte, auf weite Gebiete sich erstreckende Kassen unnöthig gemacht werden muß. All' das fällt bei den Invalidenverbänden weg, deren einfache Organisation durch Verbindung mit Alters- und Wittwenkassen unnöthig complicirt werden würde. Auch das würde Schwierigkeiten machen, daß der eigentliche Invalidenverband nur von den Fabrikanten bezahlte Gelder verwaltet und kein großes Reservekapital braucht, während in Alters- und Wittwenkassen der Arbeiter selbst einzahlen muß und hier Kapitalansammlung in hohem Maße nöthig ist.

Aus diesem Grunde halte ich es für gut, mit den Invalidenverbänden keine weiteren Hilfskassen direct zu verbinden, letztere vielmehr sich ganz selbstständig und frei entwickeln zu lassen. Sie sind aber alle dadurch begünstigt, daß ihnen die Unterstützung bei unverschuldeten Unfällen allgemein ist.

Dagegen könnten sich die Unfallskommissionen leicht von selbst zu allgemeinen Schiedsgerichten und Einigungsämtern entwickeln und dadurch einen weiteren großen socialen Dienst leisten. Die Versuche zur Constituirung gewerblicher Schiedsgerichte sind in Deutschland bisher von sehr geringem Erfolg und schwacher socialer Bedeutung geblieben, zumeist weil sie immer mehr als ein Annex der gewöhnlichen Gerichte und Localbehörden, nicht als eine Institution gewerblicher Selbstverwaltung beabsichtigt und betrachtet wurden.

Denken wir uns aber unsere Invalidenverbände und Unfallskommissionen verwirklicht, so ist es selbstverständlich, daß sich zur Wahl der Kommissionsmitglieder Wahlkorporationen der Arbeiter und Arbeitgeber nach freier natürlicher Abgrenzung bilden müssen, wo solche nicht durch andere Vereine schon von selbst gegeben sind, und daß die Gewählten eine große natürliche Autorität über ihre Standesgenossen haben werden. Es wäre dann ein Leichtes, diesen Kommissionen, die ganz nach Analogie der Kettle'schen Arbeitskammern zusammengesetzt wären, die Befugnisse, welche die Englischen Arbitration-Gesetze verleihen, beizulegen. Es wäre dann kein allgemeiner directer Zwang zur Bildung von gewerblichen Schiedsgerichten gegeben, aber eine starke Veranlassung, wirklich lebensfähige Schiedsämter zu constituiren. —

Nach dem mitgetheilten Vorschlag selbst soll der Zwang der Arbeitgeber zu Beiträgen zu Krankenkassen aufhören. Es bleibt aber die große Frage, ob gegenüber den Arbeitern ein Zwang zur Bildung von Kranken- und anderen Hilfskassen geübt werden soll.

Wie schon gesagt, halte ich solchen Zwang für principiell zulässig, aber für praktisch sehr schwer durchführbar. Aus dem jetzt bestehenden facultativen Krankenkassenzwang und den isolirt stehenden Knappschaftskassen läßt sich Allgemeines zu Gunsten des Zwangs nicht schließen. Es wäre gewiß sehr schön, wenn der ganze Arbeiterstand in Hilfskassen organisirt wäre und dadurch der demoralisirenden Gefahr der Armenpflege enthoben wäre. Aber es hat immer kein Bedenken, den Arbeitern solchen Zwang aufzulegen, während die größere Masse von Kleinbesitzern ꝛc. ihm nicht unterliegt und von der Armenpflege eventuell profitirt, während der Arbeiter für sich selbst sorgen muß. Vor Allem aber steht dem Zwang Folgendes entgegen:

Auch der Kassenzwang führt factisch zur Zwangskasse, weil doch eine Kasse da sein muß, in welche die gezwungenen Arbeiter eintreten können. Mit der Selbstverwaltung der Zwangskassen aber wird es immer schlecht aussehen, da man gezwungenen Mitgliedern nicht Lust und Liebe zum Verwalten auflegen kann. Aller Zwang wird daher zu behördlich verwalteten Kassen, und bei uns sicher zu Kassen, die von den Localbehörden verwaltet werden, führen, weil wir sociale Behörden für das ganze Land noch nicht haben. Der Kassenzwang kann und wird uns, wie übrigens auch die obligaten Krankenkassen zeigen, nicht viel Besseres schaffen als Anhängsel der Gemeinde-Armenpflege, indem durch die Kassenbeiträge für einen Theil der Armenlast die Steuern eigenthümlich vertheilt sind. Damit geht der beste Theil der moralischen Wirkung der Hilfskassen verloren, und jedenfalls können diese, so wenig wie die österreichischen Zwangs-Gewerbe-Genossenschaften, ein Anfang lebensfähiger gewerblicher Korporationen überhaupt werden.

Es kommt dazu, daß jedes ausgedehnte und vollkommene Hilfskassensystem eine Versicherung gegen unverschuldete Erwerbslosigkeit durch Conjuncturen ꝛc. einschließen muß, die man absolut nicht erzwingen kann, weil diese Versicherung nur von freien Verbänden und hohes Vertrauen genießenden Vorständen geleistet werden kann.

Ich halte es Brentano gegenüber für nicht wünschenswerth und aussichtslos, einen Theil der Arbeiterversicherung kapitalistischen Versicherungsgesellschaften zu überlassen, sondern glaube, daß alle Arbeiterversicherung am besten von Hilfskassen mit genossenschaftlicher elastischer Organisation besorgt wird. Aber einen Zwang hierzu zu versuchen, wird meines Erachtens stets so schwierig bleiben, daß der Versuch nach halb zurückgelegtem Weg ins Stocken geräth, und wird nie gute sociale Früchte tragen.

Lassen wir hier Freiheit, so wird weniger, aber besseres erreicht werden. Die Invalidenverbände werden sogar dazu anregen. Man wird die höchst verschiedenartigen, schon vorhandenen Gebilde schonen und neuen Versuchen freien Raum geben. Es giebt bekanntlich höchst verschiedenartige Hilfskassen, solche, die nur gegen einzelne und solche, die gegen verschiedene Gefahren versichern, solche, die mit anderen Vereinen verbunden sind und selbstständige, solche, an denen der Arbeitgeber betheiligt ist und solche, die von den Arbeitern allein verwaltet werden, locale Kassen, Kassen für einzelne Fabriken und verzweigte Kassen, daneben Institute wie die Wilhelmsspende, welche den Arbeitern Gelegenheit geben, sich zu versichern, ohne diese zu einer selbstverwaltenden Gemeinschaft zu verbinden ꝛc. ꝛc. Es ist kein Grund vorhanden, einen Theil dieser Gebilde zu zerstören, man kann dieselben sich ruhig und ungestört weiter entwickeln lassen.

Wo einmal ein Kranken- und Begräbnißkassenzwang besteht und eingeleitet ist, da kann man ihn meines Erachtens vorläufig bestehen lassen, da auf socialem Gebiet alle gewohnten Zustände zu schonen sind. Ich halte es nur für verfehlt, wenn man die sociale Reform jetzt in der Weise betreiben will, daß man den Hilfskassenzwang ausdehnt und verallgemeinert. Man sollte diese Frage einstweilen ruhen lassen und sich auf ein Eingreifen betreffs der Invalidenverbände beschränken — und abwarten, auf welchem Wege sich dann das Hilfskassenwesen von selbst weiter entwickelt.

Man wird durch allgemeinen Hilfskassenzwang nie ein wirkliches genossenschaftliches Leben der Arbeiter erzeugen können, sondern nur Versicherung derselben, die eine Modification der öffentlichen Armenpflege ist, da letztere selbst im Grunde eine große allgemeine und subsidiäre Zwangsversicherung ist.

Gewiß ist es ein Gewinn, wenn der Arbeiter mehr und besser gesichert ist, aber meines Erachtens überschätzen die Anhänger des Zwangs doch den Werth der Arbeiterversicherung. Man darf nie vergessen, daß die Arbeiter keineswegs allein versicherungsbedürftig sind, und daß die Arbeiter selbst noch andere, mindestens ebenso wichtige sociale Bedürfnisse haben als Versicherung. Eine Arbeiterfamilie, welche einen kleinen Besitz erwirbt, namentlich z. B. eine Fabrikarbeiterfamilie auf dem Lande, welche Haus und Garten besitzt, ist in höherem Maße über das Proletariat erhaben als ein umfänglich versicherter Arbeiter. Schützt solcher Besitz auch nicht so vollständig gegen alle Gefahren, die den Arbeiter treffen können, so ist dagegen seine moralische Wirkung eine intensivere und größere als die der Versicherung.

Es macht sich gelegentlich ein einseitiger Eifer für Arbeiterversicherung geltend, was wohl daher rühren mag, daß man da glaubt mit einer einfachen algebraischen Formel die ganze sociale Frage lösen zu können, und daß durch Versicherung die socialen Verhältnisse zwischen Arbeit und Kapital sonst nicht weiter alterirt werden.

Ich unterschätze den Werth der Versicherung keineswegs: sie ist ein sehr wichtiges Mittel, die Lage des Arbeiters zu bessern, aber doch nur ein Mittel. Das, worauf es im letzten Grunde ankommt, ist aber doch, den Arbeiter überhaupt im möglichsten Umfange dem Proletariat zu entziehen, ihm Besitz zugänglich zu machen und ihn aus seiner isolirten Lage zu reißen, ihn zum Mitglied von Corporationen zu machen, die er selbst verwaltet, und die ihm nicht nur materielle Unterstützung, sondern auch sittlichen Halt gewähren.

Faßt man die sociale Frage so auf, so erscheint die Entfernung der Unsicherheit nicht als so wichtig, daß wir sie in irgend einer Weise erzwingen müssen. Vielmehr tritt die Frage auf, ob nicht Versicherungszwang zwar einerseits etwas Gutes schaffen, aber anderseits das noch Wichtigere, die lebensfähigen Corporationen der Gewerbtreibenden stören kann. —

Alle Anhänger des Hilfskassenzwangs selbst vertheidigen denselben übrigens mehr im Princip und gestehen zu, daß seine Ausführung überaus schwierig sei und nur successive angebahnt werden könne, indem man zunächst nur einzelne Kategorien von Arbeitern und einzelne Zweige der Versicherung dem Zwang unterwirft. Bei solcher Sachlage können sich wohl die Vertreter des Zwangs wie der Freiheit auf unseren Vorschlag vereinigen. Dieser übt ja Zwang in Bezug auf einen Zweig der Versicherung; er übt ihn aber so, daß er nicht direct die Arbeiter zur Bildung einer Gesellschaft zwingt, und er übt ihn an einer Stelle, an der in Folge der Haftpflichtgesetzgebung zwingende Staatseingriffe schon vorhanden und unvermeidlich sind.

An die Stelle des Zwanges durch Gerichte tritt der Zwang durch eine Selbstverwaltungskommission, deren Thätigkeit, wenn sie einmal eingesetzt ist, unmöglich einschlummern kann, sondern vielmehr eine natürliche Tendenz zur Ausdehnung hat. Weder die Arbeitgeber, die sich jetzt unter die Unfallversicherungen stellen, noch die Arbeiter, die jetzt an die Gerichte müssen, können vom Standpunkt vernünftiger Erwägung ihrer Interessen aus gegen diesen Zwang sich auflehnen. Es ist sozusagen ein Zwang, der natürlichen Neigungen und Interessen keinen Zwang anthut — und der doch das erzeugt, was die Wohlmeinendsten unter den Freunden der socialen Reform vor Allem wünschen: Eine gewerbliche Corporation, welche beide Parteien friedlich umfaßt.

Bei der Natur unserer heutigen socialen Gegensätze ist es leider ein Wahn, zu hoffen, daß sich aus beiden Ständen zusammengesetzte Innungen, die alle Angelegenheiten des Gewerbes friedlich regeln, freiwillig in Menge bilden werden, und noch mehr ist es ein Wahn, zu glauben, daß man solche Corporationen als wirklich lebensfähig erzwingen könne. Es gelingt an einzelnen Stellen, z. B. in Kleingewerben, in denen der Unterschied zwischen Arbeitgeber und Arbeiter sehr fließend ist, oder in großen Fabriken mit einem humanen, allgemein verehrten Fabrikherrn — namentlich in isolirt liegenden Fabriken. Wo das gelingt, möge man sich dessen freuen. Aber man wird es entschieden für wahrscheinlich halten müssen, daß die Mehrzahl der gewerblichen Arbeiter sich zu Gewerkvereinen und selbstständigen Arbeiterhilfskassen formiren wird, die das Arbeiterinteresse einseitig vertreten. Solche Gebilde sind jedenfalls besser als einfache Anarchie, weil sie immer Corporationen sind, welche rechtmäßige Interessen nach gesetzlichem Wege verwalten und vertreten. Sie haben das Schlimme, daß sie zugleich eine Organisation des socialen Krieges darstellen. Diesen Krieg kann man, wo die Interessengegensätze vorhanden und zum Bewußtsein gekommen sind, nicht verbieten — man kann vernünftiger Weise nur streben, daß sich über den einseitigen Organisationen der beiden Stände ein höheres Organ des socialen Friedens aufbaue in Gestalt von Schiedsgerichten und Einigungsämtern, die aus Vertretern beider Organisationen zusammengesetzt sind.

Dieses höhere Organ ist aber eben in den Kommissionen unseres Vorschlags gegeben. Mögen sich nun Gewerkvereine, Fabrikantenverbände, Arbeiterkassen ꝛc. nach Belieben bilden — sie können einen constanten aufreibenden Krieg nicht führen; denn durch den Invalidenverband müßten sich die beiden Parteien berühren und über gewisse Fragen verständigen, wodurch eine allgemeine Neigung zur Verständigung entstehen kann und muß.

An anderer Stelle [1]) habe ich früher den Gedanken ausgeführt, daß die verschiedenen Arbeitercorporationen, soweit sie sich Normativbestimmungen fügen und dafür gewisse Rechte erlangen unter ein allgemeines Registeramt gestellt werden sollten, womit man einen Anfang der Decentralisation der Verwaltung nach Verwaltungszweigen statt nach localen Bezirken habe. D. h. die wirthschaftliche Selbstverwaltung, die Selbstverwaltung der socialen Fragen kann nicht einfach im Anschluß an die Selbstverwaltung der politischen Gemeinde organisirt werden, — sie muß aber überhaupt organisirt werden, sie ist das natürliche und hohe Ziel aller socialen Reform. Die politische Selbstverwaltung ist bei uns nicht der Grundstein, aber sie soll der Schlußstein der constitutionellen Verfassung werden, indem sie die Staatsbürger lehrt und anhält, Pflichten zu verwalten,

[1]) Jahrbuch von v. Holtzendorff und Brentano. 1877. S. 801.

statt nur Interessen zu vertreten und Rechte zu begehren. Selbstverwaltung in diesem Sinne brauchen wir auch auf dem socialen Gebiet. Gegenüber den Versuchen, die socialen Verhältnisse durch mechanisch einwirkende bureaukratische Macht zu regeln, haben die Apostel des reinen laissez faire Recht. Aber diese haben Unrecht, überhaupt keine Ordnung zu wollen. Vielmehr ist es eben die Aufgabe der Zeit, eine neue zeitgemäße Ordnung zu schaffen, die nur eine Ordnung nach dem Princip der Selbstverwaltung sein kann. D. h. es muß dahin gestrebt werden, daß in möglichstem Umfang die Interessenten, die Mitglieder der socialen Stände selbst die für ihren Stand und für die Gesammtheit nöthige Ordnung unter der Herrschaft des Gesetzes aufrecht erhalten und weiter bilden. —

Bei dem Umstand aber, daß die neuen socialen Stände noch in den Anfängen der Entwicklung stehen und sehr wenig abgegrenzt sind, daß sich beständig neue sociale Bedürfnisse entwickeln und über ihre beste Befriedigung unendlich viel Streit herrscht — bei solcher Sachlage kann der Staat nicht einfach Corporationen von Gewerbtreibenden bilden und ihnen ohne Weiteres gewisse Rechte und Pflichten zwangsweise auflegen. Er muß hier vorsichtig sein, und seine unentbehrliche Einwirkung muß vor der Hand mehr eine indirecte sein. D. h. wir brauchen nicht Zwangscorporationen, sondern Normativbestimmungen für freie Corporationen, und nur ausnahmsweise an einzelnen Punkten kann der Staat mit sicherem Erfolge einen directen Zwang ausüben.

Ueber die Principien einer neuen socialen Ordnung ist genug geredet und geschrieben. Daß Positives zur Verbesserung der Lage der Arbeiter geschehen solle, ist oft genug gesagt und ernsthaft versprochen worden. Aber wenig hat unsere Gesetzgebung bisher wirklich gethan. So wie man an die Ausführung geht, thürmen sich Schwierigkeiten auf, und es entsteht unlösbarer Streit. An welchem Punkte wird unsere Gesetzgebung endlich ansetzen können, um ihre positive anregende Thätigkeit zu Gunsten socialer Reform energisch zu beginnen? Mit der Bestrafung des Contractbruchs, mit dem Gewerbegerichte, mit den obligatorischen Alters- und Invalidenkassen hat man nicht anzufangen vermocht. Aber die Haftpflichtgesetzgebung muß nothwendig neu geregelt werden, und da könnten sich doch verhältnißmäßig leicht Alle zur Schaffung der vorgeschlagenen Verbände vereinbaren.

Der Vorschlag, den ich in Vorstehendem mitgetheilt habe, würde meines Erachtens schon deshalb allgemeine Beachtung verdienen, weil er eine vergleichsweise sehr befriedigende Lösung der Haftpflichtfrage verspricht. Größer aber noch ist seine Bedeutung insofern, als er eine praktisch ausführbare Antwort auf die große Frage giebt: Was kann der Staat zunächst thun, ein der socialen Reform dienendes gewerbliches Corporationsleben zu befördern?

Und da der Verein für Socialpolitik 1878 gerade die gewerblichen Corporationen als Hauptgegenstand seiner Besprechungen und Untersuchungen ins Auge gefaßt hat, so glaubte ich, die mir mitgetheilte Idee meinerseits allen Vereinsmitgliedern mittheilen zu sollen. Nachdem so viele andere Versuche gescheitert sind oder doch wenig Erfolg hatten, ist es immer von großem Werth, wenn ein neuer Weg zu einem allgemein erstrebten Ziele gezeigt wird. Der neue Vorschlag geht davon aus, daß das Hilfskassenwesen, die Haftpflichtfrage und die Frage polizeilicher Schutzvorschriften im innigsten Zusammenhang miteinander stehen und nicht isolirt betrachtet und behandelt werden dürfen. Er will die zwei letzten Fragen, bei denen staatliches Eingreifen unvermeidlich ist, nicht durch directen gerichtlichen und polizeilichen Zwang, gegen welch' letzteren die Betheiligten sich stets empören werden, sondern durch eine Selbstverwaltungscorporation lösen, die dann als Muster und Anregung zu Hilfskassen und anderen Selbstverwaltungsorganisationen dienen kann. Wären diese Institutionen geschaffen und in Wirksamkeit, so könnten sie uns auch allmälig eine detaillirte und vollständige Unfallsstatistik liefern, deren derzeitiger Mangel auch als ein schweres praktisches Hinderniß erscheint, die Haftpflichtfrage durch Verschärfung gerichtlich erzwingbarer Pflichten einseitig lösen zu wollen.

Pierer'sche Hofbuchdruckerei. Stephan Geibel & Co. in Altenburg.

FSC
www.fsc.org
MIX
Papier | Fördert
gute Waldnutzung
FSC® C083411

Kolibri 360 GmbH
Ferdinand-Jühlke-Straße 7
99095 Erfurt, Deutschland
produktsicherheit@kolibri360.de

Druck:
CPI Druckdienstleistungen GmbH
im Auftrag der
Kolibri 360 GmbH
Ferdinand-Jühlke-Str. 7
99095 Erfurt